문제로 개념 잡는 초등 영문법
Grammar,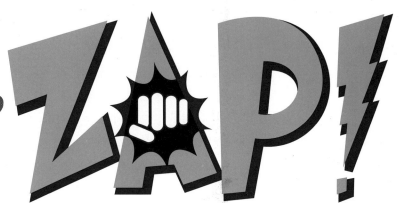

기본 **4**

구성과 특징

- 짜임새 있게 구성된 커리큘럼
- 쉬운 설명과 재미있는 만화로 개념 쏙쏙
- 단계별 연습 문제를 통한 정확한 이해
- 간단한 문장 쓰기로 완성

❶ Grammar Cartoon

- 본격적인 학습에 앞서 Unit 학습 내용과 관련된 기본 개념들을 만화를 통해 제시합니다. 주인공인 혁이, 우리, 마루가 문법 개념을 흥미롭고 재미있게 접할 수 있도록 도와줍니다.

❷ Grammar Point

- 레슨별로 문법 개념을 다양한 예시문과 함께 쉽게 풀어서 설명하고, 만화 주인공인 혁이, 우리, 마루가 어려운 문법 용어에 대해서도 쉽게 말해줍니다.

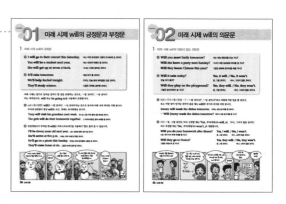

❸ Grammar Walk

- 레슨별 학습 내용을 잘 이해했는지 확인하는 문제입니다. 연습 문제 가운데 가장 기초적인 단계로 단어 쓰기, 2지 선택형, 배합형(match)과 같은 유형으로 구성하였습니다.

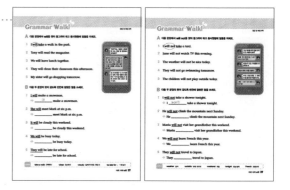

④ Grammar Run/Jump/Fly

- 학습한 내용을 본격적으로 적용하고, 응용해 볼 수 있는 다양한 유형의 연습 문제입니다.

- 단계별 연습 문제를 통해 개념을 정확하게 이해하고, 간단한 문장을 완성할 수 있도록 구성하였습니다.

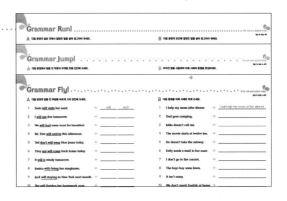

⑤ Review

- Unit이 끝날 때마다 제시되는 마무리 테스트입니다. 객관식, 주관식 등의 문제를 풀면서 응용력을 키우고 시험 유형에 대비할 수 있도록 하였습니다.

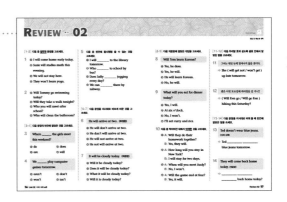

⑥ Wrap Up

- Unit을 마무리하면서 만화를 보고, 학습한 내용을 복습할 수 있습니다.

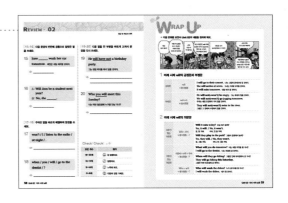

⑦ 단어장

- 각 Unit의 본문에 나오는 단어를 유닛별로 30개씩 정리하였습니다. 간단하게 테스트할 수 있도록, 영어를 한글로 옮기는 문제, 한글을 영어로 옮기는 문제도 구성하였습니다.

활용방법

Book	Month	Week	Day	Unit	
1	1	1	1~2	1. 문장의 구성	Review 01
		2	1~2	2. 셀 수 있는 명사	Review 02
		3	1~2	3. 셀 수 없는 명사	Review 03
		4	1~2	4. 관사	Review 04
	2	1	1~2	5. 대명사 (1)	Review 05
		2	1~2	6. 대명사 (2)	Review 06
		3	1~2	7. be동사의 현재 시제 (1)	Review 07
		4	1~2	8. be동사의 현재 시제 (2)	Review 08
2	3	1	1~2	1. 일반동사의 현재 시제	Review 01
		2	1~2	2. 일반동사의 부정문과 의문문	Review 02
		3	1~2	3. 형용사	Review 03
		4	1~2	4. some과 any, every와 all	Review 04
	4	1	1~2	5. 수량을 나타내는 말	Review 05
		2	1~2	6. 부사	Review 06
		3	1~2	7. 현재 진행 시제	Review 07
		4	1~2	8. 전치사	Review 08

Grammar, Zap!

기본 단계는 총 4권 구성으로 권당 8주, 총 8개월(권당 2개월)에 걸쳐 학습할 수 있도록 구성하였습니다. 하루 50분씩, 주 2일 학습 기준입니다.

Book	Month	Week	Day	Unit	
3	5	1	1~2	1. 조동사 (1)	Review 01
		2	1~2	2. 조동사 (2)	Review 02
		3	1~2	3. there, it	Review 03
		4	1~2	4. 의문사 (1)	Review 04
	6	1	1~2	5. 의문사 (2)	Review 05
		2	1~2	6. 과거 시제 – be동사	Review 06
		3	1~2	7. 과거 시제 – 일반동사	Review 07
		4	1~2	8. 명령문과 감탄문	Review 08
4	7	1	1~2	1. 과거 진행 시제	Review 01
		2	1~2	2. 미래 시제 will	Review 02
		3	1~2	3. 미래 시제 be going to	Review 03
		4	1~2	4. 비교 – 비교급	Review 04
	8	1	1~2	5. 비교 – 최상급	Review 05
		2	1~2	6. 접속사	Review 06
		3	1~2	7. 부가 의문문	Review 07
		4	1~2	8. 여러 가지 동사	Review 08

Contents

*부록 Answer Key

01 과거 진행 시제

• 과거 진행 시제의 의미와 형태를 이해할 수 있어요.
• 과거 진행 시제의 부정문과 의문문 만드는 법을 알고 활용할 수 있어요.

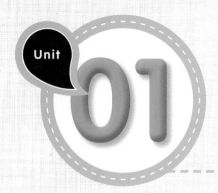

그럼 그때 뭘 하고 있었는지 알리바이를 대!

10시에서 11시 사이에 뭐 하고 있었지?

알리바이? 그게 뭐야?

저 사람이 범인이 아니라는 걸 증명하려면 그때 뭘 하고 있었는지 밝히라는 거야.

그때 뭘 하고 있었는지?

과거 그 시간에 다른 일을 하고 있었다면 범인이 아니잖아.

아, 그럼 저 사람이 10시부터 11시까지 요리 학원에서 요리를 하고 있었다는 걸 밝혀야겠군.

응. 과거 어느 때 어떤 동작이 진행 중이었다고 말하는 걸 영어에선 과거 진행 시제 라고 해.

현재 진행 시제

| be동사 현재형 | + | 동사원형-ing |

현재 진행 중인 것을 말하는 현재 진행 시제 기억해?

be동사 뒤에 동사원형-ing형을 붙여 말했잖아.

과거 진행 시제

| be동사 과거형 | + | 동사원형-ing |

그럼 과거 진행 시제에서는 was, were 같은 be동사 과거형을 쓰면 되겠구나.

간단하네. be동사 현재형 대신 be동사 과거형!

근데 혁아, 너무 많이 흘리는 거 아냐? 청소해야겠다.

그날 저녁

야! 신혁!

이거 네가 그런 거야? 온통 과자투성이야.

아차차.

마루랑 TV 보면서 과자를 먹고 있었는데, 이렇게 '~하고 있었다'라고 말하는 게 과거 진행 시제라는 걸 공부하고 있었는데, 아이고, 이렇게 지저분해졌네?

변명이 길어! 청소해!

과거 진행 시제는 '~하고 있는 중이었다'라는 의미로 과거의 어느 때에 진행 중이었던 일을 말하는데, 「주어+be동사 과거형+동사원형-ing ~.」로 써. 그러면 '~하고 있지 않았다, ~하고 있는 중이 아니었다'라고 말하는 부정문과 '~하고 있었니?, ~하는 중이었니?'라고 묻는 의문문도 어떻게 만드는지 함께 공부해 보자.

과거 진행 시제의 긍정문과 부정문

1 과거 진행 시제의 긍정문

> ❶ I **was reading** a book. 나는 책을 읽고 있었다.
>
> She **was brushing** her teeth. 그녀는 이를 닦고 있었다.
>
> We **were climbing** the mountain. 우리는 산을 오르고 있었다.
>
> ❷ I **did** my homework yesterday. 나는 어제 숙제를 했다.
>
> I **was doing** my homework last night. 나는 어젯밤에 숙제를 하고 있었다.

'~하고 있었다, ~하는 중이었다'라는 뜻으로 주어가 과거의 어느 시점에서 하고 있던 일이나 동작을 표현할 때 과거 진행 시제를 씁니다.

❶ was[were]+동사원형-ing: 「be동사 과거형+동사원형-ing」의 형태로 주어에 따라 be동사 과거형의 형태가 바뀝니다.

> 주어가 I, 3인칭 단수일 때는 was, 주어가 you 또는 복수일 때는 were를 써.

John **was playing** soccer with his friends. 존은 친구들과 축구를 하고 있었다.

The rabbits **were running** in the field. 그 토끼들은 들판에서 달리고 있었다.

❷ 과거 시제와 과거 진행 시제: 과거에 '한' 일이나 동작, 과거의 상태를 표현할 때는 과거 시제를, 과거의 어느 때에 '하고 있었던' 일이나 동작을 표현할 때는 과거 진행 시제를 씁니다.

Andy **cleaned** the garden. 앤디는 정원을 청소했다.

Andy **was cleaning** the garden. 앤디는 정원을 청소하고 있었다.

Grammar Walk!

정답 및 해설 2쪽

A 다음 문장에서 과거 진행 시제의 형태를 찾아 동그라미 하세요.

1 I (was drinking) some milk.

2 We were watching TV.

3 Cindy was writing a letter.

4 The dog was barking loudly.

5 They were watering the plants.

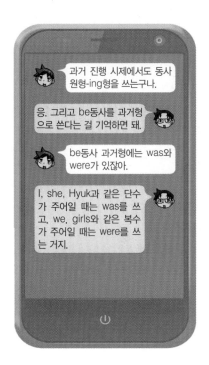

과거 진행 시제에서도 동사 원형-ing형을 쓰는구나.

응. 그리고 be동사를 과거형 으로 쓴다는 걸 기억하면 돼.

be동사 과거형에는 was와 were가 있잖아.

I, she, Hyuk과 같은 단수 가 주어일 때는 was를 쓰 고, we, girls와 같은 복수 가 주어일 때는 were를 쓰 는 거지.

B 다음 문장의 알맞은 시제를 찾아 선으로 연결하세요.

1 Mark was eating a sandwich.

2 Jane ate a sandwich.

3 I cleaned the room.

4 They were cleaning the room.

5 The boys were skating on the ice.

6 We skated on the ice.

a. 과거 시제

b. 과거 진행 시제

WORDS ·bark 짖다   ·water 물을 주다   ·plant 식물   ·on the ice 얼음 위에서

과거 진행 시제의 긍정문과 부정문

2 과거 진행 시제의 부정문

❶ I **was not studying** English.   나는 영어를 공부하고 있지 않았다.

   The cat **was not sleeping**.   그 고양이는 자고 있지 않았다.

   They **were not taking** exams.   그들은 시험을 보고 있지 않았다.

❷ He **wasn't waiting** for his friend.   그는 친구를 기다리고 있지 않았다.

   They **weren't helping** their teacher.   그들은 선생님을 돕고 있지 않았다.

❶ was[were] not+동사원형-ing: '~하고 있지 않았다, ~하고 있는 중이 아니었다'라는 뜻으로 과거 어떤 일을 하고 있지 않았다고 말할 때는 be동사의 과거형 뒤에 **not**을 씁니다.

Jimin **was doing** his homework. ➡ Jimin **was not doing** his homework.
지민이는 숙제를 하고 있었다.   지민이는 숙제를 하고 있지 않았다.

❷ wasn't[weren't]+동사원형-ing: be동사의 과거형 was와 were는 not과 줄여 쓸 수 있습니다.

I **wasn't jogging** then.   나는 그때 조깅을 하고 있지 않았다.

You **weren't washing your puppy**.   너는 네 강아지를 씻기고 있지 않았다.

Sarah **wasn't taking** a shower.   사라는 샤워를 하고 있지 않았다.

The bird **wasn't singing**.   그 새는 지저귀고 있지 않았다.

The boys **weren't playing** baseball.   그 남자아이들은 야구를 하고 있지 않았다.

Grammar Walk!

A 다음 문장을 부정문으로 바꿀 때 **not**이 들어갈 위치로 알맞은 곳에 동그라미 하세요.

1   I ❶ was ②(circled) going ❸ to Paul's house.

2   Jane ❶ was ❷ studying ❸ Korean then.

3   We ❶ were ❷ watching ❸ TV.

4   The cat ❶ was ❷ drinking ❸ water.

5   They ❶ were ❷ running ❸ at the pool.

> be동사는 현재형이든 과거형이든 not과 참 친하구나.
>
> 무슨 소리야?
>
> be동사 현재형은 isn't와 aren't로 줄여 쓸 수 있잖아.
>
> be동사 과거형도 wasn't 또는 weren't로 줄여 쓸 수 있으니까 친하다고 한 거구나?
>
> 응.

B 다음 밑줄 친 부분을 줄여서 문장을 다시 쓰세요.

1   He <u>was not</u> walking very fast.

➡   He wasn't walking very fast.

2   We <u>were not</u> dancing.

➡   _____

3   Jina <u>was not</u> drawing a tulip.

➡   _____

4   The children <u>were not</u> eating any fruit.

➡   _____

5   They <u>were not</u> writing Christmas cards.

➡   _____

WORDS	·Korean 한국어	·draw (그림을) 그리다	·tulip 튤립	·fruit 과일

Grammar Run! ....

A 다음 문장의 괄호 안에서 알맞은 말을 골라 동그라미 하세요.

1 I ((was doing) / doing) my homework then.

2 You (was / were) crossing the street.

3 Sally (was cook / was cooking) dinner.

4 We (were not / did not) having lunch then.

5 Peter (was / were) skiing with Jane.

6 They (did counting / were counting) the birds.

7 The dog (was sleeping / was sleep) on my chair.

8 The girls (didn't / weren't) singing.

9 Jack and Jill (was / were) playing badminton together.

10 The horses (were running / were run) fast.

11 I (was / were) listening to the radio.

12 The children (were built / were building) a sandcastle.

13 My brother (wasn't / doesn't) drawing a picture.

14 A butterfly (sitting / was sitting) on my shoulder.

15 My sister and I (did not / were not) riding bikes then.

과거 진행 시제의
올바른 형태가 무엇인지,
또 주어가 단수인지,
복수인지 잘 구별해서
풀자.

| WORDS | · cross 건너다, 횡단하다 | · count (수를) 세다 | · sandcastle 모래성 | · shoulder 어깨 |

B 다음 문장의 빈칸에 알맞은 말을 골라 동그라미 하세요.

1 Susie _____ playing table tennis. ①was ② were

2 The woman _____ the door. ❶ fixing ❷ was fixing

3 I _____ a big blanket. ❶ was carrying ❷ carrying was

4 They _____ looking at the duck. ❶ not were ❷ were not

5 You _____ taking pictures. ❶ was ❷ were

6 A deer _____ grass on the hill. ❶ was eating ❷ was eat

7 A boy _____ the ladder. ❶ was climb ❷ was climbing

8 Mina _____ holding flowers. ❶ did not ❷ was not

9 We _____ wearing hats. ❶ was ❷ were

10 The singer _____ his hands. ❶ waving ❷ was waving

11 My father _____ his car then. ❶ was driving ❷ did driving

12 She was _____ English. ❶ not teaching ❷ teaching not

13 We _____ shopping there. ❶ were not ❷ not were

14 The men _____ camels. ❶ riding were ❷ were riding

15 Jim and I _____ baking cookies. ❶ was ❷ were

WORDS · blanket 담요 · duck 오리 · hold 잡고 있다[들고 있다] · wave 흔들다 · camel 낙타

Grammar Jump!

A 다음 문장에서 밑줄 친 부분의 우리말 뜻을 빈칸에 쓰세요.

1   I <u>was practicing</u> the violin then.   ➡   연습하고 있었다

2   I <u>practiced</u> the violin.   ➡   _____

3   You <u>were making</u> a blouse.   ➡   _____

4   You <u>made</u> a blouse.   ➡   _____

5   Emily <u>wasn't sleeping</u> in the room.   ➡   _____

6   Emily <u>didn't sleep</u> in the room.   ➡   _____

7   My uncle <u>was swimming</u> in the river.   ➡   _____

8   My uncle <u>swam</u> in the river.   ➡   _____

9   We <u>were not jumping</u> on the sofa.   ➡   _____

10   We <u>didn't jump</u> on the sofa.   ➡   _____

11   They <u>were going</u> to a musical.   ➡   _____

12   They <u>went</u> to a musical.   ➡   _____

13   He <u>wasn't knocking</u> on the door.   ➡   _____

14   He <u>didn't knock</u> on the door.   ➡   _____

15   The puppy <u>was playing</u> with a toy.   ➡   _____

WORDS   ·sleep 자다   ·river 강   ·musical 뮤지컬   ·knock 두드리다, 노크하다

B 주어진 말을 사용하여 다음 문장을 완성하세요.

1 John _____was_____ _____brushing_____ his teeth. (brush)
존은 이를 닦고 있었다.

2 I _____ _____ at the map. (look)
나는 지도를 보고 있었다.

3 The children _____ _____ together. (sing)
그 아이들은 함께 노래하고 있었다.

4 The girl _____ _____ happily. (smile)
그 여자아이는 행복하게 미소 짓고 있었다.

5 They _____ _____ on the street. (march)
그들은 거리에서 행진하고 있었다.

6 We _____ _____ to the teacher. (listen)
우리는 선생님 말씀을 귀 기울여 듣고 있었다.

7 Annie _____ _____ a fairy tale. (read)
애니는 동화를 읽고 있었다.

8 I _____ _____ in the pool. (swim)
나는 수영장에서 수영을 하고 있었다.

9 My mom _____ _____ mittens for me. (knit)
우리 엄마는 나를 위해 벙어리장갑을 뜨고 계셨다.

10 The students _____ _____ on the playground. (run)
그 학생들은 운동장에서 달리고 있었다.

11 You _____ _____ _____ a car. (not, drive)
너는 차를 운전하고 있지 않았다.

12 Harry _____ _____ _____ to school. (not, go)
해리는 학교에 가고 있지 않았다.

13 They _____ _____ _____ the balls. (not, kick)
그들은 공을 차고 있지 않았다.

14 I _____ _____ _____ the door. (not, close)
나는 문을 닫고 있지 않았다.

15 My cat _____ _____ _____ on the desk. (not, sleep)
우리 고양이는 그 책상 위에서 자고 있지 않았다.

| WORDS | ·map 지도 | ·march 행진하다 | ·fairy tale 동화 | ·knit 뜨다, 뜨개질을 하다 | ·close 닫다 |

Grammar Fly! · · · · · · · · · · · · · · · · · · ·

A 다음 문장의 밑줄 친 부분을 바르게 고쳐 빈칸에 쓰세요.

1 I <u>were</u> feeding the rabbits.
나는 토끼들에게 먹이를 주고 있었다.
➡ _____was_____

2 He <u>buying</u> some pumpkins.
그는 호박 몇 개를 사고 있었다.
➡ _____ _____

3 It <u>were</u> raining then.
그때 비가 내리고 있었다.
➡ _____

4 Carrie was <u>play</u> the piano this morning.
캐리는 오늘 아침에 피아노를 치고 있었다.
➡ _____

5 Mary and I <u>was</u> not walking along the river.
메리와 나는 강을 따라 걷고 있지 않았다.
➡ _____

6 I <u>didn't</u> riding a bicycle then.
나는 그때 자전거를 타고 있지 않았다.
➡ _____

7 The teacher <u>were</u> not drinking coffee.
그 선생님은 커피를 마시고 있지 않았다.
➡ _____

8 His uncle <u>were push</u> the swing.
그의 삼촌은 그네를 밀고 계셨다.
➡ _____ _____

9 The boys <u>was shake</u> their arms.
그 남자아이들은 팔을 흔들고 있었다.
➡ _____ _____

10 The panda <u>sitting was</u> in the tree.
그 판다는 그 나무에 앉아 있었다.
➡ _____ _____

11 They <u>did waiting</u> for Nick there.
그들은 거기에서 닉을 기다리고 있었다.
➡ _____ _____

12 My grandma <u>not was</u> knitting a sweater.
우리 할머니는 스웨터를 뜨고 계시지 않았다.
➡ _____ _____

13 The painter was <u>drawing not</u> the vase.
그 화가는 그 꽃병을 그리고 있지 않았다.
➡ _____ _____

14 The girl <u>looking was</u> at the moon.
그 여자아이는 달을 보고 있었다.
➡ _____ _____

15 They <u>not were</u> taking pictures in the park.
그들은 공원에서 사진을 찍고 있지 않았다.
➡ _____ _____

B 다음 문장을 과거 진행 시제로 바꿔 쓰세요.

1 They baked some bread. ➡ <u>They were baking some bread.</u>

2 I took a walk with my mom. ➡ _____

3 James went to the gym. ➡ _____

4 Tom tied his shoelace. ➡ _____

5 They painted the fence. ➡ _____

6 Mike stayed at home. ➡ _____

7 You wore a white shirt. ➡ _____

8 The baby cried loudly. ➡ _____

9 She didn't clean the house. ➡ _____

10 I didn't send a card to Meg. ➡ _____

11 We didn't clap. ➡ _____

12 Jim didn't hold my hand. ➡ _____

13 The dog didn't jump on the sofa. ➡ _____

14 The girls didn't chat together. ➡ _____

15 He didn't cut down the tree. ➡ _____

WORDS ·gym 체육관   ·tie 묶다   ·fence 울타리   ·chat 수다 떨다, 담소를 나누다

과거 진행 시제의 의문문

1 과거 진행 시제의 의문사 없는 의문문

❶ **She was reading** a comic book. 그녀는 만화책을 읽고 있었다.

➡ **Was she reading** a comic book? 그녀는 만화책을 읽고 있었니?

❷ **Was** the dog **barking** then? **Yes**, it **was**. / **No**, it **wasn't**.
그 개는 그때 짖고 있었니? 응, 그랬어. 아니, 그러지 않았어.

Were they **singing** there? **Yes**, they **were**. / **No**, they **weren't**.
그들은 그곳에서 노래하고 있었니? 응, 그랬어. 아니, 그러지 않았어.

❶ Was[Were]+주어+동사원형-ing ~?: '~하고 있었니?, ~하는 중이었니?'라는 뜻으로
과거 진행 중이던 일을 물을 때는 be동사의 과거형을 주어 앞으로 보내 문장 맨 앞에 씁니다.

Your friends were riding bikes. 네 친구들은 자전거를 타고 있었다.

➡ **Were** your friends **riding** bikes? 네 친구들은 자전거를 타고 있었니?

❷ 대답: be동사 과거형을 사용해서 긍정일 때는 「Yes, 주어(대명사)+was[were].」,
부정일 때는 「No, 주어(대명사)+wasn't[weren't].」로 대답합니다.

Was your mom **making** soup? **Yes**, she **was**. / **No**, she **wasn't**.
너희 엄마는 수프를 만들고 계셨니? 응, 그러셨어. 아니, 그러지 않으셨어.

Were the children **playing** in the park? **Yes**, they **were**. / **No**, they **weren't**.
그 아이들은 공원에서 놀고 있었니? 응, 그랬어. 아니, 그러지 않았어.

Grammar Walk!

정답 및 해설 4쪽

A 다음 문장에서 be동사를 찾아 동그라미 하고 「동사원형-ing」형을 찾아 밑줄을 치세요.

1 (Was) he <u>washing</u> his car?

2 Was Natalie looking for her dog?

3 Was the monkey eating a banana?

4 Were you playing soccer?

5 Were they watching a baseball game?

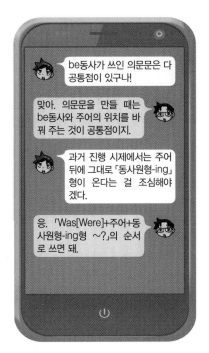

B 다음 의문문에 알맞은 대답을 찾아 선으로 연결하세요.

1 Were you having dinner then? •   • **a.** Yes, it was.

2 Was he driving a bus? •   • **b.** Yes, I was.

3 Were the children flying kites? •   • **c.** No, she wasn't.

4 Was Kelly doing her homework? •   • **d.** Yes, he was.

5 Was the seal swimming? •   • **e.** No, they weren't.

WORDS   ·look for ~을 찾다   ·watch 보다, 지켜보다   ·monkey 원숭이   ·seal 물개

2 과거 진행 시제의 의문사 있는 의문문

❶ **What was** she **watching?**
그녀는 무엇을 보고 있었니?

She **was watching a baseball game.**
그녀는 야구 경기를 보고 있었다.

Where were they **going?**
그들은 어디로 가고 있었니?

They **were going to the park.**
그들은 공원으로 가고 있었다.

❷ **Who was playing** the piano then?
누가 그때 피아노를 치고 있었니?

Jenny was playing the piano.
제니가 피아노를 치고 있었다.

❶ 의문사+was[were]+주어+동사원형-ing ~?: 과거의 어느 때에 '누구를, 무엇을, 언제, 어디서, 어떻게, 왜' 하고 있었는지 물을 때는 의문사를 의문문의 맨 앞에 씁니다.
be동사의 과거형은 뒤에 나오는 주어에 따라 달라지고, 구체적인 정보에 해당하는 말로 대답합니다.

Why was Sam **crying** then?
샘은 그때 왜 울고 있었니?

Because he **lost** his puppy.
그가 자기 강아지를 잃어버렸기 때문이다.

What were you **eating?**
너는 무엇을 먹고 있었니?

I **was eating some doughnuts.**
나는 도너츠 몇 개를 먹고 있었다.

❷ Who+was+동사원형-ing ~?: '누가 ~하고 있었니?'라는 뜻으로 who가 주어인 경우에는 주어를 따로 쓰지 않고 「Who+was+동사원형-ing ~?」로 씁니다.

Who was singing then?
그때 누가 노래하고 있었니?

Taemin was singing.
태민이가 노래하고 있었다.

Grammar Walk!

정답 및 해설 4쪽

A 다음 문장에서 의문사를 찾아 동그라미 하고, **be**동사와 「동사원형-**ing**」형을 찾아 밑줄을 치세요.

1 (What) were you drawing?

2 Where were they practicing taekwondo?

3 Why was Bob cutting down the tree?

4 Who was painting the wall?

5 How long was Tommy standing?

6 Who was feeding my cat?

7 How long were you waiting for him?

8 Where were they dancing?

9 Why was Jack laughing loudly?

10 What were the students writing?

| WORDS | ·draw 그리다 | ·wall 담, 벽 | ·stand 서 있다 | ·feed 먹이를 주다 | ·laugh (소리 내어) 웃다 |

Grammar Run! ....

A 다음 문장의 괄호 안에서 알맞은 말을 골라 동그라미 하세요.

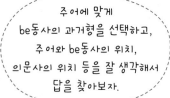

1   (Was / (Were)) you eating an apple?

2   (Was / Were) Paul walking in the rain?

3   (Was / Were) she jogging then?

4   (They were / Were they) looking at their teacher?

5   (Were you pulling / Were pulling you) the rope?

6   (Was taking he / Was he taking) care of his sister?

7   (Was fixing your father / Was your father fixing) the chair yesterday?

8   (Who was / Who were) singing the song?

9   What (she was / was she) pushing?

10   (Were where / Where were) the men playing basketball?

11   (Why were / Were why) they climbing the tree?

12   Where (you were / were you) taking a walk?

13   How fast (was John / John was) running?

14   Who (wearing was / was wearing) a red shirt?

15   Why (was / were) you carrying the desks?

 WORDS   · pull 당기다   · rope 줄, 끈   · take care of ~을 돌보다   · push 밀다   · carry 나르다, 운반하다

B 다음 의문문에 알맞은 대답을 골라 동그라미 하세요.

1 Were they listening to the radio?
  ❶ Yes, they did.   ❷ Yes, they were.

2 Was Jennifer reading a book?
  ❶ No, she wasn't.   ❷ No, she was.

3 Were you riding horses?
  ❶ Yes, we were.   ❷ We rode horses.

4 Was Bill cooking chicken soup?
  ❶ No, he isn't.   ❷ No, he wasn't.

5 Were the boys lying on the grass?
  ❶ Yes, they were.   ❷ Yes, they are.

6 Was Mr. Wilson speaking Spanish?
  ❶ No, he didn't.   ❷ No, he wasn't.

7 Was the dog playing with a ball?
  ❶ Yes, it wasn't.   ❷ Yes, it was.

8 Who was planting a tree?
  ❶ Yes, he was.   ❷ David was planting a tree.

9 Why were you singing?
  ❶ Because I was happy.   ❷ No, I wasn't.

10 Who was driving the car?
  ❶ Yes, they were.   ❷ Samantha was driving the car.

11 Why was Mina standing there?
  ❶ No, she wasn't.   ❷ Because she was waiting for Jun.

12 What were they making?
  ❶ Yes, they were.   ❷ They were making a snowman.

WORDS　·grass 잔디　·with ～을 가지고　·plant (나무 등을) 심다　·stand 서다, 서 있다　·snowman 눈사람

Grammar Jump!

A 다음 대화의 빈칸에 알맞은 말을 쓰세요.

1   **A:** ___Were___ you eating a hamburger?   **B:** Yes, I was.

2   **A:** _____ Danny catching dragonflies?   **B:** No, he wasn't.

3   **A:** _____ the actors dancing?   **B:** Yes, they were.

4   **A:** _____ Amy jogging then?   **B:** No, she wasn't.

5   **A:** Was the farmer picking apples?   **B:** Yes, he _____.

6   **A:** Were they singing English songs?   **B:** Yes, they _____.

7   **A:** Was the rabbit hopping?   **B:** No, it _____.

8   **A:** Were you climbing the ladder?   **B:** No, I _____.

9   **A:** What _____ she doing?   **B:** She was sleeping.

10   **A:** Who _____ drawing a bird?   **B:** Joe was drawing a bird.

11   **A:** What _____ you drinking then?   **B:** I was drinking some water.

12   **A:** Why _____ his baby crying?   **B:** Because she was hungry.

13   **A:** _____ was George sitting?   **B:** He was sitting on the couch.

14   **A:** _____ was playing the drums?   **B:** I was playing the drums.

15   **A:** _____ were the horses jumping?   **B:** Because they were excited.

| WORDS | · catch 잡다 | · pick 줍다, 따다 | · hop 깡충깡충 뛰다 | · couch 긴 의자, 소파 | · excited 흥분한 |

B 주어진 말을 사용하여 의문문을 완성하세요.

1 ___Were___ you ___eating___ a hamburger? (eat)

2 _____ Julia _____ a ribbon? (tie)

3 _____ the men _____ the roof? (fix)

4 _____ your aunt _____ her baby? (feed)

5 _____ the phone _____? (ring)

6 _____ the boys _____ up the stairs? (run)

7 _____ Annie _____ the oranges? (peel)

8 _____ they _____ skirts? (wear)

9 _____ the music room? (who, clean)

10 _____ you _____ then? (what, read)

11 _____ he _____ in the garden? (why, sit)

12 _____ they _____? (where, shop)

13 _____ Emily _____? (why, clap)

14 _____ in France? (who, travel)

15 _____ you _____? (what, move)

주어진 동사를
「동사원형-ing」형으로 바꿔 쓸 때
단어의 특징에 따라 다르게
변한다는 점을 주의하면서
빈칸을 채우자!

의문사와 함께
쓰이는 과거 진행 시제의
의문문은 「의문사+was[were]
+주어+동사원형-ing ~?」형태로
쓰면 돼.

WORDS · peel 껍질을 벗기다 · ring (전화가) 울리다 · shop 쇼핑하다 · travel 여행하다 · move 옮기다

Grammar Fly! · · · · · · · · · · · · · ·

A 다음 대화의 밑줄 친 부분을 바르게 고쳐 빈칸에 쓰세요.

1 A: <u>Was</u> you using the computer? ➡ Were
   B: Yes, I was.

2 A: <u>Were</u> Jimmy fixing the car? ➡ _____
   B: No, he wasn't.

3 A: <u>Were</u> your mom waving her hands? ➡ _____
   B: Yes, she was.

4 A: Was she <u>comb</u> her hair? ➡ _____
   B: No, she wasn't.

5 A: <u>Did</u> they taking care of the turtle? ➡ _____
   B: Yes, they were.

6 A: Was Amy helping her grandma? ➡ _____
   B: No, she <u>was</u>.

7 A: Were the geese drinking water? ➡ _____
   B: Yes, they <u>weren't</u>.

8 A: Who <u>were</u> flying the airplane? ➡ _____
   B: Mr. Simson was flying it.

9 A: What <u>was</u> the birds making? ➡ _____
   B: They were making their nest.

10 A: Where <u>were</u> the boy swimming? ➡ _____
   B: He was swimming in the pool.

11 A: Who <u>is</u> carrying the computer? ➡ _____
   B: Paul was carrying it.

12 A: What <u>were</u> your sister doing? ➡ _____
   B: She was washing her sneakers.

WORDS   · wave 흔들다   · comb 빗다   · turtle 거북이   · geese goose(거위)의 복수형   · nest 둥지

B 다음 문장을 과거 진행 시제로 바꿔 쓰세요.

1 Did James have breakfast? ➡ Was James having breakfast?

2 Did she dance at the party? ➡ _____

3 Did her grandpa travel in China? ➡ _____

4 Did they touch the gorilla? ➡ _____

5 Did the driver help the child? ➡ _____

6 Did he use this telephone? ➡ _____

7 Did you dry your puppy? ➡ _____

8 Did the fashion model look in the mirror?

➡ _____

9 Did Mike and Jane climb the mountain?

➡ _____

과거 진행 시제 의문문은 「be동사의 과거형 +주어+동사원형 -ing형 ~?」의 순서로 쓴다는 걸 꼭 기억해.

10 Did your sisters clean the closet yesterday?

➡ _____

11 Did you and Yuna fly kites in the afternoon?

➡ _____

12 Did his brothers jump on the sofa?

➡ _____

WORDS · travel 여행하다 · touch 만지다 · gorilla 고릴라 · dry 말리다 · closet 옷장

REVIEW ~ 01

1 다음 중 <u>잘못된</u> 문장을 고르세요.

  ❶ I was writing a letter.

  ❷ Tom was waiting for his mom.

  ❸ We was studying math.

  ❹ The bird was hopping on the glass.

2 다음 중 올바른 문장을 고르세요.

  ❶ Was you reading a book?

  ❷ Jackie was not draw then.

  ❸ Who was cooking dinner?

  ❹ Why was crying Annie?

[3-4] 다음 문장의 빈칸에 알맞은 말을 고르세요.

3
> Tom and Jerry ____ playing basketball then.

  ❶ is   ❷ was

  ❸ are   ❹ were

4
> Amanda was _____ her homework.

  ❶ not does   ❷ did not

  ❸ not doing   ❹ doing not

[5-6] 다음 문장의 빈칸에 알맞은 말이 순서대로 바르게 짝지어진 것을 고르세요.

5
> · The girl was _____ a magazine.
>
> · The dog _____ sleeping on the car.

  ❶ reading – wasn't

  ❷ didn't – reading

  ❸ didn't – wasn't

  ❹ didn't – read

6
> · _____ the boys making a snowman?
>
> · Who _____ singing the song?

  ❶ Was – was   ❷ Were – was

  ❸ Was – were   ❹ Were – were

[7-8] 다음 의문문에 알맞은 대답을 고르세요.

7
> Were the children riding horses?

  ❶ Yes, they did.

  ❷ Yes, they were.

  ❸ No, they were.

  ❹ No, they didn't.

8 Who was standing there?

❶ Yes, she was.

❷ It was two o'clock.

❸ Minho was standing there.

❹ I was not standing there.

9 다음 문장을 과거 진행 시제로 바르게 바꾼 것을 고르세요.

I waved my hand.

❶ I waving my hand.

❷ I was waving my hand.

❸ I waving were my hand.

❹ I were waving my hand.

10 다음 중 짝지어진 대화가 <u>어색한</u> 것을 고르세요.

❶ A: Were you playing soccer?
  B: Yes, I was.

❷ A: Who was carrying the box?
  B: Tom was carrying it.

❸ A: What was Harry eating?
  B: He was eating bread.

❹ A: Where were you skating?
  B: I was skating then.

[11-12] 다음 우리말 뜻과 같도록 괄호 안에서 알맞은 말을 고르세요.

11 조이는 길을 건너고 있지 않았다.

➡ Joy (was not / not was) crossing the street.

12 너는 그때 무엇을 마시고 있었니?

➡ What (you were / were you) drinking then?

[13-14] 다음 대화의 빈칸에 알맞은 말을 쓰세요.

13 A: Were you listening to the teacher?
  B: Yes, _____ _____.

14 A: Who _____ _____ pictures?
  B: Annie was taking pictures.

정답 및 해설 7~8쪽

[15-16] 다음 문장을 지시대로 바꿔 쓸 때 빈칸에 알맞은 말을 쓰세요.

15 The cat was playing with a toy. (부정문)

➡ The cat ＿＿＿＿ ＿＿＿＿
＿＿＿＿ with a toy.

16 The children were building a sandcastle. (의문문)

➡ ＿＿＿＿ ＿＿＿＿ ＿＿＿＿
＿＿＿＿ a sandcastle?

[17-18] 다음 문장의 밑줄 친 부분을 바르게 고쳐 문장을 다시 쓰세요.

17 Kevin <u>were</u> not writing in his diary.

➡ ＿＿＿＿＿＿＿＿＿＿＿＿＿＿

18 What <u>was</u> the girls wearing then?

➡ ＿＿＿＿＿＿＿＿＿＿＿＿＿＿

[19-20] 주어진 말을 바르게 배열하여 문장을 쓰세요.

19 practicing / not / we / were / the piano / .

➡ ＿＿＿＿＿＿＿＿＿＿＿＿＿＿

20 the room / cleaning / was / who / ?

➡ ＿＿＿＿＿＿＿＿＿＿＿＿＿＿

Check! Check!. ● ●

맞은 개수	평가
18~20개	😄 참 잘했어요.
15~17개	🙂 잘했어요.
9~14개	😐 노력해 봐요.
0~8개	☹ 다음에 잘할 거예요.

WRAP UP

● 다음 만화를 보면서 **Unit 01**의 내용을 정리해 봐요.

1 과거 진행 시제의 긍정문과 부정문 : 주어가 과거 어느 때에 하고 있던 일이나 동작을 표현할 때 씁니다.

긍정문	was[were] +동사원형-ing	I **was doing** my homework. 나는 숙제를 하고 있었다. You **were singing**. 너는 노래를 부르고 있었다.
부정문	was[were] not +동사원형-ing	He **was not[wasn't] reading** a book. 그는 책을 읽고 있지 않았다. They **were not[weren't] taking** exams. 그들은 시험을 보고 있지 않았다.

2 과거 진행 시제의 의문문

의문사 없는 의문문	Was[Were]+주어 +동사원형-ing ~?	**Was** she **singing** then? 그녀는 그때 노래하고 있었니? **Yes**, she **was**. 응, 그랬어. **Were** they **singing** there? 그들은 그곳에서 노래하고 있었니? **No**, they **weren't**. 아니, 그러지 않았어.
의문사 있는 의문문	의문사+was[were] +주어+동사원형-ing ~?	**What was** she **watching**? 그녀는 무엇을 보고 있었니? She **was watching a baseball game**. 그녀는 야구 경기를 보고 있었다. **Where were** they **going**? 그들은 어디로 가고 있었니? They **were going to the park**. 그들은 공원으로 가고 있었다.
	Who was +동사원형-ing ~?	**Who was playing** the piano then? 누가 그때 피아노를 치고 있었니? **Jenny was playing** the piano. 제니가 피아노를 치고 있었다.

미래 시제 will

- will을 이용한 미래 시제의 쓰임과 의미를 이해할 수 있어요.
- will을 이용한 미래 시제의 부정문과 의문문을 활용할 수 있어요.

미래 시제는 아직 일어나지 않은 앞으로 일어날 일을 말할 때 써. 이때 조동사 will은 '~할 것이다'라는 뜻으로 미래를 나타내는 말이야. 지금부터 will과 함께 쓰이는 긍정문뿐 아니라 '~하지 않을 것이다'라고 말하는 부정문, '~할 것이니?', '~ 일 것이니?'라고 묻는 의문문은 어떻게 만드는지 함께 공부해 보자.

미래 시제 will의 긍정문과 부정문

1 미래 시제 will의 긍정문

❶ I **will go** to their concert this Saturday.   나는 이번 토요일에 그들의 콘서트에 갈 것이다.

You **will be** a student next year.   너는 내년에 학생이 될 것이다.

She **will get** up at seven o'clock.   그녀는 7시에 일어날 것이다.

❷ It'**ll rain** tomorrow.   내일 비가 올 것이다.

We'**ll help** Rachel tonight.   우리는 오늘 밤에 레이철을 도울 것이다.

They'**ll study** science.   그들은 과학을 공부할 것이다.

미래 시제는 앞으로 일어날 일이나 할 일을 표현하는 것으로, '~할 것이다', '~일 것이다'
라는 의미입니다. will을 사용해서 표현합니다.

❶ **will+동사원형**: will은 '~할 것이다', '~일 것이다'라는 뜻으로 동사에 미래의 의미를 더해 줍니다.
주어에 상관없이 항상 **will**로 쓰고, 그 뒤에는 동사원형을 씁니다.

   Tony **will visit** his grandma next week.   토니는 다음 주에 할머니를 찾아뵐 것이다.

   The girls **will do** their homework together.   그 여자아이들은 함께 숙제를 할 것이다.

❷ 인칭대명사가 주어일 때 **will**은 아포스트로피(')를 사용해서 '**ll**로 줄여 쓸 수 있습니다.

   I'**ll be** eleven years old next year.   나는 내년에 열한 살이 될 것이다.

   She'**ll arrive** at five p.m.   그녀는 오후 5시에 도착할 것이다.

   He'**ll go** on a picnic this Sunday.   그는 이번 일요일에 소풍을 갈 것이다.

   They'**ll come** home at six.   그들은 6시에 집에 올 것이다.

Grammar Walk!

정답 및 해설 8쪽

A 다음 문장에서 will을 찾아 동그라미 하고 동사원형을 찾아 밑줄을 치세요.

1 I (will) take a walk in the park.

2 Tony will read the magazine.

3 We will have lunch together.

4 They will clean their classroom this afternoon.

5 My sister will go shopping tomorrow.

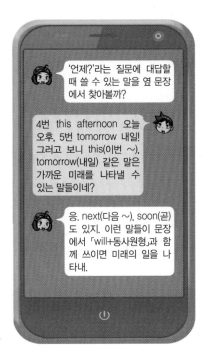

B 다음 두 문장의 뜻이 같도록 빈칸에 알맞은 말을 쓰세요.

1 I will make a snowman.

➡ _____I'll_____ make a snowman.

2 She will meet Mark at six p.m.

➡ _____ meet Mark at six p.m.

3 It will be cloudy this weekend.

➡ _____ be cloudy this weekend.

4 We will be busy today.

➡ _____ be busy today.

5 They will be late for school.

➡ _____ be late for school.

| WORDS | ·take a walk 산책하다 | ·clean 청소하다 | ·cloudy (날씨가) 흐린, 구름 낀 | ·be late for ~에 늦다 |

미래 시제 will의 긍정문과 부정문

2 미래 시제 will의 부정문

❶ I **will not wash** my hair today.　　　　나는 오늘 머리를 감지 않을 것이다.

　She **will not eat** that bread.　　　　그녀는 저 빵을 먹지 않을 것이다.

❷ We **won't go** jogging tomorrow.　　　우리는 내일 조깅하러 가지 않을 것이다.

　They **won't swim** in the river.　　　그들은 그 강에서 수영하지 않을 것이다.

❶ will not+동사원형: '~하지 않을 것이다'란 뜻의 부정문은 **will** 뒤에 **not**을 씁니다.

It **will not be** sunny tomorrow.　　내일은 날씨가 화창하지 않을 것이다.

Kevin **will not come** home late.　　케빈은 집에 늦게 오지 않을 것이다.

We **will not play** badminton this evening.　　우리는 오늘 저녁에 배드민턴을 치지 않을 것이다.

They **will not go** to the museum this Sunday.　　그들은 이번 일요일에 박물관에 가지 않을 것이다.

❷ won't+동사원형: will not은 won't로 줄여 쓸 수 있습니다.

I **won't play** soccer after school.　　나는 방과 후에 축구를 하지 않을 것이다.

You **won't listen** to music.　　너는 음악을 듣지 않을 것이다.

Jisu **won't go** to bed early.　　지수는 일찍 잠자리에 들지 않을 것이다.

The boys **won't sit** quietly.　　그 남자아이들은 조용히 앉아 있지 않을 것이다.

Grammar Walk!

정답 및 해설 8~9쪽

A 다음 문장에서 **will not**을 찾아 동그라미 하고 동사원형을 찾아 밑줄을 치세요.

1 I will not take a taxi.

2 Jane will not watch TV this evening.

3 The weather will not be nice today.

4 They will not go swimming tomorrow.

5 The children will not play outside today.

'나는 택시를 타지 않을 것이다.'는 어떻게 쓸까?

글쎄…. '나는 택시를 탈 것이다.'는 I will take a taxi. 인데….

조동사가 있는 부정문을 잘 생각해 봐.

조동사 뒤에 not을 쓰잖아?

will도 조동사처럼 그 뒤에 not을 붙이면 부정문이 돼.

그럼 I will not take a taxi. 네!

B 다음 두 문장의 뜻이 같도록 빈칸에 알맞은 말을 쓰세요.

1 I will not take a shower tonight.

  ➡ I ____won't____ take a shower tonight.

2 He will not climb the mountain next Sunday.

  ➡ He _____ climb the mountain next Sunday.

3 Maria will not visit her grandfather this weekend.

  ➡ Maria _____ visit her grandfather this weekend.

4 We will not learn French this year.

  ➡ We _____ learn French this year.

5 They will not travel to Japan.

  ➡ They _____ travel to Japan.

WORDS ·weather 날씨   ·outside 밖에, 밖으로   ·tonight 오늘 밤에   ·weekend 주말   ·French 프랑스 어

Grammar Run! ....

A 다음 문장의 괄호 안에서 알맞은 말을 골라 동그라미 하세요.

1   I will ((be) / is) at home tonight.

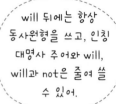

will 뒤에는 항상
동사원형을 쓰고, 인칭
대명사 주어와 will,
will과 not은 줄여 쓸
수 있어.

2   You will (get / gets) some presents today.

3   I will (studying / study) math this afternoon.

4   They (not will / will not) walk to school.

5   The store will (not open / don't open) next Saturday.

6   (She'ill / She'll) meet him in the park.

7   My father (doesn't / won't) be free tomorrow.

8   We will (go / went) to Egypt by plane.

9   Kelly (will be / is) eleven years old next month.

10 Jack and Jill (don't will / will not) get up early tomorrow morning.

11 (He's / He'll) read some English books this summer.

12 Ms. Robin will (leave / leaving) Korea next week.

13 Rob (will not / not will) go fishing this Sunday.

14 Jennifer (isn't / won't) come to the party tomorrow evening.

15 It will (not rain / rain not) tomorrow.

WORDS   ·get 받다   ·present 선물   ·free 다른 계획이 없는, 한가한   ·Egypt 이집트   ·evening 저녁

40 Unit 02

B 다음 문장의 빈칸에 알맞은 말을 골라 동그라미 하세요.

1 I will _____ a bus to the park.　　❶ take　　❷ taking

2 Jack will _____ Bob to the party.　　❶ invites　　❷ invite

3 She _____ this afternoon.　　❶ will swim　　❷ wills swim

4 He will _____ Spanish next year.　　❶ learn not　　❷ not learn

5 They _____ go to school today.　　❶ won't　　❷ will'nt

6 _____ be very hot this summer.　　❶ It'ill　　❷ It'll

7 The girl _____ practice kung fu.　　❶ not will　　❷ will not

8 Mom will _____ back to Seoul.　　❶ come　　❷ comes

9 I _____ that computer tomorrow.　　❶ use will　　❷ will use

10 Annie will _____ TV tonight.　　❶ watch　　❷ watched

11 The cook will _____ some eggs.　　❶ boiling　　❷ boil

12 Ted _____ fix the car tomorrow.　　❶ not will　　❷ will not

13 My family _____ hiking next week.　　❶ will go　　❷ will be go

14 _____ do his homework with his dad.　　❶ He'll　　❷ He'ill

15 We _____ play chess tonight.　　❶ wan't　　❷ won't

WORDS　·invite 초대하다　·Spanish 스페인 어　·come back 돌아오다[가다]　·family 가족

Grammar Jump!

A 다음 문장에서 밑줄 친 부분의 우리말 뜻을 빈칸에 쓰세요.

1 I <u>will visit</u> my uncle. ➡ 찾아뵐 것이다

2 You <u>will be</u> twelve years old next year. ➡ _____

3 The train <u>will arrive</u> at four o'clock. ➡ _____

4 Kevin <u>will make</u> a sandwich tomorrow. ➡ _____

5 We <u>will have</u> a party tomorrow. ➡ _____

6 It <u>will snow</u> today. ➡ _____

7 They <u>will watch</u> a movie this evening. ➡ _____

8 I <u>won't come</u> here next Saturday. ➡ _____

9 Cathy <u>won't be busy</u> next week. ➡ _____

10 My dad <u>won't drive</u> a car this morning. ➡ _____

11 He <u>won't visit</u> his aunts tomorrow. ➡ _____

12 We <u>won't be late</u> for the concert. ➡ _____

13 They <u>won't eat</u> chocolate for dessert. ➡ _____

14 We won't <u>go</u> to the beach this summer. ➡ _____

15 The men <u>won't cut down</u> the trees. ➡ _____

WORDS · arrive 도착하다 · snow 눈이 오다[내리다] · this 이[이번] ~ · dessert 디저트, 후식 · cut down 베다, 쓰러뜨리다

B 주어진 말을 사용하여 미래 시제의 문장을 완성하세요.

1 I _____will_____ _____have_____ lunch at noon. (have)

2 I _____ _____ _____ a bike this evening. (not, ride)

3 We _____ _____ tennis after school. (play)

4 Mary _____ _____ a tree next Friday. (plant)

5 He _____ _____ _____ the coat today. (not, put on)

6 They _____ _____ some comic books. (buy)

7 It _____ _____ cold this winter. (be)

8 I _____ _____ violin lessons next year. (not, take)

9 Joe _____ _____ _____ the radio at two. (listen to)

10 My aunt and uncle _____ _____ us today. (visit)

11 She _____ _____ Mr. Pitt tomorrow. (not, meet)

12 Mom _____ _____ us to school tomorrow morning. (drive)

13 We _____ _____ on a picnic next Sunday. (not, go)

14 They _____ _____ some food for the party. (bring)

15 You _____ _____ in the library tomorrow. (not, study)

WORDS · put on 입다   · lesson 수업   · bring 가져오다   · library 도서관

Grammar Fly! · · · · · · · · · · · · · · · · ·

A 다음 문장의 밑줄 친 부분을 바르게 고쳐 빈칸에 쓰세요.

1   Susie <u>will visits</u> her aunt. ➡ ___will___ ___visit___

2   I <u>will am</u> free tomorrow. ➡ _____ _____

3   We <u>will had</u> some toast for breakfast. ➡ _____ _____

4   Mr. Kim <u>will arrives</u> this afternoon. ➡ _____ _____

5   Ted <u>don't will wear</u> blue jeans tomorrow. ➡ _____ _____

6   They <u>not will come</u> back home today. ➡ _____ _____

7   It <u>will is</u> windy tomorrow. ➡ _____ _____

8   Jessica <u>wills bring</u> her sunglasses. ➡ _____ _____

9   Jack <u>will staying</u> in New York next month. ➡ _____ _____

10 She <u>will finishes</u> her homework soon. ➡ _____ _____

11 We <u>will play not</u> volleyball this afternoon. ➡ _____ _____

12 We <u>wont make</u> Christmas cards today. ➡ _____ _____

13 Mike <u>wills not</u> clean his room. ➡ _____ _____

14 You <u>be will</u> a fourth grader next year. ➡ _____ _____

15 He <u>not will</u> dive in the sea tonight. ➡ _____ _____

| WORDS | · stay 머무르다 | · soon 곧 | · volleyball 배구 | · grader ~학년생 | · dive 잠수하다 |

B 다음 문장을 미래 시제로 바꿔 쓰세요.

1 I help my mom after dinner. ➡ I will help my mom after dinner.

2 Dad goes camping. ➡ _____

3 Mike doesn't call me. ➡ _____

4 The movie starts at twelve ten. ➡ _____

5 He doesn't take the subway. ➡ _____

6 Kelly sends e-mail to her aunt. ➡ _____

7 I don't go to the concert. ➡ _____

8 The boys buy some kiwis. ➡ _____

9 It isn't rainy. ➡ _____

10 We don't speak English at home. ➡ _____

11 Janet isn't late for school. ➡ _____

12 The shop closes at nine p.m. ➡ _____

13 They meet her in the park. ➡ _____

14 My family is at the beach. ➡ _____

15 My sister doesn't like the red cap. ➡ _____

WORDS ·call 전화하다　·start 시작하다　·kiwi 키위　·rainy 비가 많이 오는　·close (상점 등의) 문을 닫다

02 미래 시제 will의 의문문

1 미래 시제 will의 의문사 없는 의문문

❶ **Will** you **meet** Emily tomorrow?   너는 내일 에밀리를 만날 거니?

Will she **have** a party next Sunday?   그녀는 다음 일요일에 파티를 열 거니?

Will they **learn** Chinese this year?   그들은 올해 중국어를 배울 거니?

❷ **Will** it **rain** today?   **Yes**, it **will.** / **No**, it **won't.**
오늘 비가 올까?   응, 그럴 거야.   아니, 그러지 않을 거야.

Will they **play** on the playground?   **Yes**, they **will.** / **No**, they **won't.**
그들은 놀이터에서 놀 거니?   응, 그럴 거야.   아니, 그러지 않을 거야.

❶ Will+주어+동사원형 ~?: '~할 것이니?', '~일 것이니?'라고 미래에 어떤 일을 할 것인지, 또는 어떤 일이 일어날 것인지 물을 때는 will과 주어의 위치를 바꿔 씁니다.

Jimmy **will wash** the dishes tomorrow.   지미가 내일 설거지를 할 것이다.

➡ **Will** Jimmy **wash** the dishes tomorrow?   지미가 내일 설거지를 할 거니?

❷ 대답: '응, 그럴 것이다.'라고 긍정할 때는 「Yes, 주어(대명사)+will.」로, '아니, 그러지 않을 것이다.' 라고 부정할 때는 「No, 주어(대명사)+won't.」로 대답합니다.

Will you **do** your homework after dinner?   **Yes**, I **will.** / **No**, I **won't.**
너는 저녁 식사 후에 숙제를 할 거니?   응, 그럴 거야.   아니, 그러지 않을 거야.

Will they **go** to France?   **Yes**, they **will.** / **No**, they **won't.**
그들은 프랑스로 갈 거니?   응, 그럴 거야.   아니, 그러지 않을 거야.

Grammar Walk!

A 다음 문장에서 **will**을 찾아 동그라미 하고 주어를 찾아 밑줄을 치세요.

1 (Will) you do your homework after lunch?

2 Will Jamie buy a new school bag?

3 Will it be sunny tomorrow?

4 Will the class finish at five o'clock?

5 Will we learn Chinese next year?

B 다음 의문문에 알맞은 대답을 찾아 선으로 연결하세요.

1 Will you clean your yard?

2 Will she go skiing next Monday?

3 Will David travel in Paris this spring?

4 Will it be warm tomorrow?

5 Will they arrive next Tuesday?

a. Yes, they will.

b. No, it won't.

c. Yes, I will.

d. No, he won't.

e. Yes, she will.

WORDS · school bag 책가방   · yard 마당, 뜰   · next 다음의   · spring 봄   · warm 따뜻한

02 미래 시제 will의 의문문

2 미래 시제 will의 의문사 있는 의문문

❶ What will you **do** tomorrow?
너는 내일 무엇을 할 거니?

I will see a movie.
나는 영화를 볼 것이다.

When will they **go** hiking?
그들은 언제 하이킹하러 갈 거니?

They **will go** hiking **this Saturday**.
그들은 이번 토요일에 하이킹하러 갈 것이다.

❷ Who will clean the house?
누가 그 집을 청소할 거니?

I will clean the house.
내가 그 집을 청소할 것이다.

Who will kick the ball?
누가 그 공을 찰 거니?

James will kick the ball.
제임스가 그 공을 찰 것이다.

❶ 의문사+will+주어+동사원형 ~?: '무엇을, 누구를, 언제, 어디서, 어떻게, 왜 ~할 것인지'
미래의 일에 대해 자세한 정보를 묻는 의문문은 will을 주어 앞으로 보내고,
의문사를 의문문의 맨 앞에 씁니다. 구체적인 내용으로 대답합니다.

How will you **go** to the zoo?
너는 그 어떻게 동물원에 갈 거니?

I will go there **by subway**.
나는 지하철을 타고 거기에 갈 것이다.

Where will she **meet** Anna?
그녀는 어디에서 애나를 만날 거니?

She **will meet** her **in the library**.
그녀는 도서관에서 그녀를 만날 것이다.

❷ Who will+동사원형 ~?: '누가 ~할 것이니?'라는 뜻으로 who가 '누가'라는 의미의
주어일 때는 who 뒤에 바로 「will+동사원형」을 씁니다.

Who will cook dinner today?
누가 오늘 저녁 식사를 요리할 거니?

My dad will cook dinner today.
우리 아빠가 오늘 저녁 식사를 요리하실 것이다.

Grammar Walk!

정답 및 해설 11쪽

A 다음 문장에서 의문사를 찾아 동그라미 하고 **will**을 찾아 밑줄을 치세요.

1 (What) <u>will</u> you wear today?

2 When will they get up?

3 How will she go to India?

4 Who will play the violin?

5 Where will you have lunch?

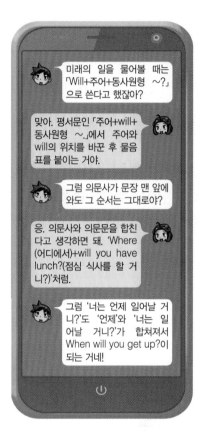

B 다음 의문문에 알맞은 대답을 찾아 선으로 연결하세요.

1 What will he eat for lunch today?   **a.** Andy will paint it.

2 When will you leave Seoul?   **b.** I will meet Julia.

3 Who will you meet tomorrow?   **c.** He will eat gimbap.

4 Who will paint the wall?   **d.** I will travel to Spain.

5 Where will you travel this summer?   **e.** I will leave at twelve.

WORDS   ·wear 입고[쓰고] 있다   ·India 인도   ·leave 떠나다   ·paint 페인트칠하다   ·travel 여행하다

Grammar Run! ....

A 다음 문장의 괄호 안에서 알맞은 말을 골라 동그라미 하세요.

1   Will you ((feed) / feeds) your puppy?

2   Will (learn she / she learn) yoga next month?

3   Will (go your dad / your dad go) fishing this weekend?

4   Will (they arrive / arrive they) at five p.m.?

5   (Check will he / Will he check) his e-mail tonight?

6   (What will / Will what) you draw?

7   (Will who / Who will) you meet this Saturday?

8   When (the concert will / will the concert) begin?

9   Where (will they / they will) go next Sunday?

10 Who (will be / be will) our English teacher this year?

11 (Will how long / How long will) you stay in New York?

12 (How will you / How you will) come here?

13 (Who does will kick / Who will kick) the ball?

14 When (will Tom write / will write Tom) a postcard?

15 What (will do you / will you do) after school?

will이 있는
의문사 없는 의문문은
「Will+주어
+동사원형 ~?」의
형태로 써.

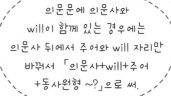

의문문에 의문사와
will이 함께 있는 경우에는
의문사 뒤에서 주어와 will 자리만
바꿔서 「의문사+will+주어
+동사원형 ~?」으로 써.

WORDS · weekend 주말   · check 확인하다   · begin (어떤 일이) 시작되다   · kick (발로) 차다   · postcard 그림엽서, 엽서

B 다음 의문문에 알맞은 대답을 골라 동그라미 하세요.

1 Will you get on the boat?
   ① Yes, I will.   **②** Yes, you will.

2 Will Jane draw a map?
   ① No, she will.   **②** No, she won't.

3 Will it snow this evening?
   ① It will snow.   **②** Yes, it will.

4 Will he wait for Julie at the bus stop?
   ① Yes, he will.   **②** Yes, he does.

5 Will they eat salad for lunch?
   ① No, they don't.   **②** No, they won't.

6 Will the girls go skating?
   ① Yes, she will.   **②** Yes, they will.

7 Will the game end before seven?
   ① Yes, it will.   **②** Yes, it does.

8 Who will carry the flower pot?
   ① Yes, I will.   **②** My mom will carry it.

9 What will Annie do this weekend?
   ① She will go hiking.   **②** No, she won't.

10 What time will he leave?
   ① He will leave at three.   **②** He will go there on foot.

11 Where will you and Ted run?
   ① Yes, we will.   **②** We will run at the park.

12 How will you go to Jeju?
   ① We will go there by ship.   **②** We will go there next month.

13 Who will drive the bus?
   ① No, I won't.   **②** Bill will drive it.

14 Where will they study math today?
   ① They will study at night.   **②** They will study at his house.

WORDS · get on ～에 타다   · map 지도   · bus stop 버스 정류장   · end 끝내다   · flower pot 화분

Grammar Jump!

A 주어진 말을 사용하여 미래 시제 의문문을 완성하세요.

1   _____Will_____ you _____go_____ to the amusement park? (go)

2   _____ the show _____ before nine? (begin)

3   _____ George _____ London next week? (visit)

4   _____ your grandfather _____ the door this afternoon? (fix)

5   _____ she _____ _____ her hat? (put on)

6   _____ they _____ their homework before dinner? (finish)

7   _____ he _____ ten years old next year? (be)

8   _____ you _____ your cup? (bring)

9   Who _____ _____ the rabbit tomorrow? (feed)

10   What _____ they _____ this weekend? (do)

11   When _____ Jack _____ dinner today? (have)

12   Where _____ you _____ books? (read)

13   How _____ Kevin _____ the letters? (send)

14   How long _____ you _____ computer games today? (play)

15   What _____ the children _____? (make)

B 다음 대화의 빈칸에 알맞은 말을 쓰세요.

1   **A:** _____Will_____ they come home early?   **B:** No, they won't.

2   **A:** _____ Ms. Hanks jog along the river?   **B:** Yes, she will.

3   **A:** _____ the library close next Monday?   **B:** Yes, it will.

4   **A:** _____ you buy a cell phone?   **B:** No, I won't.

5   **A:** Will it rain this weekend?   **B:** Yes, _____ _____.

6   **A:** Will Frank watch a movie tonight?   **B:** No, _____ _____.

7   **A:** Will they climb the mountain?   **B:** Yes, _____ _____.

8   **A:** Who _____ knit the vest?   **B:** Mom will knit it.

9   **A:** When _____ they go on a picnic?

     B: They will go on a picnic next Thursday.

10   **A:** How _____ you visit the island?

     B: We will visit the island by ship.

11   **A:** What will you make for breakfast?

     B: _____ _____ make some sandwiches.

12   **A:** When will Mr. Parker wash his puppy?

     B: _____ _____ wash his puppy after dinner.

WORDS   ·along ~을 따라   ·cell phone 휴대 전화   ·vest 조끼   ·Thursday 목요일   ·island 섬

Grammar Fly! ·····················

A 다음 미래 시제의 문장을 의문문으로 바꿔 쓰세요.

1 You and Sue will go shopping after school.
➡ ___Will you and Sue go shopping after school?___

2 He will get on the bus today.
➡ _____

3 The team will have a soccer match next Tuesday.
➡ _____

4 You will go skiing this weekend.
➡ _____

5 They will have a birthday party for Dorothy.
➡ _____

B 다음 밑줄 친 부분을 묻는 의문문을 쓸 때 빈칸에 알맞은 말을 쓰세요.

1 <u>Tim</u> will bake her birthday cake.
➡ Who ___will___ ___bake___ her birthday cake?

2 Mary will buy <u>the shoes</u> at the store.
➡ What _____ _____ at the store?

3 They will plant a tree <u>on the hill</u>.
➡ Where _____ _____ _____ a tree?

4 <u>We</u> will win the game.
➡ Who _____ _____ the game?

5 She will meet Randall <u>next month</u>.
➡ When _____ _____ _____ Randall?

> 1번에서는
> Tim이 생일 케이크를
> 만들 사람이니까 사람이
> '누구'인지 묻는 Who를
> 썼어.

WORDS · get on ~에 타다   · Tuesday 화요일   · match 경기, 시합   · win 이기다

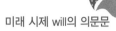

C 주어진 말을 바르게 배열하여 미래 시제 의문문을 쓰세요.

1 그가 오늘 그 문을 페인트칠할 거니? (will / today / paint the door / he / ?)
➡ _____Will he paint the door today?_____

2 내일 추울까? (it / tomorrow / be cold / will / ?)
➡ _____

3 그들은 오늘 열심히 공부할 거니? (they / will / today / study hard / ?)
➡ _____

4 너는 내일 네 방을 청소할 거니? (you / will / clean your room / tomorrow / ?)
➡ _____

5 에이미는 그 가게에서 자전거를 살 거니? (Amy / buy a bike / will / at the store / ?)
➡ _____

6 그는 이번 가을에 어디로 여행을 갈 거니? (where / travel / this fall / will / he / ?)
➡ _____

7 그들은 동물원에 어떻게 갈 거니? (how / will / go to the zoo / they / ?)
➡ _____

8 너희는 언제 소풍을 갈 거니? (when / go on a picnic / will / you / ?)
➡ _____

9 너는 오늘 밤 무엇을 할 거니? (what / do / will / you / tonight / ?)
➡ _____

10 그녀는 저녁 식사로 무엇을 요리할 거니? (what / cook for dinner / will / she / ?)
➡ _____

WORDS · paint 페인트칠하다 · cold 추운 · hard 열심히 · store 가게 · cook 요리하다

REVIEW 02

[1-2] 다음 중 잘못된 문장을 고르세요.

1
❶ I will come home early today.
❷ Susie will studies math this evening.
❸ We will not stay here.
❹ They won't learn yoga.

2
❶ Will Tommy go swimming today?
❷ Will they take a walk tonight?
❸ Who you will meet after school?
❹ Who will clean the bathroom?

[3-4] 다음 문장의 빈칸에 알맞은 말을 고르세요.

3
Where _____ the girls meet this weekend?

❶ is   ❷ does
❸ are   ❹ will

4
We _____ play computer games tomorrow.

❶ aren't   ❷ don't
❸ won't   ❹ isn't

5 다음 중 빈칸에 동사원형 go를 쓸 수 <u>없는</u> 문장을 고르세요.
❶ I will _____ to the library tomorrow.
❷ Who _____ to school by bus yesterday?
❸ Does Sally _____ jogging every day?
❹ We can _____ there by subway.

[6-7] 다음 문장을 지시대로 바르게 바꾼 것을 고르세요.

6
He will arrive at two. (부정문)

❶ He will don't arrive at two.
❷ He don't will arrive at two.
❸ He will not arrive at two.
❹ He not will arrive at two.

7
It will be cloudy today. (의문문)

❶ Will it be cloudy today?
❷ Does it will be cloudy today?
❸ What it will be cloudy today?
❹ Will it is cloudy today?

[8-9] 다음 의문문에 알맞은 대답을 고르세요.

8 Will Tom learn Korean?

❶ Yes, he does.

❷ Yes, he will.

❸ He will learn Korean.

❹ No, he will.

9 What will you eat for dinner today?

❶ Yes, I will.

❷ At six o'clock.

❸ No, I won't.

❹ I'll eat curry and rice.

10 다음 중 짝지어진 대화가 <u>어색한</u> 것을 고르세요.

❶ A: Will they do their homework together?

B: Yes, they will.

❷ A: How long will you stay in New York?

B: I will stay for two days.

❸ A: When will you meet Andy?

B: No, I won't.

❹ A: Will the game end at four?

B: Yes, it will.

[11-12] 다음 우리말 뜻과 같도록 괄호 안에서 알맞은 말을 고르세요.

11 그녀는 내일 늦게 일어나지 않을 것이다.

➡ She (will get not / won't get) up late tomorrow.

12 켄은 이번 토요일에 하이킹을 갈 거니?

➡ (Will Ken go / Will go Ken) hiking this Saturday?

[13-14] 다음 문장을 지시대로 바꿔 쓸 때 빈칸에 알맞은 말을 쓰세요.

13 Ted doesn't wear blue jeans.
(미래 시제)

➡ Ted _____ _____ blue jeans tomorrow.

14 They will come back home today. (의문문)

➡ _____ _____ _____ back home today?

정답 및 해설 13~14쪽

[15-16] 다음 문장의 빈칸에 알맞은 말을 쓰세요.

15 Jane _____ wash her car tomorrow. 제인은 내일 세차할 것이다.

16 A: Will Ann be a student next year?
B: No, she _____.

[17-18] 주어진 말을 바르게 배열하여 문장을 쓰세요.

17 won't / I / listen to the radio / at night / .

➡ _____

18 when / you / will / go to the dentist / ?

➡ _____

[19-20] 다음 밑줄 친 부분을 바르게 고쳐서 문장을 다시 쓰세요.

19 He will have not a birthday party. 그는 생일 파티를 하지 않을 것이다.

➡ _____
_____

20 Who you will meet this Sunday?
너는 이번 일요일에 누구를 만날 거니?

➡ _____

Check! Check!. ● ●

맞은 개수	평가
18~20개	😄 참 잘했어요.
15~17개	😊 잘했어요.
9~14개	😐 노력해 봐요.
0~8개	😞 다음에 잘할 거예요.

WRAP UP

● 다음 만화를 보면서 Unit 02의 내용을 정리해 봐요.

1 미래 시제 will의 긍정문과 부정문

긍정문	will + 동사원형	I **will go** to their concert. 나는 그들의 콘서트에 갈 것이다. She **will arrive** at seven. 그녀는 7시에 도착할 것이다. It **will rain** tomorrow. 내일 비가 올 것이다.
부정문	will not + 동사원형	He **will not(=won't)** be angry. 그는 화내지 않을 것이다. We **will not(=won't) go** jogging tomorrow. 우리는 내일 조깅하러 가지 않을 것이다. They **will not(=won't)** swim in the river. 그들은 그 강에서 수영하지 않을 것이다.

2 미래 시제 will의 의문문

의문사 없는 의문문	Will + 주어 + 동사원형 ~?	**Will** it **rain** today? 오늘 비가 올까? **Yes**, it **will**. / **No**, it **won't**. 응, 그럴 거야. 아니, 그러지 않을 거야. **Will** they **play** in the park? 그들은 공원에서 놀 거니? **Yes**, they **will**. / **No**, they **won't**. 응, 그럴 거야. 아니, 그러지 않을 거야.
의문사 있는 의문문	의문사 + will + 주어 + 동사원형 ~?	**What will** you **do** tomorrow? 너는 내일 무엇을 할 거니? I **will go** to the dentist. 나는 치과에 갈 것이다.
		When will they **go** hiking? 그들은 언제 하이킹하러 갈 거니? They **will go** hiking **this Saturday**. 그들은 이번 토요일에 하이킹하러 갈 것이다.
	Who + will + 동사원형 ~?	**Who will wash** the dishes? 누가 설거지를 할 거니? I **will wash** the dishes. 내가 설거지를 할 것이다.

미래 시제 be going to

- 「be going to+동사원형」으로 표현하는 미래 시제의 의미와 쓰임을 이해할 수 있어요.
- 미래 시제 be going to의 부정문과 의문문 만드는 방법을 알고 활용할 수 있어요.

예를 들어 '나는 요리할 예정이다.'를 말할 때는 I am going to cook.

'나는 세차할 것이다.'라고 할 때는 I am going to wash my car.

또는 '마루는 친구를 만날 것이다.' 하면 Maru is going to meet his friend.라고 하는 거죠.

우리는 We are going to study hard. 할까요?

선생님! 열심히 공부하기 전에! 종이 쳤으니 저는 화장실에 먼저 갔으면 좋겠어요.

딩동 댕동

하 하 하

be going to는 will처럼 미래 시제를 나타내. 여기서 be는 주어에 따라 am, are, is로 바뀌고, be going to 뒤에는 동사원형이 와. 이러한 be going to로 긍정문뿐 아니라 부정문과 의문문은 어떻게 만드는지 함께 공부해 보자.

be going to의 긍정문과 부정문

1 be going to의 긍정문

❶ I **am going to meet** John at three.   나는 3시에 존을 만날 것이다.

She **is going to study** math tonight.   그녀는 오늘 밤에 수학을 공부할 것이다.

We **are going to travel** to Busan.   우리는 부산으로 여행을 갈 것이다.

❷ I'm **going to drink** orange juice.   나는 오렌지 주스를 마실 것이다.

It's **going to rain** tomorrow morning.   내일 아침에 비가 올 것이다.

They're **going to visit** Russia.   그들은 러시아를 방문할 것이다.

❶ be동사+going to+동사원형: 가까운 미래에 '~할 것이다, ~할 예정이다'라는 뜻으로, 계획했거나 정해진 일을 말할 때 씁니다.

Annie **is going to take** a walk after dinner.   애니는 저녁 식사 후에 산책을 할 것이다.

The children **are going to visit** the museum next week.
그 아이들은 다음 주에 박물관을 방문할 것이다.

❷ 주어와 be동사는 줄여서 쓸 수 있습니다.

He's **going to fly** a kite.   그는 연을 날릴 것이다.

She's **going to read** a book tonight.   그녀는 오늘 밤에 책을 읽을 것이다.

We're **going to go** hiking this weekend.   우리는 이번 주말에 하이킹하러 갈 것이다.

Grammar Walk!

정답 및 해설 14~15쪽

A 다음 문장에서 **be going to**를 찾아 동그라미 하고 동사원형을 찾아 밑줄을 치세요.

1 I (am going to) <u>go</u> swimming tomorrow morning.

2 She is going to buy a new shirt.

3 The train is going to leave at nine o'clock.

4 We are going to build a sandcastle.

5 The children are going to make pinwheels.

B 다음 두 문장의 뜻이 같도록 빈칸에 알맞은 말을 쓰세요.

1 I am going to write a Christamas card to my mom.
   ➡ ___I'm___ ___going___ ___to___ ___write___ a Christmas card to my mom.

2 He is going to take a shower tonight.
   ➡ _____ _____ _____ _____ a shower tonight.

3 It is going to be sunny tomorrow.
   ➡ _____ _____ _____ _____ sunny tomorrow.

4 We are going to clean the floor.
   ➡ _____ _____ _____ _____ the floor.

5 They are going to win the game.
   ➡ _____ _____ _____ _____ the game.

| WORDS | · sandcastle 모래성 | · pinwheel 바람개비 | · sunny 화창한 | · floor 바닥 | · win 이기다 |

01 be going to의 긍정문과 부정문

2 be going to의 부정문

❶ I **am not going to write** stories tonight.   나는 오늘 밤에 이야기를 쓰지 않을 것이다.

He **is not going to carry** her backpack.   그는 그녀의 배낭을 나르지 않을 것이다.

They **are not going to watch** a soccer game this evening.
그들은 오늘 저녁에 축구 경기를 보지 않을 것이다.

❷ I'**m not going to get** up early tomorrow.   나는 내일 일찍 일어나지 않을 것이다.

She **isn't going to listen** to music.   그녀는 음악을 듣지 않을 것이다.

We **aren't going to play** basketball.   우리는 농구를 하지 않을 것이다.

❶ be동사＋not＋going to＋동사원형: '~하지 않을 것이다'라고 부정의 의미를 나타낼 때는 be동사 뒤에 not을 붙입니다.

John **is not going to learn** yoga.   존은 요가를 배우지 않을 것이다.
My friends **are not going to go** on a picnic this Saturday.
내 친구들은 이번 토요일에 소풍을 가지 않을 것이다.

❷ 부정문을 쓸 때는 주어인 대명사와 be동사 또는 be동사와 not을 줄여 쓸 수 있습니다.

He'**s not going to visit** his uncle today.
= He **isn't going to visit** his uncle today.   그는 오늘 자기 삼촌을 찾아뵙지 않을 것이다.

They'**re not going to have** breakfast today.
= They **aren't going to have** breakfast today.   그들은 오늘 아침 식사를 하지 않을 것이다.

Grammar Walk!

정답 및 해설 15쪽

A 다음 문장에서 「be동사＋not＋going to」를 찾아 동그라미 하세요.

1 We (are not going to) take photos today.

2 Kevin is not going to eat pizza.

3 She is not going to run in the park.

4 I am not going to play the flute.

5 They are not going to take the subway.

B 다음 밑줄 친 부분을 줄여서 문장을 다시 쓰세요.

1 <u>I am</u> not going to dance.

➡ _____ I'm not going to dance. _____

2 He <u>is not</u> going to be late for school.

➡ _____

3 <u>It is</u> not going to be hot tomorrow.

➡ _____

4 <u>We are</u> not going to bring the tent.

➡ _____

5 <u>They are</u> not going to meet the singer.

➡ _____

WORDS ·take a photo 사진을 찍다 ·take (교통수단 등을) 타다 ·tomorrow 내일 ·tent 텐트

Grammar Run!

A 다음 문장의 괄호 안에서 알맞은 말을 골라 동그라미 하세요.

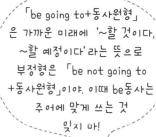

1 I (**am** / is) going to be a fifth grader next year.

2 She (am / is) going (to calls / to call) Miso today.

3 They (is / are) going to leave for China tomorrow.

4 Ted (is go / is going) to wash his puppy this evening.

5 We (are going / do going) to have a party next Saturday.

6 Joan is going (joins / to join) the club.

7 They are going (pick / to pick) apples next week.

8 My aunt is going (to move / moving) to Busan next month.

9 We (are not / do not) going to climb the mountain this weekend.

10 My sister (does not / is not) going to play tennis after school.

11 Mr. Kent (isn't / doesn't) going to buy a computer.

12 I (won't / am not) going to go to the library tomorrow.

13 Edna and May (aren't / won't) going to go diving this summer.

14 He (does not / is not) going to have lunch today.

15 She (won't / isn't) going to return the book tonight.

WORDS · **leave for** ~로 떠나다   · **join** 가입하다   · **move** 이사하다   · **go diving** 다이빙하러 가다   · **return** 돌려주다

66 Unit 03

B 다음 문장의 빈칸에 알맞은 말을 골라 동그라미 하세요.

1   My mom _____ going to make cake.   **①** is   **②** are

2   He _____ going to stay in Seoul for 2 days.   **①** is   **②** are

3   I _____ going to wear a T-shirt today.   **①** am   **②** is

4   We are _____ to cook dinner together.   **①** go   **②** going

5   Bobby _____ to send some cards today.   **①** is going   **②** does going

6   They _____ to walk along the river.   **①** do go   **②** are going

7   Joe and I are going _____ hiking today.   **①** go   **②** to go

8   Kate is going _____ the homework with me.   **①** to do   **②** to does

9   I _____ going to watch TV tonight.   **①** don't   **②** am not

10   She _____ going to buy beans this morning.   **①** isn't   **②** doesn't

11   My brother _____ going to ski.   **①** will not   **②** is not

12   They _____ going to come home next week.   **①** aren't   **②** won't

13   He _____ going to take the train.   **①** does not   **②** is not

14   _____ going to rain tomorrow.   **①** It isn't   **②** It doesn't

15   _____ going to listen to music at night.   **①** We're not   **②** We'll not

WORDS   ·stay 머무르다   ·send 보내다   ·bean 콩   ·next 다음의   ·rain 비가 오다

Grammar Jump!

A 다음 문장에서 밑줄 친 부분의 우리말 뜻을 빈칸에 쓰세요.

1   I <u>am going to call</u> my aunt this morning.   ➡   전화드릴 것이다

2   He <u>is going to cook</u> lunch for us this weekend.   ➡   _____

3   She <u>is going to finish</u> her homework before dinner.   ➡   _____

4   Jack <u>is going to help</u> his friends tomorrow.   ➡   _____

5   They <u>are going to listen</u> to the radio together.   ➡   _____

6   We <u>are going to play</u> computer games after dinner.   ➡   _____

7   My father <u>is going to visit</u> Tokyo next week.   ➡   _____

8   The concert is <u>going to start</u> soon.   ➡   _____

9   Clara <u>isn't going to stay</u> here this week.   ➡   _____

10 It <u>isn't going to rain</u> this afternoon.   ➡   _____

11 They <u>aren't going to walk</u> to the lake.   ➡   _____

12 My mother <u>isn't going to wash her car</u> this week.   ➡   _____

13 We <u>aren't going to go shopping</u> today.   ➡   _____

14 Ms. Woods <u>isn't going to take</u> a taxi.   ➡   _____

15 We <u>aren't going to watch</u> TV tonight.   ➡   _____

WORDS   ·call 전화하다   ·finish 끝내다, 마치다   ·start 시작하다   ·soon 곧   ·lake 호수

B 주어진 말과 **be going to**를 사용하여 미래 시제의 문장을 완성하세요.

1 I ___am___ ___going___ ___to___ ___read___ the storybook tonight. (read)

2 Brad _____ _____ _____ _____ in the sea. (swim)

3 They _____ _____ _____ _____ the flowers. (water)

4 I _____ _____ _____ _____ Emily to the party. (invite)

5 We _____ _____ _____ _____ the kites this afternoon. (fly)

6 He _____ _____ _____ _____ a new camera tomorrow. (buy)

7 She _____ _____ _____ _____ home early today. (come)

8 My uncle _____ _____ _____ _____ next Tuesday. (arrive)

9 Ann ___isn't___ ___going___ ___to___ ___call___ you this week. (not, call)

10 His sister _____ _____ _____ _____ trees. (not, plant)

11 I _____ _____ _____ _____ this morning. (not, jog)

12 They _____ _____ _____ _____ steak for dinner. (not, eat)

13 He _____ _____ _____ _____ a letter today. (not, send)

14 She _____ _____ _____ _____ the bus. (not, take)

15 We _____ _____ _____ _____ to Jeju this fall. (not, go)

| WORDS | · water 물을 주다 | · invite 초대하다 | · Tuesday 화요일 | · plant (나무 등을) 심다 | · fall 가을 |

Grammar Fly! · · · · · · · · · · · · · · · · · · ·

A 다음 문장의 밑줄 친 부분을 바르게 고쳐 빈칸에 쓰세요.

1   Ann is going to <u>dancing</u> well tomorrow.   ➡   _dance_

2   I'm <u>go</u> to take my sunglasses today.   ➡   _____

3   We're going to <u>arrives</u> in Seoul at eight.   ➡   _____

4   Julia and I <u>am</u> going to ride bikes this afternoon.   ➡   _____

5   Mark is <u>goes</u> to bring some cookies to the party.   ➡   _____

6   It's going to <u>is</u> cold tomorrow.   ➡   _____

7   Amy <u>doesn't</u> going to leave for Paris next weekend.   ➡   _____

8   They <u>don't</u> going to buy a sweater for their mom.   ➡   _____

9   He and Jun <u>isn't</u> going to learn yoga this spring.   ➡   _____

10   She <u>does</u> not going to go surfing tomorrow morning.   ➡   _____

11   <u>He</u> not going to go to the concert tomorrow.   ➡   _____

12   I <u>won't</u> going to make a salad tomorrow.   ➡   _____ _____

13   They are going <u>playing</u> chess tonight.   ➡   _____

14   She's going <u>sings</u> the song at the contest.   ➡   _____

15   We're going <u>not</u> to ride a seesaw.   ➡   _____

| WORDS | ·sunglasses 선글라스 | ·arrive 도착하다 | ·bring 가져오다 | ·contest 대회 | ·seasaw 시소 |

B 주어진 말과 **be going to**를 사용하여 미래 시제의 문장을 쓰세요.

1 제인은 쿠키를 조금 구울 것이다. (Jane / bake some cookies)
➡ ___Jane is going to bake some cookies.___

2 그들은 내일 차고를 청소할 것이다. (they / clean the garage / tomorrow)
➡ _____

3 내일은 날씨가 화창할 것이다. (it / be sunny / tomorrow)
➡ _____

4 그는 오늘 책 몇 권을 빌릴 것이다. (he / borrow some books / today)
➡ _____

5 나는 이번 겨울에 스케이트 타러 가지 않을 것이다. (I / not / go skating / this winter)
➡ _____

6 에릭은 오늘 여기를 떠나지 않을 것이다. (Eric / not / leave here / today)
➡ _____

7 그녀는 연필깎이를 사지 않을 것이다. (she / not / buy a sharpener)
➡ _____

8 그는 일찍 잠자리에 들지 않을 것이다. (he / not / go to bed / early)
➡ _____

9 그들은 밖에서 놀지 않을 것이다. (they / not / play outside)
➡ _____

10 우리 어머니는 그곳에 주차하지 않으실 것이다. (my mother / not / park there)
➡ _____

WORDS ·sunny 화창한 · borrow 빌리다 · winter 겨울 · sharpener 연필깎이 · park 주차하다

02 be going to의 의문문

1 be going to의 의문사 없는 의문문

❶ **Are** you **going to clean** your room? 너는 네 방을 청소할 거니?

Is she **going to go** shopping this evening? 그녀는 오늘 저녁에 쇼핑하러 갈 거니?

Are Dan and Jack **going to cook** tonight? 댄과 잭은 오늘 밤에 요리할 거니?

❷ **Are** you **going to learn** Chinese? Yes, I **am**. / No, I'm **not**.
너는 중국어를 배울 거니? 응, 그럴 거야. 아니, 그러지 않을 거야.

Is he **going to go** to bed early today? Yes, he **is**. / No, he **isn't**.
그는 오늘 일찍 잠자리에 들 거니? 응, 그럴 거야. 아니, 그러지 않을 거야.

❶ be동사＋주어＋going to＋동사원형 ～?: '～할 것이니?, ～할 계획이니?'라는 뜻으로, 미래의 일이나 계획을 물을 때 be동사를 주어 앞으로 보냅니다.

Paul **is going to watch** the movie. 폴은 그 영화를 볼 것이다.

➡ **Is** Paul **going to watch** the movie? 폴은 그 영화를 볼 거니?

❷ 대답: be동사를 사용하여 '응, 그럴 것이다.'라고 긍정의 대답을 할 때는 「Yes, 주어(대명사) ＋be동사.」로, '아니, 그렇지 않을 것이다.'라고 부정의 대답을 할 때는 「No, 주어(대명사) ＋be동사＋not.」으로 합니다.

Is your sister **going to help** you? Yes, she **is**.
네 언니가 너를 도와줄 거니? 응, 그럴 거야.

Are they **going to have** a birthday party? No, they **aren't**.
그들은 생일 파티를 열 거니? 아니, 그러지 않을 거야.

Grammar Walk!

정답 및 해설 17쪽

A 다음 문장에서 주어를 찾아 동그라미 하고 「**be going to**＋동사원형」을 찾아 밑줄을 치세요.

1 Are you going to walk to your house?

2 Is she going to study history?

3 Is Tom going to eat tomatoes?

4 Are they going to speak English in class?

5 Are the children going to be twelve years old?

be going to 의문문은 어떻게 만들어?

먼저 be동사 의문문을 어떻게 만들었는지 생각해 봐.

그건 왜? 평서문에서 be 동사와 주어의 위치를 바꿨잖아!

be going to 의문문도 be 동사 의문문처럼 만들거든.

아해 그럼 혹시 대답할 때도 be동사일 때와 같아?

응. 대명사를 주어로 하고, be동사를 써서 대답하면 돼.

B 다음 의문문에 알맞은 대답을 찾아 선으로 연결하세요.

1 Are you going to go jogging tomorrow? •

2 Is it going to be cloudy tomorrow? •

3 Is John going to keep a diary? •

4 Is Annie going to buy a newspaper? •

5 Are they going to be in fifth grade? •

• **a.** Yes, they are.

• **b.** No, she isn't.

• **c.** Yes, I am.

• **d.** No, he isn't.

• **e.** Yes, it is.

WORDS ·history 역사   ·in class 수업 중에   ·newspaper 신문   ·grade 학년

02 be going to의 의문문

2 be going to의 의문사 있는 의문문

❶ **What are** you **going to do** this afternoon?　　너는 오늘 오후에 무엇을 할 거니?
I'm going to do my homework.　　나는 숙제를 할 것이다.

When is she **going to leave** New York?　　그녀는 언제 뉴욕을 떠날 거니?
She's going to leave on Friday.　　그녀는 금요일에 떠날 것이다.

❷ **Who is going to teach** music?　　누가 음악을 가르치실 거니?
Ms. Anderson is going to teach music.　　앤더슨 선생님이 가르치실 것이다.

❶ 의문사＋be동사＋주어＋going to＋동사원형 ~?: 미래의 예정된 일에 대한 특정한 정보 (누구를, 무엇을, 언제, 어디서, 어떻게, 왜)를 물을 때는 의문사를 의문문의 맨 앞에 씁니다. be동사는 주어에 따라 달라지고, 대답할 때는 대부분 「be going to+동사원형」을 사용하여 구체적으로 합니다.

Where is he **going to study?**　　그는 어디서 공부할 거니?
He's going to study in the library.　　그는 도서관에서 공부할 것이다.

❷ Who is going to+동사원형 ~?: '누가'라는 뜻으로 **who**가 주어인 경우에는 「Who is going to+동사원형 ~?」으로 씁니다.

Who is going to bake cookies?　　누가 쿠키를 구울 거니?
My mom is going to bake cookies.　　우리 엄마가 쿠키를 구우실 것이다.

Grammar Walk!

A 다음 문장에서 의문사를 찾아 동그라미 하고 「**be going to** + 동사원형」을 찾아 밑줄을 치세요.

1 (When) are you <u>going to come</u> back home?

2 Where is she going to study Chinese?

3 Who are you going to meet this afternoon?

4 Why are they going to visit the island?

5 Who is going to sing next?

B 다음 대화를 보고 빈칸에 알맞은 말을 쓰세요.

1 **A:** What are you going to do after school?
   B: I __am__ __going__ __to__ practice kung fu.

2 **A:** When is he going to finish his homework?
   B: He _____ _____ _____ finish at seven p.m.

3 **A:** Who is Anne going to visit this weekend?
   B: She _____ _____ _____ visit her grandpa.

4 **A:** Where are they going to travel this summer?
   B: They _____ _____ _____ travel to Paris.

| WORDS | ·come back 돌아오다 | ·Chinese 중국어 | ·kung fu 쿵후 | ·travel 여행하다 |

미래 시제 be going to **75**

Grammar Run! ....

A 다음 문장의 괄호 안에서 알맞은 말을 골라 동그라미 하세요.

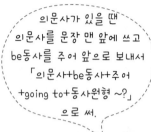

의문사가 있을 땐 의문사를 문장 맨 앞에 쓰고 be동사를 주어 앞으로 보내서 「의문사+be동사+주어 +going to+동사원형 ~?」으로 써.

1   ((Are) / Is) you going to climb the hill?

2   (Are / Is) Jason going to take a walk in the park?

3   (Are / Am) we going to go on a picnic next Friday?

4   (Is / Are) they going to practice taekwondo today?

5   Is Lyla going (to knit / knitting) a scarf for her mom?

6   Is the train going to (leave / leaves) at ten thirty?

7   Is your sister going to (play / playing) table tennis with you?

8   Are you going to (visits / visit) the village next Wednesday?

9   (Are they going / Are going they) to take care of poor people?

10   Who (are you / you are) going to meet tomorrow?

11   Where (is she / she is) going to study English today?

12   When (are / is) they going to have a party?

13   How (is / are) you and Sujin going to go to the park?

14   What (is / are) he going to make for her?

15   Who (is / are) going to take care of the puppies today?

WORDS   · hill 언덕   · take a walk 산책하다   · knit 뜨다, 짜다   · village 마을   · take care of ~을 돌보다

B 다음 대화의 괄호 안에서 알맞은 말을 골라 동그라미 하세요.

1 **A:** Is Mr. Gatsby going to read the magazine?
  B: (Yes, he is / Yes, he does).

2 **A:** Are you going to draw the lilies?
  B: (No, I am / No, I'm not).

3 **A:** Is your sister going to study in Singapore?
  B: (Yes, you are / No, she isn't).

4 **A:** Are they going to move to the city?
  B: (Yes, they are / No, they are).

5 **A:** Is Mary going to bring his helmet tomorrow?
  B: (Yes, she does / No, she isn't).

6 **A:** Is it going to be hot next week?
  B: (Yes, it does / Yes, it is).

7 **A:** Are you going to visit Jeju next year?
  B: (Yes, we are / No, we are).

8 **A:** When is she going to arrive at the theater?
  B: (Yes, she is / She's going to arrive at seven o'clock).

9 **A:** Where is your brother going to look for his wallet?
  B: He's going to look for it (in the park / tonight).

10 **A:** What are you going to do next Sunday?
  B: I (clean / am going to clean) a bathtub.

11 **A:** Who is going to sweep the floor today?
  B: (I / We) am going to sweep the floor.

12 **A:** How are you going to build a nest?
  B: We (was building / are going to build) it with a box.

| **WORDS** | ·theater 극장, 영화관 | ·look for ~를 찾다 | ·wallet 지갑 | ·sweep 쓸다 | ·bathtub 욕조 |

Grammar Jump!

A be going to를 사용하여 미래 시제의 의문문을 완성하세요.

1 ___Are___ you ___going___ ___to___ make a milkshake?

2 _____ Tom _____ _____ sit next to Julie?

3 _____ the train _____ _____ arrive on time?

4 _____ they _____ _____ go on holiday next week?

5 _____ your sister _____ _____ run in the race?

6 _____ he _____ _____ go skiing again?

7 _____ his parents _____ _____ go to a movie today?

8 _____ Kelly and Sam _____ _____ play tennis after school?

9 _____ Mr. Smith _____ _____ come with his daughter?

10 Where _____ you _____ _____ wait for Linda?

11 When _____ he _____ _____ move to Busan?

12 What _____ they _____ _____ do during summer vacation?

13 Who _____ she _____ _____ meet tomorrow?

14 How _____ your brother _____ _____ open the door?

15 Who _____ _____ _____ wash the dishes this evening?

> be going to를 사용해서 '~할 거니?' 하고 물을 때는 be동사를 주어 앞에 쓰면 돼. 의문사로 특정 정보를 물을 때는 의문사를 맨 앞에 쓴다는 것도 잊지 마!

WORDS · next to ~ 옆에   · on time 정각에   · go on holiday 휴가를 가다   · again 다시   · during ~ 동안[내내]

B 다음 대화의 빈칸에 알맞은 말을 쓰세요.

1 A: Are you going to do your homework at night?
   B: Yes, _____I_____ ____am____ .

2 A: Is your father going to exercise regularly this year?
   B: Yes, _____ .

3 A: Are your grandparents going to listen to music after dinner?
   B: No, _____ _____ .

4 A: Is Nancy going to go to bed now?
   B: _____ , she is.

5 A: Is your brother going to wear his new red cap?
   B: _____ , _____ isn't.

6 A: Is it going to be a hot day tomorrow?
   B: _____ , _____ is.

7 A: What are you going to eat for dessert?
   B: I _____ _____ _____ _____ some ice cream.

8 A: When is your cousin going to come to your house?
   B: She _____ _____ _____ _____ to my house next
      Thursday.

9 A: Where are your friends going to study science tomorrow?
   B: They _____ _____ _____ _____ in the library.

10 A: Who is going to make her birthday cake?
   B: Tony _____ _____ it.

11 A: How _____ they _____ _____ go to the village?
   B: They're going to go there by train.

12 A: When _____ your parents _____ _____ travel to China?
   B: They're going to travel to China next month.

의문사가 없는 be going to 의문문은 be동사를 사용해서 yes, no로 대답한다는 것 잊지 말자.

Grammar Fly! · · · · · · · · · · · · · · · · · · ·

A 다음 대화의 밑줄 친 부분을 바르게 고쳐 빈칸에 쓰세요.

1   A: <u>Are</u> your mother going to fix the TV?   ➡   <u>Is</u>
    B: Yes, she is.

2   A: <u>Is</u> your friends going to play soccer after school?   ➡ _____
    B: No, they aren't.

3   A: <u>Is</u> the men going to cut down the big tree tomorrow? ➡ _____
    B: Yes, they are.

4   A: Is he going to finish his painting this week?   ➡ _____
    B: Yes, he <u>won't</u>.

5   A: Are they going to catch fish tonight?   ➡ _____
    B: No, they <u>don't</u>.

6   A: Are you going to dive into the sea?   ➡ _____
    B: <u>Yes</u>, I'm not.

7   A: Who <u>are</u> going to take care of you tomorrow?   ➡ _____
    B: My grandmother is going to take care of us.

8   A: What <u>is</u> his parents going to buy for him?   ➡ _____
    B: They are going to buy a new bicycle for him.

9   A: When is the baby <u>go</u> to sleep?   ➡ _____
    B: She is going to sleep soon.

10 A: Where is Jim going to run this morning?   ➡ _____ _____
    B: He is going <u>runs</u> in the park.

11 A: How are you going to go to the theater?   ➡ _____ _____
    B: I <u>go</u> to go there by subway.

12 A: What is Jessica going <u>draw</u>?   ➡ _____
    B: She is going to draw a rainbow.

WORDS   ·cut down 쓰러[넘어]뜨리다   ·catch 잡다   ·sleep (잠을) 자다   ·draw 그리다   ·rainbow 무지개

B 주어진 말과 **be going to**를 사용하여 미래 시제의 의문문을 완성하세요.

1 <u>Are you going to go surfing</u> this weekend? (you, go surfing)

2 _____ TV tonight? (your brother, watch)

3 _____ the club this year? (he, join)

4 _____ their pets to school? (they, bring)

5 _____ a postcard to her? (Bill, write)

6 _____ on the stage? (you, dance)

7 _____ on the couch? (your uncle, sleep)

8 _____ a horse in the park? (Sue, ride)

9 _____ his cows tomorrow? (the farmer, sell)

10 Who _____ at the restaurant? (you, meet)

11 Where _____ soccer? (they, play)

12 When _____ back home? (your dad, come)

13 How _____ the roof? (she, fix)

14 What _____ for her? (they, buy)

15 Who _____ the poor cat? (take care of)

WORDS ·go surfing 서핑하러 가다   ·join 가입하다   ·pet 애완동물   ·stage 무대   ·sell 팔다

REVIEW ⌣ 03

[1-2] 다음 중 <u>잘못된</u> 문장을 고르세요.

1　❶ I'm going to sit next to Paul.

　❷ She's going to study math.

　❸ We're going to play soccer.

　❹ They're going not to watch TV.

2　❶ Are you going to have a party?

　❷ Who are going to sweep the floor?

　❸ Is Tom going to wear jeans?

　❹ When are they going to leave?

[3-4] 다음 문장의 빈칸에 알맞은 말을 고르세요.

3　We are _____ to play tennis this afternoon.

　❶ go　　　　　❷ be

　❸ going　　　　❹ do

4　What _____ you going to do?

　❶ is　　　　　❷ be

　❸ are　　　　　❹ being

[5-6] 다음 문장을 지시대로 바르게 바꾼 것을 고르세요.

5　Sue is going to ski. (부정문)

　❶ Sue is not going to ski.

　❷ Sue is going not to ski.

　❸ Sue is going to not ski.

　❹ Sue does not going to ski.

6　They are going to fly kites. (의문문)

　❶ Do they are going to fly kites?

　❷ Be they are going to fly kites?

　❸ Are they going to fly kites?

　❹ Do they going to fly kites?

[7-8] 다음 의문문에 대한 대답으로 알맞은 것을 고르세요.

7　Are you going to read a book?

　❶ Yes, I do.

　❷ Yes, I am.

　❸ Yes, I'm not.

　❹ Yes, you are.

8
When is he going to have lunch?

❶ Yes, he is.　　❷ No, he isn't.

❸ He's going to have lunch at two.

❹ He's going to have lunch at home.

9 다음 우리말을 영어로 바르게 옮긴 것을 고르세요.

그녀는 언제 공부할 거니?

❶ When does she study?

❷ When she going to study?

❸ When can she study?

❹ When is she going to study?

10 다음 중 짝지어진 대화가 <u>어색한</u> 것을 고르세요.

❶ A: Is Tim going to go skiing?
B: No, he isn't.

❷ A: What are you going to do?
B: I am going to go to bed.

❸ A: Who is going to help you?
B: My sister is.

❹ A: Where is she going to jog?
B: Yes, she is.

[11-12] 다음 우리말 뜻과 같도록 괄호 안에서 알맞은 말을 고르세요.

11 나는 가방을 하나 살 것이다.

➡ I am going (to buying / to buy) a bag.

12 존은 어디에서 에밀리를 만날 거니?

➡ (Where is / Is where) John going to meet Emily?

[13-14] 다음 문장을 지시대로 바꿔 쓸 때 빈칸에 알맞은 말을 쓰세요.

13 We are going to study math today. (부정문)

➡ We ＿＿＿＿ ＿＿＿＿ ＿＿＿＿ to study math today.

14 Cathy is going to learn Korean. (의문문)

➡ ＿＿＿＿ ＿＿＿＿ ＿＿＿＿ learn Korean?

정답 및 해설 20~21쪽

15 다음 우리말 뜻과 같도록 빈칸에 알맞은 말을 쓰세요.

> 너희는 어디에서 축구를 할 거니?

➡ _____ _____ you _____ to play soccer?

16 다음 문장의 빈칸에 공통으로 알맞은 말을 쓰세요.

> • I _____ a third grader.
> • I _____ going to swim in the pool tomorrow.

➡ _____

[17-18] 주어진 말을 순서대로 배열하여 문장을 쓰세요.

17 not / I / going to / am / visit my uncle / .

➡ _____

18 Nancy / going to / is / go to bed early / .

➡ _____

[19-20] 다음 밑줄 친 부분을 바르게 고쳐 문장을 다시 쓰세요.

19 Sam is going to not take the subway.

➡ _____

_____

20 Does it going to be cold tomorrow?

➡ _____

Check! Check!. ● ●

맞은 개수	평가
18~20개	😄 참 잘했어요.
15~17개	😊 잘했어요.
9~14개	😐 노력해 봐요.
0~8개	😟 다음에 잘할 거예요.

WRAP UP

● 다음 만화를 보면서 **Unit 03**의 내용을 정리해 봐요.

1 be going to의 긍정문과 부정문

긍정문	주어 +be going to +동사원형 ~.	I **am going to meet** John at three. 나는 3시에 존을 만날 것이다. She **is going to study** math tonight. 그녀는 오늘 밤에 수학을 공부할 것이다.
부정문	주어+be+not +going to +동사원형 ~.	He **is not going to borrow** books today. 그는 오늘 책을 빌리지 않을 것이다. They **are not going to watch** a soccer game this evening. 그들은 오늘 저녁에 축구 경기를 보지 않을 것이다.

2 be going to의 의문문

의문사 없는 의문문	be동사+주어 +going to +동사원형 ~?	**Are** you **going to learn** Chinese? 너는 중국어를 배울 거니? **Yes, I am. / No, I'm not.** 응, 그럴 거야. / 아니, 그러지 않을 거야. **Is** he **going to go** to bed early today? 그는 오늘 일찍 잠자리에 들 거니? **Yes, he is. / No, he isn't.** 응, 그럴 거야. / 아니, 그러지 않을 거야.
의문사 있는 의문문	의문사 +be동사+주어 +be going to +동사원형 ~?	**What are** you **going to do** this afternoon? 너는 오늘 오후에 무엇을 할 거니? I **am going to do** my homework. 나는 숙제를 할 것이다. **When is** she **going to leave** New York. 그녀는 언제 뉴욕을 떠날 거니? She**'s going to leave** on Friday. 그녀는 금요일에 떠날 것이다.
	Who is going to +동사원형 ~?	**Who is going to teach** music? 누가 음악을 가르치실 거니? Ms. Anderson **is going to teach** music. 앤더슨 선생님이 음악을 가르치실 것이다.

비교 - 비교급

• 형용사와 부사의 비교급의 의미와 쓰임을 이해할 수 있어요.
• 형용사와 부사의 비교급 문장을 활용할 수 있어요.

운동회 날

혁아.
넌 오늘 뭐가
제일 자신 있어?

내가
바람처럼 달려서
1등할 테니까
지켜봐!

나는 다 잘하지만!
그 중에서도
달리기?

달리기는
저기 3반에
준석이가 엄청
빠르다던데?

3반
준석이?

내가
준석이보다
빨라! 더 빨라!

나도 준석이 빠르다고
들었어. 혁이 네가 나보다는
빠르지만 준석이가 너보다
빠를 것 같아.

아차, 혁이
화낼라.

아니다. 혁이가 정말 빠르지.
혁이가 나보다 빠르잖아.

맞다, 맞다.
비교하자면 네가
우리보다 훨씬
빠르지.

그럼 준석이랑 비교하면! 준석이랑 비교하면 누가 더 빨라?

그래! 비교!

어떤 대상이나 사람을 비교해서 어느 한 쪽이 '더 ~한', '더 ~하게' 라고 할 때 영어에서 따로 쓰는 표현이 있어.

우리가 알고 있는 형용사나 부사 끝에 -er을 붙여 주는 거지.

| 형용사, 부사 | + | - er |

| more | + | 형용사, 부사 |

단어가 긴 경우에는 앞에 more를 붙이기도 하고 말이야.

형용사나 부사에 -er를 붙인다는 거지? 좋아! 그럼 fast에 er. faster! 내가 준석이보다 faster하다는 걸 보여 주겠어.

용용이 빨라~

달리기 준비하세요.

내가 너보다 faster

쟤 몇 반이냐?

가자...

응

비교급은 두 사람이나 두 사물의 성질을 비교해서 '더 ~한', '더 ~하게'라는 의미를 나타내는 말이야. 대부분 형용사나 부사에 -er을 붙이고, 긴 단어는 앞에 more을 붙이기도 해. 전혀 다른 모양으로 바뀌는 경우도 있어. 그럼 지금부터 비교급은 어떻게 만들고, 비교급 문장에서 than은 어떻게 쓰는지 함께 알아보자.

비교급의 의미와 형태 (1)

1 비교급 만들기 (1)

❶ Mike is tall. Nick is **taller**.

마이크는 키가 크다. 닉은 키가 더 크다.

Rabbits run fast. Cheetahs run **faster**.

토끼는 빨리 달린다. 치타는 더 빨리 달린다.

❷ I am young. My sister is **younger**.

나는 어리다. 내 여동생은 더 어리다.

This shirt is small. That shirt is **smaller**.

이 셔츠는 작다. 저 셔츠는 더 작다.

Jim jumps high. Minho jumps **higher**.

짐은 높이 점프한다. 민호는 더 높이 점프한다.

❶ 비교급은 '더 ~한', '더 ~하게'의 뜻으로 두 가지를 비교할 때 쓰는 표현입니다.
형용사나 부사 끝에 **-er** 등을 붙여 만들 수 있습니다.

Ms. Wilson is old. My grandma is **older**. 〈형용사 + -er〉

윌슨 씨는 나이가 많으시다. 우리 할머니는 나이가 더 많으시다.

Ann studied hard. Jenny studied **harder**. 〈부사 + -er〉

앤은 열심히 공부했다. 제니는 더 열심히 공부했다.

❷ **형용사/부사+-er**: 보통 형용사, 부사 끝에 -er을 붙여서 비교급을 만듭니다.

old 나이 많은 – older 더 나이 많은

tall 키가 큰 – taller 더 키가 큰

long 긴, 오래 – longer 더 긴, 더 오래

small 작은 – smaller 더 작은

fast 빠른, 빨리 – faster 더 빠른, 더 빨리

hard 열심히 – harder 더 열심히

young 젊은 – younger 더 젊은

short 짧은 – shorter 더 짧은

strong 강한 – stronger 더 강한

slow 느린 – slower 더 느린

high 높은, 높이 – higher 더 높은, 더 높이

Grammar Walk!

정답 및 해설 21쪽

A 다음 문장에서 비교급을 찾아 동그라미 하세요.

1　This pencil is short. That pencil is (shorter).

2　Elephants live long. Turtles live longer.

3　A turtle is slow. A snail is slower.

4　He practices the drums hard. I practice them harder.

5　Hallasan is high. Baekdusan is higher.

B 다음 형용사와 부사의 비교급을 빈칸에 쓰세요.

1　low ➡ __lower__

2　sweet ➡ _____

3　strong ➡ _____

4　poor ➡ _____

5　high ➡ _____

6　cheap ➡ _____

7　weak ➡ _____

8　cold ➡ _____

9　rich ➡ _____

10　warm ➡ _____

> **WORDS**　·turtle 거북이　·snail 달팽이　·low 낮은, 낮게　·poor 가난한　·rich 부유한

비교급의 의미와 형태 (1)

2 비교급 만들기 (2)

❶ Your dog is cute. My cat is **cuter**.   너희 개는 귀엽다. 우리 고양이는 더 귀엽다.

My room is large. Her room is **larger**.   내 방은 크다. 그녀의 방은 더 크다.

❷ My bag is heavy. His bag is **heavier**.   내 가방은 무겁다. 그의 가방은 더 무겁다.

I get up early. Mom gets up **earlier**.   나는 일찍 일어난다. 엄마는 더 일찍 일어나신다.

❸ Seoul is hot. Daegu is **hotter**.   서울은 덥다. 대구는 더 덥다.

Tom is big. Pablo is **bigger**.   톰은 몸집이 크다. 파블로는 더 크다.

-er을 붙이는 경우 외에도 형용사와 부사의 형태에 따라 비교급을 만드는 규칙이 있습니다.

❶ **-e로 끝나는 경우:** 끝에 **-r**을 붙여서 비교급을 만듭니다.

nice 멋진 – **nicer** 더 멋진   wise 현명한 – **wiser** 더 현명한

large 큰 – **larger** 더 큰   late 늦은, 늦게 – **later** 더 늦은, 더 늦게

❷ **「자음+y」로 끝나는 경우:** -y를 -i로 바꾸고 **-er**을 붙여서 비교급을 만듭니다.

busy 바쁜 – **busier** 더 바쁜   happy 행복한 – **happier** 더 행복한

heavy 무거운 – **heavier** 더 무거운   easy 쉬운 – **easier** 더 쉬운

pretty 예쁜 – **prettier** 더 예쁜   early 이른, 일찍 – **earlier** 더 이른, 더 일찍

❸ **「단모음+단자음」으로 끝나는 경우:** 자음을 한 번 더 쓰고 **-er**을 붙여서 비교급을 만듭니다.

fat 살찐 – **fatter** 더 살찐   wet 젖은 – **wetter** 더 젖은

thin 얇은, 가는 – **thinner** 더 얇은, 더 가는   sad 슬픈 – **sadder** 더 슬픈

Grammar Walk!

A 다음 형용사와 부사의 비교급을 빈칸에 쓰세요.

1 large ➡ ___larger___

2 nice ➡ _____

3 wise ➡ _____

4 wide ➡ _____

5 cute ➡ _____

6 late ➡ _____

7 heavy ➡ _____

8 dirty ➡ _____

9 busy ➡ _____

10 pretty ➡ _____

11 happy ➡ _____

12 funny ➡ _____

13 easy ➡ _____

14 early ➡ _____

15 thin ➡ _____

16 wet ➡ _____

17 sad ➡ _____

18 hot ➡ _____

19 big ➡ _____

20 fat ➡ _____

-e로 끝나는 형태는 끝에 -r만 붙이고, 「자음+y」로 끝나는 형태는 -y를 -i로 바꾸고 -er을 붙여. 그리고 「단모음+단자음」으로 끝나는 형태는 자음을 한 번 더 쓰고 -er을 붙여 바꿔 보자!

Grammar Run! ....

A 다음 문장의 괄호 안에서 알맞은 말을 골라 동그라미 하세요.

1   The blouse is warm. The sweater is ((warmer) / warmier).

2   The train is slow. The bike is (slowier / slower).

3   Jenny studies math hard. Ted studies it (harder / hardder).

4   The mug is heavy. The jar is (heavyer / heavier).

5   Canada is big. Russia is (biger / bigger).

6   This fence is high. That wall is (higher / highlier).

형용사, 부사의 비교급 만드는 규칙 기억하지? 대부분은 끝에 -er을 붙이지만 -e로 끝나는 경우에는 -r만 붙이는 거야.

7   My mom is busy. My dad is (busyer / busier).

8   A watermelon is sweet. Chocolate is (sweeter / sweetter).

9   Your dog gets up early. My dog gets up (earlyer / earlier).

10 The lake is deep. The sea is (deeper / deepper).

11 This shirt is dirty. Those socks are (dirtyer / dirtier).

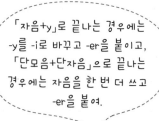

「자음+y」로 끝나는 경우에는 -y를 -i로 바꾸고 -er을 붙이고, 「단모음+단자음」으로 끝나는 경우에는 자음을 한 번 더 쓰고 -er을 붙여.

12 This pig is fat. That pig is (fater / fatter).

13 My mother is happy. I am (happier / happyer).

14 Sumi gets up late. Her brother gets up (later / latter).

15 The movie is funny. The cartoon is (funnyer / funnier).

| WORDS | ·mug 잔, 머그잔 | ·jar 항아리 | ·fence 울타리 | ·wall 벽, 담 | ·lake 호수 | ·cartoon 만화 |

92 Unit 04

B 다음 문장의 빈칸에 알맞은 말을 골라 동그라미 하세요.

1 Jane's hair is short. Adam's hair is _____. ❶ shortly ❷ shorter
제인의 머리는 짧다. 아담의 머리는 더 짧다.

2 The room is _____. The bathroom is darker. ❶ dark ❷ darke
그 방은 어둡다. 그 욕실은 더 어둡다.

3 The pancake is large. The pizza is _____. ❶ largeer ❷ larger
그 팬케이크는 크다. 그 피자는 더 크다.

4 Minsu is smart. Minho is _____. ❶ smatter ❷ smarter
민수는 똑똑하다. 민호는 더 똑똑하다.

5 My tea is hot. The kettle is _____. ❶ hoter ❷ hotter
내 차는 뜨겁다. 그 주전자는 더 뜨겁다.

6 Dad is _____. Superman is stronger. ❶ strong ❷ stongly
아빠는 힘이 세다. 슈퍼맨은 더 힘이 세다.

7 Judy is fat. Sam is _____. ❶ fatter ❷ fater
주디는 뚱뚱하다. 샘은 더 뚱뚱하다.

8 The cushion is soft. The pillow is _____. ❶ softer ❷ softier
그 쿠션은 푹신하다. 그 베개는 더 푹신하다.

9 A mouse is small. An ant is _____. ❶ smallier ❷ smaller
쥐는 작다. 개미는 더 작다.

10 You are pretty. That actress is _____. ❶ prettier ❷ prettyer
너는 예쁘다. 저 여배우는 더 예쁘다.

11 The red cap is cheap. The pink cap is _____. ❶ cheapper ❷ cheaper
그 빨간 모자는 싸다. 그 분홍색 모자는 더 싸다.

12 The worm is _____. A snake is longer. ❶ long ❷ longe
그 벌레는 길다. 뱀은 더 길다.

13 Math is easy. Science is _____. ❶ easyier ❷ easier
수학은 쉽다. 과학은 더 쉽다.

14 The kite flies _____. An airplane is faster. ❶ fastier ❷ fast
그 연은 빠르게 난다. 비행기는 더 빨리 난다.

15 Dianne is thin. Anne is _____. ❶ thiner ❷ thinner
다이앤은 말랐다. 앤은 더 말랐다.

| WORDS | ·dark 어두운 | ·tea 차 | ·kettle 주전자 | ·pillow 베개 | ·worm 벌레 | ·thin 마른 |

Grammar Jump!

A 다음 문장에서 밑줄 친 부분의 우리말 뜻을 빈칸에 쓰세요.

1 Yunho is tall. Minho <u>is taller</u>. ➡ 키가 더 크다

2 The frog jumps high. The rabbit <u>jumps higher</u>. ➡ _____

3 The star is bright. The sun <u>is brighter</u>. ➡ _____

4 A bee flies fast. An eagle flies <u>faster</u>. ➡ _____

5 The classroom is quiet. The library <u>is quieter</u>. ➡ _____

6 Mike studies Korean hard. Emily studies it <u>harder</u>. ➡ _____

7 The kid is weak. The baby <u>is weaker</u>. ➡ _____

8 I can run long. He can run <u>longer</u>. ➡ _____

9 A banana is long. A train <u>is longer</u>. ➡ _____

10 A soccer ball is big. A basketball <u>is bigger</u>. ➡ _____

11 The desk is heavy. The bed <u>is heavier</u>. ➡ _____

12 The blue bike is cheap. The gray bike <u>is cheaper</u>. ➡ _____

13 Seoul is warm. Busan <u>is warmer</u>. ➡ _____

14 The water is cold. The ice <u>is colder</u>. ➡ _____

15 The puzzle is easy. The game <u>is easier</u>. ➡ _____

WORDS · bright 밝은   · eagle 독수리   · quiet 조용한   · weak 약한   · gray 회색의   · puzzle 퍼즐

B 형용사 또는 부사의 비교급을 사용하여 비교급 문장을 완성하세요.

1 I get up early. My mom gets up _____earlier_____.

나는 일찍 일어난다. 우리 엄마는 더 일찍 일어나신다.

2 The book is old. The bookshelf is _____.

그 책은 오래되었다. 그 책장은 더 오래되었다.

3 Sumin runs fast. Jisu runs _____.

수민이는 빨리 달린다. 지수는 더 빨리 달린다.

4 Michael is strong. His brother is _____.

마이클은 힘이 세다. 그의 형은 힘이 더 세다.

5 Japan is cold. Russia is _____.

일본은 춥다. 러시아는 더 춥다

6 Julia is young. Her brother is _____.

줄리아는 어리다. 그녀의 남동생은 더 어리다.

7 My pet is pretty. Your kitten is _____.

우리 애완동물은 예쁘다. 너희 새끼 고양이는 더 예쁘다.

8 The fox is fat. The wolf is _____.

그 여우는 뚱뚱하다. 그 늑대는 더 뚱뚱하다.

9 The bedroom is large. The living room is _____.

그 침실은 크다. 그 거실은 더 크다.

10 The dog is smart. The monkey is _____.

그 개는 똑똑하다. 그 원숭이는 더 똑똑하다.

11 The actor is funny. The comedian is _____.

그 남자배우는 웃기다. 그 코미디언은 더 웃기다.

12 The coffee is hot. The soup is _____.

그 커피는 뜨겁다. 그 수프는 더 뜨겁다.

13 Jack is nice. Sean is _____.

잭은 착하다. 션은 더 착하다.

14 I am busy. My father is _____.

나는 바쁘다. 우리 아버지는 더 바쁘시다.

15 The album is thin. The notebook is _____.

그 앨범은 얇다. 그 공책은 더 얇다.

비교급을 써 넣는 문제야.
앞 문장의 형용사, 부사를 잘 보고
알맞은 형태의 비교급을 쓰면 돼.
비교급 만드는 규칙
기억나지?

WORDS · bookshelf 책장 · pet 애완동물 · wolf 늑대 · comedian 코미디언 · album 앨범

비교 – 비교급 **95**

Grammar Fly! ·

A 다음 문장의 밑줄 친 부분을 바르게 고쳐 빈칸에 쓰세요.

1   This garden is large. That garden is <u>largeer</u>.   ➡   larger

2   The kiwi is small. The cherry is <u>smallier</u>.   ➡   _____

3   The book is funny. The movie is <u>funnyer</u>.   ➡   _____

4   Joe practices taekwondo hard. Matt practices it <u>hardier</u>.   ➡   _____

5   The subway station is close. The bank is <u>closeer</u>.   ➡   _____

6   He is wise. His father is <u>wiseer</u>.   ➡   _____

7   The watch is cheap. The clock is <u>cheapier</u>.   ➡   _____

8   Tennis is easy. Badminton is <u>easyer</u>.   ➡   _____

9   The red rope is long. The black rope is <u>longier</u>.   ➡   _____

10   The tiger is heavy. The elephant is <u>heavyer</u>.   ➡   _____

11   You go to school early. I go to school <u>earlyer</u>.   ➡   _____

12   The horse is big. The whale is <u>biger</u>.   ➡   _____

13   The backpack is light. The wallet is <u>lightier</u>.   ➡   _____

14   The girl is strong. Her sister is <u>strongr</u>.   ➡   _____

15   The doughnut is sweet. The candy is <u>sweetter</u>.   ➡   _____

| WORDS | ·practice 연습하다 | ·close 가까운 | ·rope 밧줄 | ·whale 고래 | ·light 가벼운 |

B 밑줄 친 단어를 비교급으로 고쳐 문장을 다시 쓰세요.

1   My little brother is <u>short</u>.   ➡   My little brother is shorter.

2   The kite flies <u>long</u>.   ➡   _____

3   The old man is <u>weak</u>.   ➡   _____

4   The stadium was <u>large</u>.   ➡   _____

5   Wesley runs <u>fast</u>.   ➡   _____

6   His sneakers were <u>dirty</u>.   ➡   _____

7   The weather is <u>hot</u>.   ➡   _____

8   The lamp is <u>bright</u>.   ➡   _____

9   Tony goes to bed <u>early</u>.   ➡   _____

10   My puppy is <u>cute</u>.   ➡   _____

11   Her daughter is <u>pretty</u>.   ➡   _____

12   The actress is <u>rich</u>.   ➡   _____

13   My English teacher is <u>happy</u>.   ➡   _____

14   The truck is <u>heavy</u>.   ➡   _____

15   The story is <u>sad</u>.   ➡   _____

WORDS   · stadium 경기장   · weather 날씨   · daughter 딸   · rich 부유한, 부자의

비교급의 의미와 형태 (2)

1 비교급 만들기 (3)

❶ This book is interesting.   이 책은 재미있다.

That book is **more interesting**.   저 책은 더 재미있다. 〈형용사〉

Cows walk slowly.   소는 천천히 걷는다.

Turtles walk **more slowly**.   거북이는 더 천천히 걷는다. 〈부사〉

❷ We need **more** flour.   우리는 밀가루가 더 필요하다. 〈형용사〉

Jiwon speaks English well. Mira speaks English **better**.
지원이는 영어를 잘 말한다. 미라는 영어를 더 잘 말한다. 〈부사〉

---

❶ more＋형용사/부사: 일부의 2음절과 대부분의 3음절 이상의 형용사, 부사는
앞에 **more**를 써서 비교급을 만듭니다.

difficult – **more** difficult 더 어려운   beautiful – **more** beautiful 더 아름다운

delicious – **more** delicious 더 맛있는   famous – **more** famous 더 유명한

expensive – **more** expensive 더 비싼   interesting – **more** interesting 더 재미있는

slowly – **more** slowly 더 느리게   quickly – **more** quickly 더 빨리

carefully – **more** carefully 더 조심스럽게   easily – **more** easily 더 쉽게

beautifully – **more** beautifully 더 아름답게   sadly – **more** sadly 더 슬프게

❷ 불규칙 변화: 완전히 다른 형태로 바뀌는 비교급도 있습니다.

bad – **worse** 더 나쁜   little – **less** 더 적은, 덜

many/much – **more** 더 많은, 더   good/well – **better** 더 좋은, 더 잘

far – **farther/further** 더 먼, 더 멀리

Grammar Walk!

정답 및 해설 23쪽

A 다음 문장에서 비교급을 찾아 동그라미 하세요.

1   This book is difficult. That book is (more difficult.)

2   I walk quickly. My brother walks more quickly.

3   Jane sings well. Oliver sings better.

4   The actor is famous. His son is more famous.

5   The photo is interesting. The painting is
    more interesting.

형용사, 부사가 좀 길면 비교급 만드는 방법이 달라?

긴 음절의 형용사, 부사는 앞에 more를 붙여서 비교급을 만들어.

오호, 그렇구나!

그리고 good – better처럼 비교급 모양이 완전히 다른 것들도 있어. 그런 것들은 외워야 해.

헉! 비교급에도 불규칙 변화가 있군.

B 다음 형용사와 부사의 비교급을 빈칸에 쓰세요.

1   useful   ⇒   more useful   2   interesting   ⇒   _____

3   expensive   ⇒   _____   4   difficult   ⇒   _____

5   famous   ⇒   _____   6   good   ⇒   _____

7   far   ⇒   _____   8   bad   ⇒   _____

9   little   ⇒   _____   10 many   ⇒   _____

WORDS · quickly 빨리, 빠르게   · famous 유명한   · photo 사진   · interesting 흥미로운   · useful 유용한, 쓸모 있는

02 비교급의 의미와 형태 (2)

2 비교급 문장 만들기

This book is difficult. That book is more difficult. 이 책은 어렵다. 저 책은 더 어렵다.

➡ That book is **more difficult than** this book. 저 책은 이 책보다 어렵다.

My sister gets up early. I get up earlier. 우리 언니는 일찍 일어난다. 나는 더 일찍 일어난다.

➡ I get up **earlier than** my sister. 나는 우리 언니보다 일찍 일어난다.

Tim eats much bread. I eat more bread. 팀은 빵을 많이 먹는다. 나는 더 많이 먹는다.

➡ I eat **more** bread **than** Tim. 나는 팀보다 빵을 많이 먹는다.

• **비교급＋than**: 두 사람이나 두 개의 사물을 비교하여 '~보다 …한/하게'라는 뜻으로 「형용사/부사의 비교급＋than」을 씁니다. 비교하는 대상을 than 뒤에 씁니다.

My father is **taller than** my mother. 우리 아버지는 우리 어머니보다 키가 크시다.

My mother is **taller than** my brother. 우리 어머니는 우리 오빠보다 키가 크시다.

대부분	+ -(e)r	short – shorter, large – larger, cute – cuter
「자음+y」로 끝나는 경우	-y → -i + -er	busy – busier, early – earlier
「단모음+단자음」으로 끝나는 경우	마지막 자음 + -er	hot – hotter, big – bigger
2, 3음절 이상	more + 형용사, 부사	interesting – more interesting
불규칙	many/much – more, little – less, bad – worse good/well – better, far – farther/further	

Grammar Walk!

정답 및 해설 23~24쪽

A 다음 문장에서 형용사나 부사의 비교급을 찾아 밑줄을 치고 **than**에 동그라미 하세요.

1 The cat is <u>bigger</u> ⟨than⟩ the mouse.

2 Today is hotter than yesterday.

3 The game is more exciting than the concert.

4 Bees are busier than ants.

5 The dog swims better than the bear.

B 다음 문장에서 **than**이 들어갈 위치로 알맞은 곳에 동그라미 하세요.

1 Nolbu ❶ is ❷ richer ③ Heungbu ❹ .

2 ❶ George ❷ sleeps ❸ longer ❹ Tim.

3 The red dress ❶ is ❷ more ❸ beautiful ❹ the white dress.

4 This ❶ book ❷ is ❸ thicker ❹ the dictionary.

5 Those ❶ sneakers ❷ are better ❸ these ❹ slippers.

WORDS ·exciting 신 나는 ·thick 두꺼운 ·dictionary 사전 ·slipper 슬리퍼 (한 짝)

Grammar Run!

A **A** 다음 문장의 괄호 안에서 알맞은 말을 골라 동그라미 하세요.

1 Jane is beautiful. Her mother is (beautifuler /(more beautiful)).

2 Kate eats slowly. Jane eats (more slowly / slowlier).

3 This candle is brighter (to / than) the star.

4 Japanese is difficult. English is (difficulter / more difficult).

5 The computer is expensive. The car is (expensiver / more expensive).

6 The painting is famous. The painter is (more famous / much famous).

7 I go to bed earlier (than / from) my parents.

8 A baseball game is exciting. A soccer game is (more exciting / excitinger).

9 Suyoung is diligent. Jaemin is (more diligent / diligenter).

10 The song is popular. The singer is (many popular / more popular).

11 I am happier (for / than) you.

12 A tomato is delicious. A melon is (deliciouser / more delicious).

13 The bag is useful. The backpack is (more useful / usefuller).

14 Grandpa fixes the car easily. Dad fixes the car (easilerly / more easily).

15 Jenny eats quickly. Cindy eats (quicklier / more quickly).

| WORDS | ·candle 양초 | ·Japanese 일본어 | ·famous 유명한 | ·popular 인기 있는 | ·quickly 빨리 |

B 다음 문장의 빈칸에 알맞은 말을 골라 동그라미 하세요.

1 Chanho plays baseball _____ than Minsu. ❶ well ②better

2 This movie is sadder _____ the book. ❶ than ❷ from

3 This picture is _____ than that picture. ❶ more good ❷ better

4 Juice is more delicious _____ coffee. ❶ to ❷ than

5 I dance _____ than Mike. ❶ well ❷ better

6 This shirt is _____ than that T-shirt. ❶ badder ❷ worse

7 The bridge is older _____ the building. ❶ than ❷ then

8 He drinks _____ milk than his dad. ❶ more ❷ much

9 She can jump _____ than Jack. ❶ far ❷ further

10 Annie looks _____ than Sarah. ❶ happier ❷ happy

11 Your sister sleeps _____ than you. ❶ little ❷ less

12 The bathroom is _____ than the kitchen. ❶ darker ❷ dark

13 The park is _____ than your house. ❶ far ❷ farther

14 I go to school earlier _____ Sam. ❶ than ❷ much

15 This glass is _____ than the bowl. ❶ weaker ❷ weak

WORDS · picture 그림, 사진 · bridge 다리 · look ~해 보이다 · far 거리가 먼 · bowl (우묵한) 그릇

Grammar Jump!

A 밑줄 친 단어를 비교급으로 고쳐 문장을 다시 쓰세요.

1   This question is <u>difficult</u>. ➡ <u>This question is more difficult.</u>

2   Emily walks <u>slowly</u>. ➡ _____

3   The video game is <u>exciting</u>. ➡ _____

4   They have <u>little</u> time. ➡ _____

5   He drives a car <u>carefully</u>. ➡ _____

6   My mother drinks <u>much</u> coffee. ➡ _____

7   Time is <u>important</u>. ➡ _____

8   Albert solved the puzzle <u>easily</u>. ➡ _____

9   The weather is <u>bad</u> today. ➡ _____

10 The boy is <u>handsome</u>. ➡ _____

11 The cat moves <u>quietly</u>. ➡ _____

12 Phil jumps rope <u>well</u>. ➡ _____

13 The station is <u>far</u>. ➡ _____

14 My English teacher is <u>famous</u>. ➡ _____

15 This belt is <u>good</u>. ➡ _____

WORDS · question 질문 · little 거의 없는 · important 중요한 · quietly 조용하게 · famous 유명한

B 주어진 형용사 또는 부사와 비교 대상을 사용하여 비교급 문장을 완성하세요.

1 Nick is ___more___ ___diligent___ ___than___ ___John___. (diligent, John)

2 The pie is _____ _____ _____ _____. (sweet, the pear)

3 Alice can swim _____ _____ _____. (fast, David)

4 You eat _____ meat _____ _____. (much, Peter)

5 Snakes live _____ _____ _____. (long, rabbits)

6 She is _____ _____ _____. (busy, you)

7 Kelly sings _____ _____ _____. (well, Mina)

8 She is _____ _____ _____ _____. (famous, I)

9 Giraffes are _____ _____ _____. (tall, monkeys)

10 Mom is _____ _____ _____. (old, Dad)

11 I arrived _____ _____ _____ _____. (late, the boy)

12 He is _____ _____ _____ _____. (popular, you)

13 Tim goes to bed _____ _____ _____. (early, Jimmy)

14 The bank is _____ _____ _____ _____. (far, the gym)

15 Bill's score is _____ _____ _____. (bad, Tony's)

WORDS · popular 인기 있는 · gym 체육관 · score 점수

Grammar Fly! ·

A 다음 문장의 밑줄 친 부분을 바르게 고쳐 빈칸에 쓰세요.

1 She drinks <u>mucher</u> milk than her sister.   ➡   <u> more </u>

2 This doll is prettier <u>for</u> that doll.   ➡   _____

3 I eat <u>slowlier</u> than my brother.   ➡   _____ _____

4 This is a <u>more good</u> idea.   ➡   _____

5 Yuna is <u>famous more</u> than the skater.   ➡   _____ _____

6 She sings <u>weller</u>.   ➡   _____

7 The pen is <u>expensiver</u> than the notebook. ➡ _____ _____

8 The puppy is lighter <u>to</u> the dog.   ➡   _____

9 The musical is <u>exciting</u> than the concert. ➡ _____ _____

10 Today is <u>more bad</u> than yesterday.   ➡   _____

11 Worms are <u>slow</u> than turtles.   ➡   _____

12 The cup is <u>more cheap</u> than the glass.   ➡   _____

13 The tower is <u>taller from</u> the building.   ➡   _____ _____

14 Peaches are <u>delicious</u> than apples.   ➡   _____ _____

15 I practice the piano <u>more hard</u> than the violin.   ➡   _____

WORDS   · doll 인형   · skater 스케이트 선수   · notebook 공책   · light 가벼운   · glass 유리잔

B 주어진 말을 바르게 배열하여 문장을 쓰세요.

1 캐나다는 프랑스보다 더 크다. (Canada / France / is bigger than / .)
➡ _____Canada is bigger than France._____

2 여름은 가을보다 덥다. (summer / fall / is hotter than / .)
➡ _____

3 비행기는 자동차보다 빠르다. (airplanes / cars / are faster than / .)
➡ _____

4 미끄럼틀이 시소보다 신 난다. (slides / seesaws / are more exciting than / .)
➡ _____

5 오늘은 어제보다 춥다. (today / yesterday / is colder than / .)
➡ _____

6 그 공주가 그 여왕보다 예쁘다. (the queen / the princess / is prettier than / .)
➡ _____

7 테드가 닉보다 노래를 잘한다. (Ted / Nick / sings better than / .)
➡ _____

8 이 책이 저 일기장보다 두껍다. (This book / that diary / is thicker than / .)
➡ _____

9 수빈이는 소라보다 부지런하다. (Subin / Sora / is more diligent than / .)
➡ _____

10 그 역은 은행보다 멀다. (the bank / the station / is farther than / .)
➡ _____

WORDS · fall 가을   · queen 여왕   · princess 공주   · thick 두꺼운

REVIEW 04

[1-2] 다음 형용사나 부사의 비교급이 <u>잘못</u> 짝지어진 것을 고르세요.

1
- ❶ hot – hotter
- ❷ large – larger
- ❸ funny – funnyer
- ❹ hard – harder

2
- ❶ famous – famouser
- ❷ easily – more easily
- ❸ early – earlier
- ❹ interesting – more interesting

[3-4] 다음 중 <u>잘못된</u> 문장을 고르세요.

3
- ❶ Tony is taller than Bill.
- ❷ She is a diligenter student.
- ❸ They need more time.
- ❹ We live more happily.

4
- ❶ I am happier than you.
- ❷ The park is farther than the bank.
- ❸ China is larger than Japan.
- ❹ Math is more difficult from English.

5 다음 문장의 빈칸에 알맞은 말이 순서대로 바르게 짝지어진 것을 고르세요.

> · They are _____ than us.
> · The cherries are _____ expensive than oranges.

- ❶ busy – more
- ❷ busier – more
- ❸ busy – better
- ❹ busier – better

[6-7] 다음 우리말을 주어진 단어를 사용하여 영어로 바르게 옮긴 것을 고르세요.

6 그 남자아이는 수영을 더 잘한다. (well)
- ❶ The boy swims weller.
- ❷ The boy swims more.
- ❸ The boy swims better.
- ❹ The boy swims more well.

7 샘은 존보다 키가 크다. (tall)
- ❶ Sam is taller than John.
- ❷ John is taller than Sam.
- ❸ Sam is more tall than John.
- ❹ Sam is taller from John.

8 다음 빈칸에 공통으로 들어갈 말을 고르세요.

> · I eat much meat. He eats _____ meat.
>
> · Kevin walks _____ quickly than Johnny.

❶ many   ❷ more

❸ little   ❹ less

[9-10] 다음 중 올바른 문장을 고르세요.

9 ❶ A cheetah runs fast than a deer.

❷ Minho jumps high than Jun.

❸ Joe studies more harder than Danny.

❹ Julia is younger than Mary.

10 ❶ Amy gets up later than Luke.

❷ This bed is softer to that bed.

❸ He sings more well than Ted.

❹ This bag is heavyer than that bag.

[11-12] 다음 우리말 뜻과 같도록 괄호 안에서 알맞은 말을 고르세요.

11 오늘은 어제보다 덥다.

➡ Today is (hoter / hotter) than yesterday.

12 폴은 배를 지미보다 쉽게 만든다.

➡ Paul makes a boat (easilier / more easily) than Jimmy.

[13-14] 다음 문장의 빈칸에 공통으로 들어갈 말을 쓰세요.

13 · He needs _____ sugar.

· The book is _____ exciting than the movie.

➡ _____

14 · Sue lives farther _____ Emily.

· The sun is bigger _____ the moon.

➡ _____

정답 및 해설 26~27쪽

[15-16] 주어진 단어의 비교급을 사용하여 문장을 완성하세요.

15

이 기차는 저 기차보다 천천히 달린다.

➡ This train runs _____ _____ _____ that train. (slowly)

16

데이비드는 로이보다 축구를 잘한다.

➡ David plays soccer _____ _____ Roy. (well)

[17-18] 주어진 말을 순서대로 배열하여 문장을 쓰세요.

17

ice / colder / water / is / than / .

➡ _____
얼음이 물보다 차갑다.

18

your mom / is / beautiful / more / than / you / .

➡ _____
너희 엄마는 너보다 아름다우시다.

[19-20] 다음 문장의 밑줄 친 부분을 바르게 고쳐서 문장을 다시 쓰세요.

19

My mom gets up <u>more early</u> than I.

➡ _____

20

The boy is <u>thiner</u> than the man.

➡ _____

Check! Check!. . ●

맞은 개수	평가
18~20개	😄 참 잘했어요.
15~17개	🙂 잘했어요.
9~14개	😐 노력해 봐요.
0~8개	😟 다음에 잘할 거예요.

WRAP UP

● 다음 만화를 보면서 **Unit 04**의 내용을 정리해 봐요.

누나가 나보다 나이가 많으니까 비교급 -er을 붙여서 older!

넌 어리니까 younger! 누구보다? 나보다! than I.

긴 음절의 경우에는 -er 말고 more를 앞에 붙이기도 하지.

바로 이럴 때 more handsome을 쓰는 거지.

1 비교급

대부분	+-(e)r	short – short**er** cold – cold**er** slow – slow**er** large – larg**er** cute – cut**er** nice – nic**er** Rabbits run fast. Cheetahs run **faster**. 토끼는 빨리 달린다. 치타는 더 빨리 달린다.
「자음+y」로 끝나는 경우	-y→-i+-er	busy – bus**ier** pretty – prett**ier** early – earl**ier** My mom is busy. My dad is **busier**. 우리 엄마는 바쁘시다. 우리 아빠는 더 바쁘시다.
「단모음+단자음」 으로 끝나는 경우	마지막 자음 +-er	hot – hot**ter** thin – thin**ner** big – big**ger** fat – fat**ter** wet – wet**ter** sad – sad**der** Seoul is hot. Busan is **hotter**. 서울은 덥다. 부산은 더 덥다.
2, 3음절 이상	more +형용사, 부사	interesting – **more** interesting famous – **more** famous expensive – **more** expensive easily – **more** easily Turtles walk **more slowly**. 거북이는 더 천천히 걷는다.
불규칙		many/much – **more** 더 많은 little – **less** 더 적은 bad – **worse** 더 나쁜 good/well – **better** 더 좋은, 더 잘 far – **farther/further** 더 먼, 더 멀리 The frog jumps well. The cat jumps **better**. 그 개구리는 점프를 잘한다. 그 고양이는 점프를 더 잘한다.

2 비교급 문장

「형용사/부사의 비교급 + than」	~보다 …한/하게	Kevin is **younger than** Maria. 케빈은 마리아보다 어리다. This problem is **more difficult than** that problem. 이 문제는 저 문제보다 어렵다. This is **better than** that. 이것은 저것보다 좋다.

비교 – 최상급

- 최상급의 의미와 쓰임을 이해할 수 있어요.
- 형용사와 부사의 최상급을 만들고 문장 속에서 활용할 수 있어요.

긴 음절의 단어 앞에는 most를 붙여서 말해.

그럼 가장 빠르고, 가장 멋있고, 가장 예쁜 건 최상급을 써야 하는구나.

또 무슨…

배고프다. 얼른 먹자.

잠깐!

보여? 우리가 나한테 largest한 걸 준 거라고. 으하하하하!

그냥 우연의 일치야. 너한테 가장 큰 조각을 주려고 한 게 아니라고!

방금 말한 걸 빨리도 써먹네. 너 천재될 건가 봐.

최상급은 세 개 이상의 사물이나 사람을 비교할 때 '제일, 최고'라는 의미로 쓰는 말이야. 보통 형용사나 부사 뒤에 -est를 붙여 주면 돼. 하나 더 기억해야 할 점은 형용사나 부사의 최상급 앞에 the가 와야 한다는 거야. 그럼 지금부터 최상급은 어떻게 만드는지 문장에서는 어떻게 쓸 수 있는지 자세히 알아보자.

최상급의 의미와 형태 (1)

1 최상급 만들기 (1)

❶ It is **the oldest** building in the village.   그것은 그 마을에서 가장 오래된 건물이다.

❷ She is **the tallest** in my class.   그녀는 우리 반에서 키가 가장 크다.

   He runs **the fastest** in the world.   그는 세계에서 가장 빨리 달린다.

❶ 최상급은 셋 이상의 사물이나 사람들을 비교하여 '가장 ~한', '가장 ~하게'라고 말할 때 쓰는 말입니다.

   Emily is **the youngest** girl of us all.   에밀리가 우리 중에서 가장 어린 여자아이이다.

   Mina studied English **the hardest**.   미나가 영어를 제일 열심히 공부했다.

❷ the + 형용사/부사 + -est: 보통 형용사나 부사 끝에 -est를 붙입니다.
   '제일, 최고'인 것은 하나로 정해져 있으므로 그 앞에 **the**를 씁니다.

fast – **the** fastest 가장 빠른, 가장 빨리   hard – **the** hardest 가장 열심히

high – **the** highest 가장 높은, 가장 높게   long – **the** longest 가장 긴, 가장 오래

old – **the** oldest 가장 오래된, 가장 나이 든   short – **the** shortest 가장 짧은, 가장 짧게

slow – **the** slowest 가장 느린   small – **the** smallest 가장 작은

tall – **the** tallest 가장 키가 큰   young – **the** youngest 가장 어린

Grammar Walk!

정답 및 해설 27쪽

A 다음 문장에서 형용사나 부사의 최상급을 찾아 동그라미 하세요.

1 It was (the coldest) day of year.

2 This shirt is the smallest in the store.

3 Jane is the tallest in my family.

4 The Nile is the longest river in the world.

5 The turtle ran the fastest of them all.

B 빈칸에 알맞은 규칙을 써넣고 주어진 형용사나 부사의 최상급을 쓰세요.

1 young + [est] ➡ the youngest   2 old + [   ] ➡ _____

3 smart + [   ] ➡ _____   4 fast + [   ] ➡ _____

5 high + [   ] ➡ _____   6 slow + [   ] ➡ _____

7 long + [   ] ➡ _____   8 tall + [   ] ➡ _____

9 hard + [   ] ➡ _____   10 short + [   ] ➡ _____

WORDS · cold 추운   · store 가게   · family 가족   · smart 똑똑한, 영리한   · hard 열심히

2 최상급 만들기 (2)

❶ It is **the largest** room in the house.   그것이 그 집에서 가장 넓은 방이다.

❷ It is **the prettiest** dress here.   그것이 여기에서 가장 예쁜 드레스이다.

My mother gets up **the earliest** in my family.
우리 어머니가 우리 가족 중에서 가장 일찍 일어나신다.

❸ That dog is **the biggest** of them all.   저 개가 그것들 중에서 가장 크다.

❶ **-e**로 끝나는 형용사나 부사는 단어 끝에 **-st**를 붙입니다.

large – **the largest** 가장 큰   nice – **the nicest** 가장 좋은
wise – **the wisest** 가장 현명한   safe – **the safest** 가장 안전한

❷ **-y**로 끝나는 형용사나 부사는 **-y**를 **-i**로 바꾸고 **-est**를 붙입니다.

busy – **the busiest** 가장 바쁜   dirty – **the dirtiest** 가장 더러운
early – **the earliest** 가장 이른, 가장 일찍   easy – **the easiest** 가장 쉬운
funny – **the funniest** 가장 재미있는   happy – **the happiest** 가장 행복한
heavy – **the heaviest** 가장 무거운   pretty – **the prettiest** 가장 예쁜

❸ 「단모음+단자음」으로 끝나는 형용사나 부사는 자음을 한 번 더 써 주고 **-est**를 붙입니다.

big – **the biggest** 가장 큰   fat – **the fattest** 가장 살찐
hot – **the hottest** 가장 뜨거운, 가장 더운   sad – **the saddest** 가장 슬픈
thin – **the thinnest** 가장 마른, 가장 가는   wet – **the wettest** 가장 비가 많이 내리는

Grammar Walk!

정답 및 해설 27~28쪽

A 다음 문장에서 형용사나 부사의 최상급을 찾아 동그라미 하세요.

1 Ms. Kim is (the nicest) teacher in my school.

2 It is the prettiest village.

3 This castle is the biggest.

4 His room is the dirtiest in the house.

5 That cat is the fattest in the pet shop.

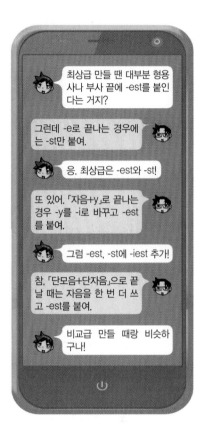

B 빈칸에 알맞은 규칙을 써넣고 주어진 형용사나 부사의 최상급을 쓰세요.

1 happy + (iest) ➡ __the happiest__

2 wise + (st) ➡ __the wisest__

3 safe + ( ) ➡ _____

4 busy + ( ) ➡ _____

5 lucky + ( ) ➡ _____

6 wet + ( ) ➡ _____

7 fat + ( ) ➡ _____

8 heavy + ( ) ➡ _____

9 thin + ( ) ➡ _____

10 early + ( ) ➡ _____

WORDS · nice 친절한   · castle 성   · safe 안전한   · lucky 운이 좋은   · thin 마른, 가는

Grammar Run! ....

A 다음 문장의 괄호 안에서 알맞은 말을 골라 동그라미 하세요.

1 Amy is (tallest / (the tallest)) girl of the three.

최상급을 만들 때는 대부분 형용사나 부사 끝에 -est를 붙여. 하지만 -e로 끝나는 형용사나 부사에는 -st만 붙이면 돼.

2 The car is (the oldiest / the oldest) in the city.

3 The dog is (the smallest / smallst) in the store.

4 It is (the highiest / the highest) mountain in the country.

5 His feet are (the biggest / the bigest) in my family.

6 It is (the sweettest / the sweetest) bread in the bakery.

7 He is (the wisest / the wiseest) man in the village.

8 Joe came home (the earliest / earlyest) in his family.

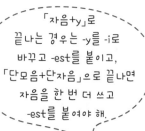

「자음+y」로 끝나는 경우는 -y를 -i로 바꾸고 -est를 붙이고, 「단모음+단자음」으로 끝나면 자음을 한 번 더 쓰고 -est를 붙여야 해.

9 It is (the sadest / the saddest) movie of them all.

10 Junsu is (the lazyest / the laziest) boy of my friends.

11 Mr. Bean is (the funniest / funnyest) man in England.

12 Lucy is (the youngest / youngst) in the team.

13 The skirt is (the shorttest / the shortest) of all my skirts.

14 It is (the easiest / the easyest) of all the questions.

15 Pluto ran (the fastest / fastist) of all the dogs.

WORDS · country 나라, 국가   · foot 발   · sweet 달콤한   · wise 지혜로운, 현명한   · funny 재미있는

B 다음 문장의 빈칸에 알맞은 말을 골라 동그라미 하세요.

1 This room is the _____ in the house.   ❶ largeest   ②largest
이 방이 그 집에서 가장 크다.

2 Today is the _____ day of the week.   ❶ coldest   ❷ colddest
오늘이 일주일 중 가장 추운 날이다.

3 Carol's bag is the _____ of them all.   ❶ heaviest   ❷ heavyest
캐롤의 가방이 그것들 중에서 가장 무겁다.

4 This coat is the _____ in the store.   ❶ big   ❷ biggest
이 외투가 그 가게에서 가장 크다.

5 Mark finished the _____ of us all.   ❶ fasttest   ❷ fastest
마크가 우리 중에서 그것을 가장 빨리 끝냈다.

6 The bear is the _____ of the three.   ❶ thinest   ❷ thinnest
그 곰이 셋 중에서 가장 말랐다.

7 This hairpin is the _____ of them all.   ❶ prettest   ❷ prettiest
이 머리핀이 그것들 중에서 가장 예쁘다.

8 Mr. Gold is _____ man in the village.   ❶ the richest   ❷ richest
골드 씨가 그 마을에서 제일 부자이다.

9 Daegu is the _____ city in Korea.   ❶ hottest   ❷ hotest
대구는 한국에서 가장 더운 도시이다.

10 Mom is the _____ in my family.   ❶ busyest   ❷ busiest
엄마가 우리 가족 중에서 가장 바쁘시다.

11 Superman is the _____ in the world.   ❶ strongest   ❷ stronggest
슈퍼맨이 세상에서 힘이 제일 세다.

12 This cat is the _____ of their pets.   ❶ fatest   ❷ fattest
이 고양이가 그들의 애완동물 중에서 제일 뚱뚱하다.

13 Alice's hair is the _____.   ❶ longest   ❷ longgest
앨리스의 머리가 가장 길다.

14 I bought _____ shoes there.   ❶ the cheapest   ❷ cheapest
나는 거기에서 가장 싼 신발을 샀다.

15 She studied science the _____.   ❶ hardest   ❷ harddest
그녀는 과학을 제일 열심히 공부했다.

WORDS   · heavy 무거운   · finish 끝내다, 마치다   · hairpin 머리핀   · buy 사다   · science 과학

Grammar Jump!

A 다음 문장에서 밑줄 친 부분의 우리말 뜻을 빈칸에 쓰세요.

1 Sumin is <u>the youngest</u> in the team. ➡ _가장 어린_____

2 It is <u>the widest</u> road in the city. ➡ _____

3 That box is <u>the smallest</u> of them all. ➡ _____

4 Jim was <u>the happiest</u> boy in the village. ➡ _____

5 The South Pole has <u>the cleanest</u> air. ➡ _____

6 This pizza is <u>the largest</u> in the village. ➡ _____

7 This is <u>the hardest</u> question of them all. ➡ _____

8 He is <u>the greatest</u> soccer player in the world. ➡ _____

9 The cheetah runs <u>the fastest</u> in the zoo. ➡ _____

10 Mt. Everest is <u>the highest</u> mountain. ➡ _____

11 They are <u>the biggest</u> sneakers there. ➡ _____

12 Luna's suitcase is <u>the heaviest</u> of them all. ➡ _____

13 This train leaves <u>the earliest</u> from the station. ➡ _____

14 It was <u>the wettest</u> day of the week. ➡ _____

15 That pig is <u>the fattest</u> in the cage. ➡ _____

WORDS · the South Pole 남극 · great 위대한 · suitcase 여행 가방 · wet 비가 오는 · cage 우리, 새장

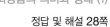

B 주어진 말을 사용하여 다음 문장을 완성하세요.

1 Sally is ___the___ ___prettiest___ girl in her class. (pretty)
샐리는 자기 반에서 가장 예쁜 여자아이다.

2 Minho's kite flew _____ _____ of the four. (high)
민호의 연이 넷 중에서 가장 높이 날았다.

3 That lamp is _____ _____ in the room. (bright)
저 등이 그 방에서 가장 밝다.

4 This scarf is _____ _____ of the five. (long)
이 목도리가 다섯 개 중에서 가장 길다.

5 Jane studied math _____ _____. (hard)
제인은 수학을 제일 열심히 공부했다.

6 Today is _____ _____ day. (happy)
오늘이 가장 행복한 날이다.

7 That backpack is _____ _____ of the three. (light)
저 배낭이 셋 중에서 가장 가볍다.

8 That room is _____ _____ in this hotel. (large)
저 방이 이 호텔에서 가장 크다.

9 This book is _____ _____ of the three. (easy)
이 책이 셋 중에서 가장 쉽다.

10 It was _____ _____ day of the month. (hot)
그달 중에서 가장 더운 날이었다.

11 That necktie is _____ _____ of the three. (nice)
저 넥타이가 셋 중에서 가장 좋다.

12 This cartoon is _____ _____ of them all. (funny)
이 만화 영화가 그것들 중에서 가장 재미있다.

13 It is _____ _____ sheep on the farm. (thin)
그것은 그 농장에서 가장 마른 양이다.

14 That is _____ _____ chair in the room. (strong)
저것은 그 방에서 가장 튼튼한 의자이다.

15 Your room is _____ _____ in the house . (dirty)
네 방이 집에서 가장 더럽다.

| WORDS | · lamp 램프, 등 | · backpack 배낭 | · light 가벼운 | · month 달, 월 | · sheep 양 |

Grammar Fly! . . . .

A 다음 문장의 밑줄 친 부분을 바르게 고쳐 빈칸에 쓰세요.

1 The rabbit has <u>longest</u> ears of the five. ➡ <u>the</u> <u>longest</u>

2 This streetlamp is <u>the olddest</u> in town. ➡ _____ _____

3 This cake is <u>the sweetst</u> in the bakery. ➡ _____ _____

4 Tom has <u>the shorttest</u> hair of us all. ➡ _____ _____

5 The car is <u>the fasttest</u> of them all. ➡ _____ _____

6 This coat is <u>the bigest</u> in the store. ➡ _____ _____

7 Jun is <u>the kinddest</u> boy in my school. ➡ _____ _____

8 Dad goes to bed <u>the earlyest</u> in my family. ➡ _____ _____

9 This quiz was <u>the easyest</u> of them all. ➡ _____ _____

10 It was <u>the funnyest</u> movie of them all. ➡ _____ _____

11 Alice is <u>the cuteest</u> girl in her class. ➡ _____ _____

12 August was <u>the hotest</u> month of the year. ➡ _____ _____

13 This is <u>the heavyest</u> bottle of the four. ➡ _____ _____

14 The cat is <u>the fatest</u> of them all. ➡ _____ _____

15 It is <u>the busyest</u> street in the village. ➡ _____ _____

WORDS ·streetlamp 가로등 ·in town 시내에서, 도시에서 ·kind 친절한 ·quiz 퀴즈 ·cute 귀여운

122 Unit 05

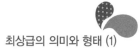

B 다음 밑줄 친 말을 최상급으로 바꿔 문장을 완성하세요.

1 Baekdusan is a <u>high</u> mountain.
➡ ____Baekdusan is the highest mountain____ in Korea.

2 Ms. Wise was <u>a wise</u> lady.
➡ _____ in the village.

3 Jack is a <u>lazy</u> boy.
➡ _____ in the village.

4 This is <u>a large</u> swimming pool.
➡ _____ in the country.

5 Maria is <u>tall</u>.
➡ _____ of all the students.

6 Summer is <u>hot</u>.
➡ _____ of the four seasons.

7 The white car is <u>new</u>.
➡ _____ of the three.

8 The basketball is <u>big</u>.
➡ _____ of the five.

9 My mother gets up <u>early</u>.
➡ _____ in my family.

10 Ostriches run <u>fast</u>.
➡ _____ of all the birds.

11 I study English <u>hard</u>.
➡ _____ in my class.

12 Blanca jumps <u>high</u>.
➡ _____ in the world.

WORDS ·lazy 게으른 ·swimming pool 수영장 ·country 나라, 국가 ·basketball 농구공 ·ostrich 타조

02 최상급의 의미와 형태 (2)

1 최상급 만들기 (3)

❶ He is **the most diligent** boy in the class.　그는 반에서 가장 부지런한 남자아이다.

She sang **the most beautifully** of them all.　그녀는 그들 중에서 가장 아름답게 노래했다.

❷ This is **the best restaurant** in town.　여기가 시내에서 가장 좋은 식당이다.

I like apples **the most of** all the fruit.　나는 모든 과일 중에서 사과를 가장 좋아한다.

Bora dances **the best of** the five.　보라는 다섯 중에서 춤을 가장 잘 춘다.

❶ the most＋형용사/부사: 일부의 2음절 또는 3음절 이상의 긴 형용사나 부사는 앞에 the most를 붙여서 최상급을 만듭니다.

beautiful – **the most** beautiful 가장 아름다운　　delicious – **the most** delicious 가장 맛있는

difficult – **the most** difficult 가장 어려운　　expensive – **the most** expensive 가장 비싼

famous – **the most** famous 가장 유명한　　loudly – **the most** loudly 가장 큰 소리로

carefully – **the most** carefully 가장 조심스럽게　quickly – **the most** quickly 가장 빨리

slowly – **the most** slowly 가장 느리게　　softly – **the most** softly 가장 부드럽게

beautifully – **the most** beautifully 가장 아름답게

interesting – **the most** interesting 가장 재미있는

❷ 불규칙 변화: 최상급의 형태가 불규칙하게 변하는 형용사나 부사가 있습니다.

bad/badly – **the worst** 가장 나쁜, 가장 나쁘게　good/well – **the best** 가장 좋은, 가장 잘

little – **the least** 가장 적은, 가장 덜　　many/much – **the most** 가장 많은, 가장 (많이)

far – **the farthest/the furthest** 가장 먼, 가장 멀리

Grammar Walk!

정답 및 해설 29~30쪽

A 다음 문장에서 최상급을 찾아 동그라미 하세요.

1 The snail moves (the most slowly) of the five.

2 It was the worst of all the holidays.

3 This flower is the most beautiful in the garden.

4 You are the most diligent student in the class.

5 Pooh is the most famous bear in the zoo.

음절이 뭐야?

우리말에서 '고'는 'ㄱ'이란 자음과 'ㅗ'라는 모음이 만나서 나는 소리잖아. 이것처럼 자음과 모음이 만나 하나의 말소리를 내는 걸 음절이라고 해.

아, 그럼 그 말소리가 한 개면 1음절, 두 개면 2음절?

제법인걸? 우리말과 마찬가지로 영어도 모음을 중심으로 음절이 나뉘어.

예를 들면?

difficult는 i, i, u가 모음이지? 그러니까 dif, fi, cult, 이렇게 3음절로 된 말이야.

B 다음 형용사나 부사의 최상급을 빈칸에 쓰세요.

1 difficult ___the most difficult___

2 quickly _____

3 expensive _____

4 well _____

5 interesting _____

6 bad _____

7 beautifully _____

8 many _____

9 slowly _____

10 far _____

WORDS · move 움직이다 · holiday 휴일 · diligent 부지런한 · interesting 재미있는, 흥미로운

02 최상급의 의미와 형태 (2)

2 최상급 표현하기

I am **the youngest in** my family.	나는 우리 가족 중에서 가장 어리다.
You are **the tallest of** all the boys.	너는 모든 남자아이들 중에서 가장 키가 크다.
August is **the hottest** month **in** Seoul.	8월은 서울에서 가장 더운 달이다.
She studies math **the hardest in** her class.	그녀는 자기 반에서 수학을 가장 열심히 공부한다.

최상급을 사용해서 '~중에서 가장 …한/하게'라고 말할 때, 전치사 **in**이나 **of**를 써서 비교의 범위나 대상을 나타낼 수 있습니다. 그 범위나 대상이 장소나 단체와 같은 단수명사일 때는 **in**을, 복수명사, 숫자나 기간일 때는 **of**를 씁니다.

This is **the biggest** tree **in** this garden. 이것은 이 정원에서 가장 큰 나무이다.
February is **the shortest** month **of** the year. 2월이 일 년 중 가장 짧은 달이다.

대부분의 경우	형용사/부사+-est	old – the oldest, young – the youngest
-e로 끝나는 경우	형용사/부사+-st	large – the largest, nice – the nicest
「자음+y」로 끝나는 경우	-y → -i+-est	busy – the busiest, happy – the happiest
「단모음+단자음」으로 끝나는 경우	마지막 자음+-est	hot – the hottest, big – the biggest
2음절 이상	most+형용사/부사	beautiful – the most beautiful
불규칙		many/much – the most, little – the least good/well – the best, bad/badly – the worst far – the farthest/the furthest

Grammar Walk!

정답 및 해설 30쪽

A 다음 문장에서 최상급을 찾아 밑줄을 치고 비교의 범위를 나타내는 말을 찾아 동그라미 하세요.

1 Jane is <u>the kindest</u> girl (in her class).

2 You are the smartest of all the students.

3 This elephant is the biggest animal in this zoo.

4 Grandfather is the wisest in my family.

5 Ron wrote the most letters of the three children.

6 This restaurant is the most expensive in the village.

7 You sang the best of all the children.

8 Jeju is the largest island in Korea.

9 It is the tallest tower in the world.

10 Alice is the best cook of the three.

11 Oranges are the sweetest of them all.

12 The watermelon is the biggest of those fruits.

> '~ 중에서 가장 …한'이라고 말하고 싶을 때 '~ 중에서'는 어떻게 말해?
>
> 아, 최상급에서 비교의 대상을 어떻게 말하는지 궁금한 거지?
>
> 응.
>
> 비교하는 대상이 어떤 장소나 단체일 때는 in을 써. in Korea, in the class처럼.
>
> 그럼 여러 사람이나 사물을 비교할 때는?
>
> 그럴 때는 of를 써. of all the students처럼. of 뒤에는 대부분 복수형이 와.

| WORDS | ·write 쓰다(과거형: wrote) · letter 편지 · expensive 비싼 · village (시골) 마을, 부락 · tower 탑 |

Grammar Run! ....

A 다음 문장의 괄호 안에서 알맞은 말을 골라 동그라미 하세요.

1   John is (the handsomest / (the most handsome)) boy in his class.

2   I shouted (the loudlyest / the most loudly) of the five.

3   She sings (the beautifulliest / the most beautifully) in her school.

4   The last question was (the most difficult / the difficultest) of all.

5   Henry's Steak is (the baddest / the worst) restaurant in the city.

6   Jaemin is (popularest / the most popular) in his class.

7   She is sitting on (the most comfortable / the comfortablest) chair here.

8   Carl was (the best / the most good) cook of the five.

9   The bicycle is (the most expensive / the expensivest) of the three.

10 Ken is (the best / best) player in the team.

11 It is (most useful / the most useful) book of the three.

12 The game was (the excitingest / the most exciting) of them all.

13 That is (the boring / the most boring) of all the movies.

14 My house is (the farest / the farthest) from here.

15 Koalas are (the most interesting / most interesting) animals of all.

단어 앞에
the most를 써서 최상급을
만드는 경우를
잘 기억해!

WORDS · shout 외치다, 소리치다 · bad 나쁜 · comfortable (의류, 가구 등이) 편안한 · useful 유용한 · boring 지루한

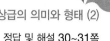

B 다음 문장의 빈칸에 알맞은 말을 골라 동그라미 하세요.

1 I like ice cream the _____ of all the desserts.   ❶ much   ❷ most

2 She is the _____ teacher in the school.   ❶ best   ❷ goodest

3 Eddy is the _____ student in the class.   ❶ badest   ❷ worst

4 The baby is the smallest _____ his family.   ❶ for   ❷ in

5 Seoul is the largest city _____ Korea.   ❶ in   ❷ about

6 Seattle is the most beautiful city _____ the U.S.   ❶ in   ❷ about

7 That city is the _____ from Seoul of the three.   ❶ farthest   ❷ farest

8 Tommy likes history the _____.   ❶ most   ❷ much

9 February is the shortest month _____ the year.   ❶ of   ❷ about

10 He had _____ money of the four.   ❶ least   ❷ the least

11 Harry speaks English the _____ of all the boys.   ❶ best   ❷ well

12 The ball is the cheapest _____ the five.   ❶ of   ❷ with

13 Hyuk dances the _____ in the village.   ❶ good   ❷ best

14 The cat is the quietest _____ the three animals.   ❶ to   ❷ of

15 Steve read the _____ books of us all.   ❶ most   ❷ maniest

WORDS · history 역사   · February 2월   · money 돈   · quiet 조용한   · animal 동물

Grammar Jump!

A 다음 문장에서 밑줄 친 부분의 우리말 뜻을 빈칸에 쓰세요.

1 This cartoon is <u>the most interesting</u> of all. ➡ 가장 재미있는

2 Sally likes cheesecake <u>the most</u> of all. ➡ _____

3 A turtle walks <u>the most slowly</u> of all the animals. ➡ _____

4 She is <u>the most popular</u> singer in the world. ➡ _____

5 Dogs are <u>the best</u> pets of all. ➡ _____

6 He finished it <u>the most quickly</u> in the class. ➡ _____

7 It is <u>the most famous</u> song in Korea. ➡ _____

8 Sharks are <u>the most dangerous</u> animals in the sea. ➡ _____

9 She spoke to us <u>the most kindly</u> of all the women. ➡ _____

10 I like bananas <u>the least</u> of all fruits. ➡ _____

11 Mike hit the ball <u>the farthest</u> of all the players. ➡ _____

12 The little girl danced <u>the worst</u> of the six. ➡ _____

13 This jacket is <u>the most expensive</u> in the store. ➡ _____

14 My sister is <u>the most careful</u> driver in my family. ➡ _____

15 The peacock is <u>the most colorful</u> of all the birds. ➡ _____

WORDS · cheesecake 치즈 케이크   · popular 인기 있는   · shark 상어   · dangerous 위험한   · peacock 공작

B 주어진 말을 사용하여 다음 문장을 완성하세요.

1 I am ___the___ ___shortest___ ___in___ my class. (short, in)
나는 우리 반에서 가장 키가 작다.

2 Tom is _____ _____ boy _____ my class. (tall, in)
톰은 우리 반에서 키가 가장 큰 남자아이다.

3 He is _____ _____ player _____ the team. (good, in)
그는 팀에서 가장 훌륭한 선수이다.

4 It is _____ _____ building _____ the village. (old, in)
그것은 마을에서 가장 오래된 건물이다.

5 The monkey ate _____ _____ bananas of the five. (little)
그 원숭이가 다섯 마리 중에서 바나나를 가장 적게 먹었다.

6 Annie is _____ _____ _____ all the girls. (cute, of)
애니가 모든 여자아이들 중에서 가장 귀엽다.

7 My mom's food is _____ _____ _____. (delicious)
우리 엄마가 만든 음식이 가장 맛있다.

8 Joe read _____ _____ books of the four boys. (many)
조가 네 명의 남자아이들 중에서 가장 많은 책을 읽었다.

9 My sister likes lilies _____ _____ of all the flowers. (much)
우리 언니는 모든 꽃 중에서 백합을 가장 좋아한다.

10 Tim came to school _____ _____ _____ us all. (early, of)
팀이 우리들 중에서 가장 일찍 학교에 왔다.

11 The show is _____ _____ _____ of the six. (interesting)
그 쇼가 여섯 중에서 가장 재미있다.

12 Laura cooks _____ _____ _____ all the girls. (well, of)
로라는 모든 여자아이들 중에서 요리를 가장 잘한다.

13 Yesterday was _____ _____ day _____ the year. (hot, of)
어제가 일 년 중 가장 더운 날이었다.

14 He is _____ _____ man _____ the village. (old, in)
그는 그 마을에서 가장 나이가 많은 사람이다.

15 Her paper plane flew _____ _____ of them all. (far)
그녀의 종이비행기가 그것들 중에서 가장 멀리 날았다.

WORDS · eat 먹다(과거형:ate) · lily 백합 · yesterday 어제 · fly 날다(과거형:flew) · paper plane 종이비행기

Grammar Fly! · · · · · · · · · · · · · · ·

A 다음 밑줄 친 부분을 바르게 고쳐 빈칸에 쓰세요.

1   The bakery is <u>the famousest</u> in this village. ➡ the most famous

2   The dictionary is <u>the usefulest</u> of the three. ➡ _____

3   My sister eats food <u>the slowliest</u> in my family. ➡ _____

4   He talked <u>the most much</u> of all the people. ➡ _____

5   She cried <u>the loudlyest</u> of the three babies. ➡ _____

6   Jun dances <u>the most badly</u> in the team. ➡ _____

7   He answered <u>the quicklyest</u> in the class. ➡ _____

8   Minho speaks Chinese <u>the most well</u> of all. ➡ _____

9   He is <u>the goodest</u> player in the team. ➡ _____

10 I like John <u>the much</u> in my class. ➡ _____

11 He caught <u>the manyest</u> fish in my family. ➡ _____

12 Turtles are <u>the interestingest</u> animals of all. ➡ _____

13 His house is <u>the far</u> from here of us all. ➡ _____

14 Linda draws pictures <u>the well</u> in the school. ➡ _____

15 Rebecca is <u>the popularest</u> girl in my school. ➡ _____

B 다음 밑줄 친 말을 최상급으로 바꿔 문장을 완성하세요.

1 She is a <u>famous</u> singer.
➡ ___She is the most famous singer___ in Korea.

2 Nick is a <u>diligent</u> boy.
➡ _____ in his class.

3 The boy dances <u>well</u>.
➡ _____ of the children.

4 Linda walks <u>slowly</u>.
➡ _____ of all the girls.

5 His sneakers are <u>expensive</u>.
➡ _____ of the six.

6 The weather was <u>bad</u>.
➡ _____ of the week.

7 The tree is <u>big</u>.
➡ _____ in the garden.

8 The book is <u>difficult</u>.
➡ _____ in the library.

9 He is a <u>good</u> baseball player.
➡ _____ in the team.

10 The story is <u>interesting</u>.
➡ _____ in the world.

11 Ms. Clever has <u>many</u> books.
➡ _____ in the village.

12 The baker bakes <u>delicious</u> cookies.
➡ _____ in the city.

| WORDS | ·diligent 부지런한 | ·weather 날씨 | ·garden 정원 | ·difficult 어려운 |

REVIEW ~ 05

[1-2] 다음 형용사나 부사의 최상급이 <u>잘못</u> 짝지어 진 것을 고르세요.

1
1. big – the biggest
2. old – the olddest
3. funny – the funniest
4. nice – the nicest

2
1. famous – the most famous
2. difficult – the most difficult
3. quickly – the most quickly
4. easy – the most easy

[3-4] 다음 중 <u>잘못된</u> 문장을 <u>고르세요.</u>

3
1. Nick is the tallest boy here.
2. That bridge is the longest in the city.
3. She sings the best in my school.
4. I ran the quickliest in my class.

4
1. I am the shortest in my class.
2. This is the worst food of all.
3. She is the most kind of all.
4. That is the tallest building there.

[5-6] 다음 밑줄 친 말을 최상급으로 바르게 바꿔 쓴 문장을 고르세요.

5
> Jane is a <u>cute</u> girl.

1. Jane is most cute girl.
2. Jane is cutest girl.
3. Jane is the cutest girl.
4. Jane is the most cute girl.

6
> This bag is <u>expensive</u>.

1. This bag is the expensivest.
2. This bag is the most expensive.
3. This bag is the more expensive.
4. This bag is better expensive.

[7-8] 다음 문장의 빈칸에 알맞은 말이 순서대로 바르게 짝지어진 것을 고르세요.

7
> • Sumin speaks English the _____.
> • Seoul is the largest city _____ Korea.

1. well – in
2. best – with
3. best – in
4. well – of

정답 및 해설 32~33쪽

8
- Mark hit the ball the _____ in the class.
- He was the _____ player in the city.

❶ farthest – most bad

❷ farthest – worst

❸ far – badly

❹ far – worst

[9-10] 다음 중 올바른 문장을 고르세요.

9 ❶ Mina ran the most fast in the school.

❷ Her sandwich is the best delicious of all.

❸ You studied the hardest in your class.

❹ I wrote the much letters of us all.

10 ❶ She is the most young in her family.

❷ This is the most interesting movie of all.

❸ It is the cheap in the store.

❹ Tom is the most smart boy in the class.

[11-12] 다음 우리말 뜻과 같도록 괄호 안에서 알맞은 말을 고르세요.

11 내가 셋 중에서 책을 가장 많이 가지고 있다.

➡ I have the (many / most) books of the three.

12 애니가 우리 가족 중에 가장 오래 잤다.

➡ Annie slept the (most long / longest) in my family.

[13-14] 다음 문장의 빈칸에 공통으로 알맞은 말을 쓰세요.

13
- Jimmy likes soccer the _____ of all sports.
- The last question is the _____ difficult of all.

14
- Jimin is _____ fastest runner in my school.
- Minho jumped _____ highest of the five.

정답 및 해설 32~33쪽

[15-16] 다음 우리말 뜻과 같도록 주어진 말을 사용하여 문장을 완성하세요.

15 이 나무가 그 정원에서 가장 크다.

➡ This tree is _____

_____ in the garden.

(big)

16 톰은 자기 반에서 피아노를 가장 잘 친다.

➡ Tom plays the piano

_____ _____ in

his class. (well)

[17-18] 주어진 말을 순서대로 배열하여 문장을 쓰세요.

17 the wisest / Jane is / of all the children / .

➡ _____

_____

18 the most slowly / Mina ate hamburgers / of them all / .

➡ _____

_____

[19-20] 다음 문장에서 밑줄 친 부분을 바르게 고쳐서 문장을 다시 쓰세요.

19 Jane came home the earliest <u>of</u> her family.

➡ _____

_____

20 The dictionary is <u>the useful</u> of the three.

➡ _____

_____

Check! Check!. ● ●

맞은 개수	평가
18~20개	😄 참 잘했어요.
15~17개	🙂 잘했어요.
9~14개	😐 노력해 봐요.
0~8개	🙁 다음에 잘할 거예요.

WRAP UP

● 다음 만화를 보면서 Unit 05의 내용을 정리해 봐요.

여기에서 이 꽃이 가장 크다.

'가장 ~한', '가장 ~하게' 같은 최상급은 형용사나 부사에 -est를 붙인다고 했지? tallest처럼.

응. 단어가 -y로 끝나는 경우에는 -y를 -i로 바꾸고 -est를 붙이기도 해.

긴 음절 단어에는 앞에 the most를 붙이잖아. the most beautiful처럼.

1 최상급

대부분의 형용사/부사	the+형용사/부사 +-est	Amy is **the youngest** girl. 에이미가 가장 어린 여자아이이다. Charles runs **the fastest**. 찰스가 가장 빨리 달린다.
-e로 끝나는 형용사/부사	the+형용사/부사 +-st	This is **the largest** room. 이것이 가장 큰 방이다.
「자음+y」로 끝나는 형용사/부사	-y를 i로 바꾸고 +-est	It is **the largest** room in the house. 그것은 그 집에서 가장 큰 방이다. My mother gets up **the earliest**. 우리 어머니가 가장 일찍 일어나신다.
「단모음+단자음」 으로 끝나는 형용사/부사	자음 한 번 더 쓰고 +-est	August is **the hottest** month of the year. 일 년 중에서 8월이 가장 더운 달이다.
2음절 이상의 형용사/부사	the most +형용사/부사	He is **the most diligent** boy. 그는 가장 부지런한 남자아이이다. I walked **the most slowly**. 내가 가장 천천히 걸었다.
불규칙		many/much – **the most** 가장 많은, 가장 (많이) little – **the least** 가장 적은, 가장 덜 good/well – **the best** 가장 좋은, 가장 잘 bad/badly – **the worst** 가장 나쁜, 가장 나쁘게 far – **the farthest/the furthest** 가장 먼, 가장 멀리

2 최상급 문장

「형용사/부사의 최상급 + in/of」	~ 중에서 가장 …한/하게	It is **the longest** river **in** the world. 그것은 세계에서 가장 긴 강이다. You are **the tallest of** all the boys. 너는 모든 남자아이들 중에서 가장 키가 크다.

접속사

- 접속사 and, but, or, because의 의미를 이해할 수 있어요.
- 접속사가 쓰인 여러 가지 문장들을 이해하고 활용할 수 있어요.

'그리고'라는 뜻을 가진 and를 넣으면 '이것과 저것'이 되는 거고

'~와'의 뜻이구나.

and

'또는'이라는 뜻을 가진 or를 넣으면 '이것 또는 저것'이 되는 거지.

'~이나'라는 거고.

or

근데 혁아, 다 살 수 있어? 용돈 많이 모았나 보네?

혁아, 그리고 '하지만'이라는 뜻을 가진 접속사도 있는데….

나중에 해. 귀에 안 들어와.

맞다, 다 사고 싶지만 돈이 없네!

'글러브와 야구공'이 아니라 '글러브 또는 야구공'을 선택해야 하는 게 현실이구나.

위청

푹

접속사는 단어와 단어, 문장과 문장 등을 이어 주는 말이야. and는 '~와'라는 뜻으로 비슷한 내용을 연결해 줄 때, but은 '그러나, 하지만'이라는 뜻으로 앞의 내용과 반대되는 내용을 이어 줄 때 써. 그럼 지금부터 and, but뿐만 아니라 or, because는 문장에서 어떻게 쓰이는지 함께 공부해 보자.

Lesson 01 접속사

1 and와 but

> ❶ I like dogs **and** cats.   나는 개와 고양이를 좋아한다.
>
>   He is a teacher, **and** she is a police officer.   그는 선생님이고, 그녀는 경찰관이다.
>
> ❷ Ted was poor **but** happy.   테드는 가난했지만 행복했다.
>
>   Tom is tall, **but** his brother is short.   톰은 키가 크지만, 그의 남동생은 키가 작다.

접속사는 단어와 단어, 구와 구, 또는 문장과 문장을 연결해 주는 말입니다.

❶ and: '~와[과]', '그리고'라는 뜻으로 비슷한 내용의 단어와 단어, 구와 구, 문장과 문장을 연결해 줍니다.

We ate <u>toast</u> **and** <u>milk</u>.   우리는 토스트와 우유를 먹었다.

She wanted <u>a red skirt</u> **and** <u>a yellow blouse</u>.   그녀는 빨간 치마와 노란 블라우스를 원했다.

   ◎ 셋 이상의 말을 **and**로 연결할 때는 콤마(,)로 연결하고 맨 마지막 말 앞에만 **and**를 씁니다.

They learn English, math, **and** science.   그들은 영어, 수학, 그리고 과학을 배운다.

❷ but: '그러나, 하지만'이라는 뜻으로 서로 반대되는 내용을 연결해 주는 말입니다. and와 마찬가지로 단어와 단어, 구와 구, 문장과 문장 등을 이어줍니다.

It is <u>big</u> **but** <u>cute</u>.   그것은 크지만 귀엽다.

<u>I was sad</u>, **but** <u>he wasn't sad</u>.   나는 슬펐지만, 그는 슬퍼하지 않았다.

Grammar Walk!

정답 및 해설 33~34쪽

A 다음 문장에서 접속사를 찾아 동그라미 하세요.

1 Alice is kind (and) polite.

2 He is thin but strong.

3 I am a student, and he is a teacher.

4 This book is funny, but that book is sad.

5 They wore the white shirts and the blue pants.

6 Tom and Jerry are good friends.

7 I like ice cream, but my sister doesn't like it.

8 This ball is small but heavy.

9 You and your sister are very kind.

10 Today is nice, but tomorrow will be cold.

WORDS ·polite 예의 바른 ·thin 마른, 여윈 ·heavy 무거운 ·nice 좋은, 멋진 ·tomorrow 내일

01 접속사

2 or와 because

❶ Tony **or** Bill will help me. 토니 또는 빌이 나를 도와줄 것이다.

We play soccer **or** do our homework after school.
우리는 방과 후에 축구를 하거나 숙제를 한다.

❷ I can't see **because** it's dark here. 여기는 어두워서 내가 앞을 볼 수 없다.

Jenny was late for school **because** she got up late.
제니는 늦게 일어났기 때문에 학교에 늦었다.

---

❶ or: 'A 또는 B', 'A나 B', 'A 아니면 B'라는 뜻으로, 선택할 내용을 연결해 주는 접속사입니다.

They will eat <u>sandwiches</u> **or** <u>hamburgers</u>. 그들은 샌드위치나 햄버거를 먹을 것이다.

I will go to school <u>by bus</u> **or** <u>by subway</u>. 나는 버스나 지하철을 타고 학교에 갈 것이다.

They will <u>watch TV</u> **or** <u>read books</u>. 그들은 TV를 보거나 책을 읽을 것이다.

❷ because: '~하기[이기] 때문에, ~해서[여서/니까]'라는 뜻으로, 어떤 일의 원인과 결과를
이어 주는 접속사입니다.

I can't touch the dog **because** it's too big. 그 개가 너무 커서 나는 그 개를 만질 수가 없다.

She went to bed early **because** she was tired. 그녀는 피곤했기 때문에 일찍 잠자리에 들었다.

He is angry **because** I was late. 내가 늦었기 때문에 그는 화가 났다.

Grammar Walk!

정답 및 해설 34쪽

A 다음 문장에서 접속사를 찾아 동그라미 하세요.

1 His birthday is today (or) tomorrow.

2 I like spring because it is warm.

3 Oscar or Anna ate your cheese.

4 We can buy gloves or a bat.

5 I didn't have lunch because I wasn't hungry.

> because는 원인과 결과를 알려 주는 말이구나.

> 응. because 앞에는 결과가 오고, 뒤에는 원인 또는 이유가 나오는 거지.

> 그럼 2번에서 I like spring. 은 결과를 말하는 거구나.

> 맞아. It is warm.이 봄을 좋아하는 이유고!

> 잘 구분해서 봐야겠다.

B 다음 문장의 빈칸에 알맞은 접속사를 찾아 선으로 연결하세요.

1 She wants a puppy _____ a kitten.

2 They stayed home _____ it snowed.

3 Joe will be a pianist _____ a violinist.

4 I eat bread _____ rice for breakfast.

5 He was tired _____ he walked all day.

a. or

b. because

WORDS ·spring 봄 ·glove 장갑, (야구) 글러브 ·violinist 바이올린 연주자 ·tired 피곤한 ·all day 하루 종일

접속사 **143**

Grammar Run! ....

A 다음 문장의 괄호 안에서 알맞은 말을 골라 동그라미 하세요.

1   We bought vegetables ((and) / but) fruit.
    우리는 채소와 과일을 샀다.

2   Bill likes math, (and / but) he doesn't like science.
    빌은 수학을 좋아하지만, 과학은 좋아하지 않는다.

3   I have a pencil (and / but) a ruler.
    나는 연필 한 자루와 자 한 개를 가지고 있다.

4   She knows Tommy, (and / but) I don't know him.
    그녀는 토미를 알지만, 나는 그를 알지 못한다.

5   Alice (and / but) Johnny are elementary school students.
    앨리스와 조니는 초등학교 학생이다.

6   Jenny is my classmate, (and / but) she is very kind.
    제니는 우리 반 친구이고, 그녀는 무척 친절하다.

7   He doesn't have a sister, (and / but) he has a brother.
    그는 여동생이 없지만, 남동생이 있다.

8   It was rainy yesterday, (and / but) it's sunny today.
    어제는 비가 많이 왔지만, 오늘은 화창하다.

9   Tigers are strong (and / but) fast animals.
    호랑이는 힘이 세고 빠른 동물이다.

10 Jane is tall, (and / but) her sister is short.
    제인은 키가 크지만, 그녀의 여동생은 키가 작다.

11 Ostriches are birds, (and / but) they can't fly.
    타조는 새이지만, 날지 못한다.

12 I ate salad (and / but) spaghetti for dinner.
    나는 저녁 식사로 샐러드와 스파게티를 먹었다.

13 It is April, (and / but) it snowed this morning.
    4월이지만, 오늘 아침에 눈이 내렸다.

14 Mr. Wilson was hungry (and / but) thirsty.
    윌슨 씨는 배가 고프고 목이 말랐다.

15 The pie looks ugly, (and / but) it is delicious.
    그 파이는 못생겨 보이지만, 맛있다.

> 접속사 and는 '~와[과]', '그리고'라는 뜻으로 비슷한 것끼리 나열해 주는 말이고, but은 '그러나, 하지만'이라는 뜻으로 서로 반대되는 것들을 이어 주는 말이야.

WORDS   ·elementary school 초등학교   ·rainy 비가 많이 오는   ·ostrich 타조   ·April 4월   ·thirsty 목이 마른

144 Unit 06

B 다음 문장의 빈칸에 알맞은 말을 골라 동그라미 하세요.

1 I will be a doctor _____ a fire fighter. ① or ② because

2 Please be quiet _____ the baby is sleeping. ① or ② because

3 I'm full _____ I ate lots of pizza. ① or ② because

4 You can choose cookies _____ pie. ① or ② because

5 He's going to meet Jack _____ Jane. ① or ② because

6 Julia wore a cap _____ it was sunny. ① or ② because

7 We can play baseball _____ basketball. ① or ② because

8 Tom missed the bus _____ he got up late. ① or ② because

9 Kevin _____ Jimmy will call you. ① or ② because

10 They went to bed _____ they were sleepy. ① or ② because

11 It will be cloudy _____ rainy tomorrow. ① or ② because

12 I went to the hospital _____ I was sick. ① or ② because

13 Your sister will come here _____ call you. ① or ② because

14 He always cooks steak _____ curry. ① or ② because

15 We turned on the lamp _____ it was dark. ① or ② because

WORDS · full 배가 부른 · sleepy 졸린 · cloudy 흐린, 구름이 잔뜩 낀 · tomorrow 내일 · turn on (전등, 기계 등을) 켜다

접속사 **145**

Grammar Jump!

A 다음 문장의 빈칸에 알맞은 말을 쓰세요.

1. I am a student, _____and_____ I am twelve years old.
   나는 학생이고, 열두 살이다.

2. She is poor, _____ she helps sick children.
   그녀는 가난하지만, 아픈 어린이들을 도와준다.

3. Betty _____ Annie will wait for him.
   베티 또는 애니가 그를 기다릴 것이다.

4. He likes Ms. Anderson _____ she is kind.
   앤더슨 씨가 친절하기 때문에 그는 그녀를 좋아한다.

5. These dolls are cute _____ expensive.
   이 인형들은 귀엽지만 비싸다.

6. Colin _____ Jack play baseball well.
   콜린과 잭은 야구를 잘한다.

7. We will watch a movie _____ read comic books.
   우리는 영화를 보거나 만화책을 읽을 것이다.

8. I went to the doctor _____ I had a headache.
   나는 머리가 아팠기 때문에 병원에 갔다.

9. My dad always gets up early, _____ he didn't get up early today.
   우리 아빠는 항상 일찍 일어나시지만, 오늘은 일찍 일어나지 않으셨다.

10. I'm cleaning my room, _____ my sister is doing her homework.
    나는 내 방을 청소하고 있고, 내 여동생은 숙제를 하고 있다.

11. We will go to the museum this Saturday _____ Sunday.
    우리는 이번 토요일이나 일요일에 박물관에 갈 것이다.

12. The store is closed _____ today is a holiday.
    오늘은 휴일이기 때문에 그 상점은 문을 닫았다.

13. He often watches soccer games _____ doesn't play soccer.
    그는 축구 경기는 자주 보지만 축구를 하지는 않는다.

14. Jiyoung was late _____ she missed the bus.
    지영이는 그 버스를 놓쳐서 늦었다.

15. My favorite subjects are science _____ English.
    내가 좋아하는 과목은 과학과 영어이다.

> and는 대등한 내용을 묶어 주는 말이고, but은 서로 반대인 내용을 연결해 주는 말! or는 선택할 것들을 연결해 주고, because는 원인과 결과를 연결해 줘.

WORDS · go to the doctor 병원에 가다 · headache 두통 · holiday 휴일 · subject 과목

B 다음 보기에서 알맞은 말을 골라 빈칸에 쓰세요.

and	but	or	because

1 I am a student, ____and____ he is a teacher.

2 Amy likes seafood _____ doesn't like meat.

3 Choose the red cup _____ the yellow cup.

4 Linda didn't go to school _____ she had a bad cold.

5 We bought some tulips _____ roses in the morning.

6 Ted is short _____ strong.

7 You can answer yes, _____ no.

8 I was late _____ I was sick last night.

9 James likes tomatoes _____ oranges.

10 He is handsome, _____ I don't like him.

11 We will go to the park by bus _____ by subway.

12 She likes summer _____ the weather is sunny.

13 Andy went to the library, _____ I went there, too.

14 My mom's car is old _____ nice.

15 Oscar was tired _____ he played all day long.

> or는 'A 또는 B'라는 뜻으로 선택할 것들을 연결할 때 쓰고, because는 원인과 결과를 연결할 때 써.

WORDS · seafood 해산물   · choose 선택하다   · have a bad cold 독감에 걸리다   · tulip 튤립   · tired 피곤한

Grammar Fly! ·

A 다음 문장의 밑줄 친 부분을 바르게 고쳐 빈칸에 쓰세요.

1   She is a singer, <u>or</u> he is a dancer.   ➡   ___and___
    그녀는 가수이고, 그는 무용수이다.

2   This food is delicious <u>and</u> is bad for your health.   ➡   _____
    이 음식은 맛있지만 네 건강에 나쁘다.

3   Annie <u>but</u> Eddy will come to the party.   ➡   _____
    애니 또는 에디가 그 파티에 올 것이다.

4   I went to bed early <u>and</u> I was sick.   ➡   _____
    나는 아팠기 때문에 일찍 잠자리에 들었다.

5   She will bring an umbrella <u>because</u> boots.   ➡   _____
    그녀는 우산과 부츠를 가지고 올 것이다.

6   It is sunny today, <u>or</u> it will rain tomorrow.   ➡   _____
    오늘은 화창하지만, 내일은 비가 올 것이다.

7   Tony <u>but</u> Bill went to the park together.   ➡   _____
    토니와 빌은 함께 공원에 갔다.

8   I will go swimming <u>and</u> it's hot.   ➡   _____
    덥기 때문에 나는 수영하러 갈 것이다.

9   The movie is sad <u>because</u> beautiful.   ➡   _____
    그 영화는 슬프지만 아름답다.

10 She wore a black skirt <u>or</u> a white blouse.   ➡   _____
    그녀는 검은 치마와 흰 블라우스를 입었다.

11 We play badminton <u>and</u> table tennis after school.   ➡   _____
    우리는 방과 후에 배드민턴이나 탁구를 친다.

12 Annie ate an egg <u>or</u> a glass of milk.   ➡   _____
    애니는 달걀 한 개와 우유 한 잔을 먹었다.

13 He is young, <u>because</u> he is clever.   ➡   _____
    그는 어리지만 똑똑하다.

14 The green dress is beautiful <u>but</u> lovely.   ➡   _____
    그 초록색 드레스는 아름답고 사랑스럽다.

15 You can choose this bed <u>and</u> that bed.   ➡   _____
    너는 이 침대 또는 저 침대를 선택할 수 있다.

| WORDS | ·be bad for ～에 나쁘다 | ·health 건강 | ·bring 가져오다 | ·clever 똑똑한 | ·lovely 사랑스러운 |

B 우리말 뜻과 같도록 주어진 말을 바르게 배열하여 문장을 쓰세요.

1 그는 날씬하지만 힘이 세다. (but / he is / slim / strong / .)
➡ He is slim but strong.

2 모나와 샌디는 친구다. (and / Mona / Sandy / are friends / .)
➡ _____

3 그들은 토미나 지미를 만날 것이다. (or / Tommy / they will meet / Jimmy / .)
➡ _____

4 눈이 와서 나는 집에 있었다. (because / I was at home / it snowed / .)
➡ _____

5 비가 왔지만, 나는 낚시하러 갔다. (but / , / it rained / I went fishing / .)
➡ _____

6 존은 소고기나 돼지고기를 먹을 것이다. (or / beef / pork / John will eat / .)
➡ _____

7 그 영화가 웃기기 때문에 나는 좋아한다. (because / I like the movie / it's funny / .)
➡ _____

8 나는 검은 머리와 파란 눈을 가지고 있다. (and / I have / black hair / blue eyes / .)
➡ _____

9 그 곰 인형은 크지만 무겁지 않다. (but / the teddy bear / is big / isn't heavy / .)
➡ _____

10 그 강은 넓고 깊다. (and / the river is / wide / deep / .)
➡ _____

11 앤이나 내가 그들을 돌볼 것이다. (or / Ann / I / will take care of them / .)
➡ _____

12 우리는 늦게 자지만 일찍 일어난다. (but / we go to bed late / get up early / .)
➡ _____

WORDS ·slim 날씬한 ·snow 눈이 내리다 ·pork 돼지고기 ·deep 깊은 ·take care of ~을 돌보다, 보살피다

02 접속사와 문장

1 명령문+and, 명령문+or

❶ Take a walk, **and** you will feel better.　　산책을 해라, 그러면 너는 기분이 나아질 것이다.

Clean your room, **and** your mother will be happy.

네 방을 청소해라, 그러면 너희 어머니께서 기뻐하실 것이다.

❷ Leave now, **or** you will be late.　　지금 떠나라, 그러지 않으면 너는 늦을 것이다.

Wear a raincoat, **or** you will be wet.

우비를 입어라, 그러지 않으면 너는 젖을 것이다.

❶ **명령문, and …:** '~해라, 그러면 …할 것이다.'라는 뜻입니다. 명령문으로 지시하는 행동을 할 경우 따라올 결과가 and 뒤에 옵니다. and 앞에는 쉼표를 쓰고, and 뒤에는 보통 미래 시제가 옵니다.

Practice hard, **and** you will play the piano well.

열심히 연습해라, 그러면 너는 피아노를 잘 치게 될 것이다.

Be kind, **and** you'll have lots of friends.　　친절해라, 그러면 많은 친구들이 생길 것이다.

❷ **명령문, or …:** '~해라, 그러지 않으면 …할 것이다.'라는 뜻입니다. 명령문으로 지시하는 행동을 하지 않을 경우 따라 올 결과가 or 뒤에 옵니다. or 앞에는 쉼표를 쓰고, or 뒤에는 보통 미래 시제가 옵니다.

Eat some sandwiches, **or** you will be hungry.

샌드위치를 좀 먹어라, 그러지 않으면 너는 배가 고플 것이다.

Be quiet, **or** your little sister will wake up.

조용히 해라, 그러지 않으면 네 여동생이 잠에서 깰 것이다.

Grammar Walk!

정답 및 해설 35쪽

A 다음 문장에서 명령문을 찾아 밑줄을 치고 접속사를 찾아 동그라미 하세요.

1 <u>Drink hot chocolate</u>, (and) you will be happy.

2 Be careful, or you will drop the vase.

3 Go now, and you will not miss the school bus.

4 Follow me, or you will get lost.

5 Turn left, and you will find the building.

B 다음 두 문장을 연결해 줄 알맞은 접속사를 찾아 선으로 연결하세요.

1 Be kind to others,   a. and they will like you.

2 Hurry up,   b. or you will get up late.

3 Read lots of books,   c. and you will be smarter.

4 Go to bed now,   d. or you will be late.

5 Put on your coat,   e. or you will catch a cold.

| WORDS | ·miss 놓치다 | ·follow 따라가다, 뒤따르다 | ·get lost 길을 잃다 | ·turn 돌다 |

02 접속사와 문장

2 선택 의문문

❶ Is this a dog **or** a wolf?
이것은 개니, 아니면 늑대니?

It's **a dog**.
그것은 개이다.

Do you play the piano **or** the guitar?
너는 피아노를 치니, 아니면 기타를 치니?

I play **the guitar**.
나는 기타를 친다.

❷ **Which** is yours, this **or** that?
이것과 저것 중 어느 것이 네 것이니?

That is mine.
저것이 내 것이다.

선택 의문문은 상대방에게 둘 또는 그 이상에서 하나를 선택하도록 묻는 문장입니다.
접속사 or로 선택할 대상들을 연결합니다.

❶ 의문사 없는 의문문, A or B?: 'A니, 아니면 B니?'라고 상대방의 선택을 묻는 의문문으로
yes나 no로 대답하지 않고 A와 B 둘 중 하나를 선택하여 대답합니다.

Are these your books **or** her books?
이것들이 네 책이니 아니면 그녀의 책이니?

They are **mine**.
그것들은 내 것이다.

❷ Which ~, A or B?: 'A와 B 중 어느 것을 ~하니?'라는 뜻으로 상대방에게 선택할 것을 묻는
의문문입니다.

Which runs faster, a cheetah **or** a dog?
치타와 개 중 어느 것이 더 빨리 달리니?

A cheetah runs faster.
치타가 더 빨리 달린다.

◉ 선택해야 하는 대상이 사람일 때는 which 대신 who를 쓸 수 있습니다.

Who are you going to meet, Jane **or** Brad?
너는 제인과 브래드 중 누구를 만날 예정이니?

I'm going to meet **Jane**.
나는 제인을 만날 예정이다.

선택 의문문은 여러 가지 중에서 하나를 고르라고 묻는 문장이야.

어떻게 만들어요?
or를 써서 말을 연결하면 돼.

둘 중에 어느 것을 선택해야 하는지 물을 땐 which를 넘어서 'Which ~, A or B?'로 쓰면 되지.

두분 다 끝나셨습니다!
빠지직

Grammar Walk!

정답 및 해설 35~36쪽

A 다음 문장에서 접속사를 찾아 동그라미 하고, 의문사가 있으면 의문사를 찾아 밑줄을 치세요.

1 Is she Korean (or) Chinese?

2 Does he like chocolate or cookies?

3 Which do you like, apples or pears?

4 Are these Jane's shoes or Tom's shoes?

5 Which will you buy, a bag or a skirt?

선택 의문문이라는 게 뭐야?

두 가지 중 어느 것 하나를 선택하게 할 때 쓰는 의문문이야.

그러니까 의문사가 없어도 yes나 no가 아니라 둘 중 하나를 선택해서 대답해야 한다는 거지?

맞아. 그리고 선택해야 하는 대상들은 접속사 or로 연결하고.

B 다음 질문에 알맞은 대답을 찾아 그 알파벳을 빈칸에 쓰세요.

a. It is a dolphin.   b. This book is funnier.   c. I need a ruler.
d. I want some juice.   e. They're playing tennis.

1 Do you want some water or juice?   d.

2 Are they playing badminton or tennis?   _____

3 Which is funnier, this book or that book?   _____

4 Which do you need, a ruler or scissors?   _____

5 Is it a dolphin or a whale?   _____

WORDS ·Chinese 중국인   ·shoes 신발   ·ruler 자   ·scissors 가위   ·dolphin 돌고래

Grammar Run! ....

A 다음 문장의 괄호 안에서 알맞은 말을 골라 동그라미 하세요.

1 Do your homework now, (**and** / or) you can go to bed early.

2 Go jogging every day, (and / or) you'll be healthy.

3 Put on the scarf, (and / or) you'll catch a cold.

4 Drive carefully, (and / or) you'll be dangerous.

5 Run faster, (and / or) you'll be late.

6 Drink lots of milk, (and / or) you'll be strong.

7 Leave now, (and / or) you can meet him.

8 Be nice to your brother, (and / or) he will help you.

9 Look at the sky, (and / or) you'll see an airplane.

10 Hurry up, (and / or) you'll be late.

11 Turn right, (and / or) you'll see the bookstore.

12 Go to the doctor, (and / or) you'll be sick.

13 Close the window, (and / or) it'll be quiet.

14 Wash your hands now, (and / or) I'll give you pizza.

15 Open your eyes now, (and / or) you can see your present.

「명령문, and」
뒤에는 보통 좋은 결과가
나오고, 「명령문, or」
뒤에는 보통 좋지 않은 결과가
나온다는 점을 생각하면서
풀어 보자.

대명사 주어와 조동사 will
은 줄여 쓸 수 있다는 거
기억하지? you'll은 you와
will을 줄인 말이야.

WORDS　·healthy 건강한　·catch a cold 감기에 걸리다　·turn 돌다　·close 닫다　·present 선물

B 다음 문장의 빈칸에 알맞은 말을 골라 동그라미 하세요.

1 Is it a gorilla _____ a monkey? 　 **①** or 　 **②** and

2 Are they police officers _____ firefighters? 　 **①** or 　 **②** and

3 Does he speak English _____ Korean? 　 **①** but 　 **②** or

4 Which bag is new, this one _____ that one? 　 **①** and 　 **②** or

5 Which do you like better, apples _____ pears? 　 **①** or 　 **②** for

6 _____ is bigger, yours or mine? 　 **①** What 　 **②** Which

7 Is this your house _____ Tom's house? 　 **①** and 　 **②** or

8 Do you want some water _____ juice? 　 **①** or 　 **②** to

9 Who is your teacher, the man _____ the woman? 　 **①** but 　 **②** or

10 _____ flies faster, a parrot or an eagle? 　 **①** Who 　 **②** Which

11 _____ does George like, soccer or baseball? 　 **①** Which 　 **②** What

12 Is he making a model airplane _____ a robot? 　 **①** but 　 **②** or

13 Is her child a boy _____ a girl? 　 **①** or 　 **②** and

14 _____ is more expensive, a car or a bike? 　 **①** Who 　 **②** Which

15 _____ do you want, the pen or the pencil? 　 **①** Which 　 **②** When

---

WORDS ·gorilla 고릴라 　·parrot 앵무새 　·model airplane 모형 비행기 　·child 아이, 자식 　·expensive 비싼

Grammar Jump!

A 다음 문장의 빈칸에 알맞은 말을 쓰세요.

1 Push the button, ___and___ the door will open.
   그 버튼을 눌러라, 그러면 그 문이 열릴 것이다.

2 Play outside, _____ you'll be strong.
   밖에서 놀아라, 그러면 너는 튼튼해질 것이다.

우리말 뜻에서 빈칸에 해당하는 부분이 어디인지 잘 찾아보자. 그런 다음 빈칸에 알맞은 말을 써 보자.

3 Is he your English teacher _____ math teacher?
   그는 너희 영어 선생님이시니, 아니면 수학 선생님이시니?

4 Which season do you like, spring _____ fall?
   봄이나 가을 중에 어느 계절을 좋아하니?

5 Are they playing volleyball _____ baseball?
   그들은 배구를 하는 중이니, 아니면 야구를 하는 중이니?

6 Practice hard, _____ you'll play the guitar well.
   열심히 연습해라, 그러면 너는 기타를 잘 치게 될 것이다.

7 Wait here, _____ you won't see her.
   여기서 기다려라, 그러지 않으면 너는 그녀를 보지 못할 것이다.

8 Would you like some bread _____ rice?
   빵이나 밥을 조금 드실래요?

9 _____ ribbon is longer, the blue one or the purple one?
   파란색과 보라색 중에 어느 리본이 더 기니?

10 Take the subway, _____ you'll be late.
   지하철을 타라, 그러지 않으면 너는 늦을 것이다.

won't는 will not의 줄임말이라는 것, 잊지 않았지?

11 Drink water now, _____ you will be thirsty.
   지금 물을 마셔라, 그러지 않으면 너는 목이 마를 것이다.

12 _____ are your socks, these or those?
   이것과 저것 중 어느 것이 네 양말이니?

13 Are they monkeys _____ gorillas?
   그것들은 원숭이니, 아니면 고릴라니?

14 Turn left, _____ you'll see the grocery store.
   왼쪽으로 돌아라, 그러면 식료품점이 보일 것이다.

15 Be careful, _____ you'll break the dish.
   조심해라, 그러지 않으면 너는 그 접시를 깨뜨릴 것이다.

WORDS · push 밀다, 누르다 · button 버튼, 단추 · volleyball 배구 · grocery store 식료품점 · break 깨뜨리다

B 주어진 말과 **and** 또는 **or**를 사용하여 다음 문장을 완성하세요.

1 ____Be____ honest, ____or____ the teacher will be sad. (be)

2 _____ to bed early, _____ you'll get up early tomorrow. (go)

3 _____ this a tulip _____ a lily? (be)

4 _____ is heavier, the melon _____ the watermelon? (which)

5 _____ you studying English _____ playing soccer? (be)

6 _____ breakfast now, _____ you'll be hungry later. (have)

7 _____ hard, _____ you'll win the game. (practice)

8 _____ you want some tea _____ coffee? (do)

9 _____ is prettier, Victoria _____ Crystal? (who)

10 _____ with him, _____ you'll be excited. (dance)

11 _____ right, _____ you will find the restaurant. (turn)

12 _____, _____ you will catch the train. (run)

13 _____ your aunt live in Seoul _____ Suwon? (do)

14 _____ sings better, you _____ Suji? (who)

15 _____ to Luna's birthday party, _____ she'll be happy. (go)

WORDS · honest 정직한   · lily 백합   · win 이기다   · excited 흥미로운, 신이 난   · right 오른쪽으로

접속사 **157**

Grammar Fly! • • • • • • • • • • • • • • • • • • •

A 다음 문장의 밑줄 친 부분을 바르게 고쳐 빈칸에 쓰세요.

1　Take this medicine, <u>or</u> you'll feel better.　➡　*and*

2　Is this bag yours <u>but</u> your sister's?　➡　_____

3　Which do you need, a spoon <u>and</u> a fork?　➡　_____

4　Help your friends, <u>or</u> they'll like you.　➡　_____

5　Are they your parents <u>but</u> Cathy's parents?　➡　_____

6　Do you go to school by bus <u>because</u> on foot?　➡　_____

7　<u>Where</u> tower is taller, this one or that one?　➡　_____

8　Take a break, <u>and</u> you'll be tired soon.　➡　_____

9　Go to the bookstore, <u>or</u> you can meet Ms. Brown.　➡　_____

10　Did Amy choose the grey ball <u>but</u> the purple ball?　➡　_____

11　Which is more expensive, the TV <u>to</u> the computer?　➡　_____

12　Brush your teeth, <u>and</u> you'll have bad teeth.　➡　_____

13　<u>When</u> is she wearing now, a skirt or pants?　➡　_____

14　Clean your room, <u>or</u> your mom will be happy.　➡　_____

15　Was it a ghost <u>but</u> an animal?　➡　_____

WORDS　· on foot 걸어서　　· soon 곧　　· purple 보라색의　　· bad tooth 충치　　· ghost 유령, 귀신

B 주어진 말을 바르게 배열하여 문장을 쓰세요.

1 go straight / you'll see the park / , / and / .

➡ ___Go straight, and you'll see the park.___

곧장 가라, 그러면 공원이 보일 것이다.

2 or / , / you'll get wet / put on your raincoat / .

➡ _____

우비를 입어라, 그러지 않으면 너는 젖을 것이다.

3 is he / or / your cousin / your brother / ?

➡ _____

그는 네 남동생이니, 아니면 네 조카니?

4 or / which tree / is older / , / this one / that one / ?

➡ _____

이것과 저것 중 어느 나무가 더 오래됐니?

5 go to the mountain / , / you'll feel better / and / .

➡ _____

산에 가라, 그러면 너는 기분이 나아질 것이다.

6 or / practice hard / , / you'll lose the game / .

➡ _____

열심히 연습해라, 그러지 않으면 너는 그 게임에 질 것이다.

7 or / are these pants / yours / Paul's / ?

➡ _____

이 바지는 네 것이니, 아니면 폴의 것이니?

8 you / your sister / or / who swims better / , / ?

➡ _____

너와 네 언니 중에 누가 수영을 더 잘하니?

9 my dad will wake up / be quiet / , / or / .

➡ _____

조용히 해라, 그러지 않으면 우리 아빠가 깨실 것이다.

10 and / pull the door / , / it'll open / .

➡ _____

문을 당겨라, 그러면 그 문이 열릴 것이다.

| WORDS | ·straight 똑바로 | ·wet 젖은 | ·raincoat 우비 | ·lose 지다, 잃다 | ·pull 당기다 |

REVIEW ~ 06

[1-2] 다음 문장의 빈칸에 들어갈 말이 순서대로 바르게 짝지어진 것을 고르세요.

1
- I have bats _____ gloves.
- He is hungry _____ happy.

❶ and – or ❷ and – but

❸ but – and ❹ well – of

2
- She goes swimming _____ plays the piano on Sunday.
- We like Tom _____ he is kind.

❶ but – or ❷ because – or

❸ or – because ❹ and – or

[3-4] 다음 우리말을 영어로 바르게 옮긴 문장을 고르세요.

3
지금 가라, 그러면 너는 그 버스를 탈 수 있을 것이다.

❶ Go now and take the bus.

❷ Go now, or you can take the bus.

❸ Go now, but you can take the bus.

❹ Go now, and you can take the bus.

4
이를 닦아라, 그러지 않으면 너는 충치가 생길 것이다.

❶ You brush your teeth, but you'll have bad teeth.

❷ Brush your teeth, and you'll have bad teeth.

❸ Brush your teeth, or you'll have bad teeth.

❹ Brush your teeth because you have bad teeth.

[5-6] 다음 중 빈칸에 들어갈 말이 <u>다른</u> 하나를 고르세요.

5 ❶ Is this bag yours _____ John's?

❷ Tony _____ Bill will wait for you.

❸ Which season do you like, fall _____ winter?

❹ Yesterday was rainy, _____ today is sunny.

6 ❶ Pablo can speak English, _____ he can't speak Korean.

❷ I like dogs _____ cats.

❸ Turn left, _____ you'll see the park.

❹ David is big _____ strong.

[7-8] 다음 문장의 빈칸에 공통으로 들어갈 말을 고르세요.

7
> • Kelly _____ I are friends.
> • Eat some bread, _____ you won't be hungry.

❶ and   ❷ but

❸ or   ❹ because

8
> • Get up now, _____ you'll be late.
> • Which apple is bigger, this one _____ that one?

❶ and   ❷ but

❸ or   ❹ because

[9-10] 다음 중 <u>잘못된</u> 문장을 고르세요.

9
❶ I drink lots of milk because I like it.

❷ She is American, because she is my friend.

❸ We're at home now because it's raining.

❹ I don't like math because it's difficult.

10
❶ Is this a pond or a lake?

❷ Are these shoes yours or hers?

❸ Do you play soccer or basketball?

❹ Which do you want, this and that?

[11-12] 다음 우리말 뜻과 같도록 괄호 안에서 알맞은 말을 고르세요.

11
> 오늘은 춥기 때문에 나는 장갑을 꼈다.

➡ I wore my gloves (because / and) it is cold today.

12
> 이것과 저것 중에 어느 것이 더 재미있니?

➡ (What / Which) is more funnier, this or that?

[13-14] 다음 문장의 빈칸에 공통으로 들어갈 말을 쓰세요.

13
> • Kevin can't go out today _____ he is sick.
> • We opened the window _____ it was hot.

정답 및 해설 37~38쪽

14
- Is that a duck _____ a goose?
- Which bag is yours, the blue one _____ the black one?

[15-16] 다음 우리말 뜻과 같도록 주어진 말을 사용하여 문장을 완성하세요.

15 고기와 생선 중 너는 어느 것을 먹을 거니?

➡ _____ will you eat, meat _____ fish? (which)

16 약을 먹어라, 그러면 너는 기분이 나아질 것이다.

➡ _____ some medicine, _____ you'll feel better.
(take)

[17-18] 주어진 말을 바르게 배열하여 문장을 쓰세요.

17 study hard / and / , / you will be smart / .

➡ _____

18 which runs faster / , / a dog / a cheetah / or / ?

➡ _____
_____

[19-20] 다음 문장에서 밑줄 친 부분을 바르게 고쳐 문장을 다시 쓰세요.

19 Be careful, <u>but</u> you'll drop your glass.

➡ _____
조심해라, 그러지 않으면 너는 네 유리잔을 떨어뜨릴 것이다.

20 Does he drink coffee <u>and</u> tea?

➡ _____
그는 커피를 마시니, 아니면 차를 마시니?

Check! Check!.

맞은 개수	평가
18~20개	😄 참 잘했어요.
15~17개	🙂 잘했어요.
9~14개	😐 노력해 봐요.
0~8개	😞 다음에 잘할 거예요.

WRAP UP

● 다음 만화를 보면서 **Unit 06**의 내용을 정리해 봐요.

1 접속사

and	~와[과], 그리고	We ate toast **and** milk. 우리는 토스트와 우유를 먹었다. I'm a student, **and** he's a teacher. 나는 학생이고, 그는 선생님이다.
but	그러나, 하지만	It is big **but** cute. 그것은 크지만 귀엽다. I was sad, **but** he wasn't sad. 나는 슬펐지만, 그는 슬프지 않았다.
or	A나 B A 또는[아니면] B	Tony **or** Bill will help me. 토니나 빌이 나를 도와줄 것이다. We play soccer **or** do our homework after school. 우리는 방과 후에 축구를 하거나 숙제를 한다.
because	~하기[이기] 때문에 ~해서[여서/니까]	I can't see **because** it's dark here. 여기는 어두워서 내가 앞을 볼 수 없다. He's angry **because** I'm late. 내가 늦어서 그가 화가 났다.

2 명령문, and/or ~.

명령문, and ~.	…해라, 그러면 ~할 것이다.	Help your friends, **and** they will like you. 친구들을 도와줘라, 그러면 그들은 너를 좋아할 것이다.
명령문, or ~.	…해라, 그러지 않으면 ~할 것이다.	Hurry up, **or** you'll be late. 서둘러라, 그러지 않으면 늦을 것이다.

3 선택의문문

의문사 없는 의문문, A or B?	A니, 아니면 B니?	Is this a dog **or** a wolf? 이것은 개니, 아니면 늑대니? It's **a dog**. 그것은 개이다.
Which ~, A or B?	A와 B 중 어느 것을 ~하니?	**Which** runs faster, a cheetah **or** a dog? 치타와 개 중 어느 것이 더 빨리 달리니? **A cheetah** runs faster. 치타가 더 빨리 달린다.

07 부가 의문문

- 부가 의문문의 형태와 의미를 이해할 수 있어요.
- 여러 가지 형태의 부가 의문문을 활용할 수 있어요.

와아

와아아

와

와아

저 선수형아 아까 안 나왔어. 그치?

오빠도 야구 잘하잖아. 안 그래?

나도 야구 잘하는데, 안 그래 형아?

오빠, 신이는 더 커서 해야 해. 그치?

삼촌!

이 꼬마 신사, 숙녀 분께서 부가 의문문 공격을 안 멈추시는군.

부가 의문문?

나 의문문은 아는데.

이 녀석들이 계속 말하던 '그렇지?', '그렇지 않아?'라는 말들이 부가 의문문이야. 자기들이 알고 있는 사실에 동의를 구하고 싶어서 뒤에 덧붙이는 거지.

우리가 뭔가 했대.

응.

영어에서도 이런 부가 의문문이 쓰이는데 몇 가지 약속이 있어.

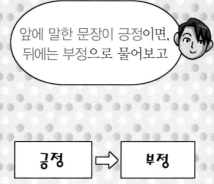

앞에 말한 문장이 긍정이면, 뒤에는 부정으로 물어보고

긍정 ⇒ 부정

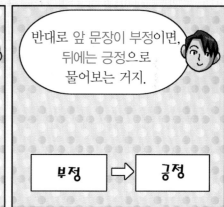

반대로 앞 문장이 부정이면, 뒤에는 긍정으로 물어보는 거지.

부정 ⇒ 긍정

따악

지금 이 순간에 영어를 공부하는 건 정말 아니야. 그렇지 않아?

이쪽으로 온다!

우아, 쳤다. 날아온다!

터억

나 줄 거지? 그치?

아냐, 나 주실 거야, 그렇죠?

나예요 그죠?

부가 의문문 총 공격?

부가 의문문은 '너 케이크 좋아하지, 그렇지 않니?'에서 '그렇지 않니?'와 같이 상대방에게 확인하거나 동의를 구하기 위해 평서문 뒤에 붙이는 짧은 의문문이야. 그런데 부가 의문문은 앞 문장의 종류나 동사에 따라 만드는 방법이 달라져. 지금부터 이러한 부가 의문문을 어떻게 만드는지 함께 공부해 보자.

Lesson 01 부가 의문문의 의미와 형태

1 be동사의 부가 의문문

❶ You **are** a singer, **aren't you?** 너는 가수야, 그렇지 않니?

They **were** kind, **weren't they?** 그들은 친절했어, 그렇지 않니?

❷ Sam **isn't** diligent, **is he?** 샘은 부지런하지 않아, 그렇지?

She **wasn't** a pilot, **was she?** 그녀는 비행기 조종사가 아니었어, 그렇지?

무엇인가를 말하고 난 뒤 '그렇지 않니?', '그렇지?' 하고 문장 끝에 덧붙이는 말을 부가 의문문이라고 합니다. 앞 문장에 be동사가 있으면 부가 의문문에서도 be동사를 그대로 사용합니다.

❶ **be동사+not+주어(대명사)?:** '그렇지 않니?'라는 뜻으로 앞 문장이 긍정이면 부정형으로 물어봅니다. be동사와 **not**의 줄임말을 쓰고 그 뒤에 대명사 주어를 씁니다.

He <u>is American</u>, **isn't he?** 그는 미국인이야, 그렇지 않니?

You <u>were at school</u>, **weren't you?** 너는 학교에 있었어, 그렇지 않니?

❷ **be동사+주어(대명사)?:** '그렇지?'라는 뜻으로 앞 문장이 부정이면 긍정형으로 물어봅니다.

You <u>aren't busy</u>, **are you?** 너는 바쁘지 않아, 그렇지?

The girls <u>weren't sad</u>, **were they?** 그 여자아이들은 슬프지 않았어, 그렇지?

💿 부가 의문문에 대답하기: 대답하는 내용이 긍정이면 **Yes**, 부정이면 **No**로 대답합니다.

A: You are brothers, aren't you? 너희는 형제야, 그렇지 않니?
B: Yes, we are. 응, 그래.

Grammar Walk!

정답 및 해설 39쪽

A 다음 문장에서 부가 의문문을 찾아 동그라미 하세요.

1 This cake is very sweet, (isn't it?)

2 You were a musician, weren't you?

3 Carol and I are tall, aren't we?

4 The man wasn't old, was he?

5 You were not classmates, were you?

부가 의문문은 앞의 말과 반대로 물어야 한다는 거야?

응. 앞 문장이 be동사 긍정문이면 부정형인 「be+not+주어?」, 앞 문장이 be동사 부정문이면 긍정형인 「be+주어?」로 쓰는 거야

예를 들면, You are a student, aren't you?, 이렇게?

맞아.

B 다음 문장에 알맞은 부가 의문문을 찾아 선으로 연결하세요.

1 You are hungry,   •   • **a.** are they?

2 Amy was sick yesterday, •   • **b.** aren't you?

3 The puppy is one year old, •   • **c.** were you?

4 They aren't pianists,   •   • **d.** wasn't she?

5 You weren't angry,   •   • **e.** isn't it?

WORDS ·sweet 달콤한, 단 ·musician 음악가 ·sick 아픈 ·pianist 피아니스트 ·angry 화난, 성난

2 일반동사의 부가 의문문

❶ You **like** cats, **don't you?**   너는 고양이를 좋아해, 그렇지 않니?

   They **played** soccer, **didn't they?**   그들은 축구를 했어, 그렇지 않니?

❷ You **don't live** in Seoul, **do you?**   너는 서울에서 살지 않아, 그렇지?

   They **didn't go** swimming, **did they?**   그들은 수영하러 가지 않았어, 그렇지?

앞 문장에 일반동사의 현재형이나 과거형이 쓰였을 때는 **do, does, did**와 대명사 주어를
사용하여 부가 의문문을 만듭니다.

❶ don't[doesn't/didn't]+주어(대명사)?: 앞 문장이 긍정이면 부정형인 **don't, doesn't,**
  didn't를 쓰며 '그렇지 않니?'라는 뜻이 됩니다.

   You go to school by bus, **don't you?**   너는 버스를 타고 학교에 가, 그렇지 않니?

   He likes Emily, **doesn't he?**   그는 에밀리를 좋아해, 그렇지 않니?

   The boys rode bikes, **didn't they?**   그 남자아이들은 자전거를 탔어, 그렇지 않니?

❷ do[does/did]+주어(대명사)?: 앞 문장이 부정이면 긍정형(do/does/did)을
  쓰며 '그렇지?'라는 뜻이 됩니다.

   You don't like chicken, **do you?**   너는 닭고기를 좋아하지 않아, 그렇지?

   Ted doesn't play the piano, **does he?**   테드는 피아노를 치지 않아, 그렇지?

   The girls didn't buy kites, **did they?**   그 여자아이들은 연을 사지 않았어, 그렇지?

Grammar Walk!

정답 및 해설 39쪽

A 다음 문장에서 부가 의문문을 찾아 동그라미 하세요.

1 Jane didn't brush her hair, (did she?)

2 Peter dances very well, doesn't he?

3 Horses don't eat fish, do they?

4 You called me last night, didn't you?

5 You go to school at eight, don't you?

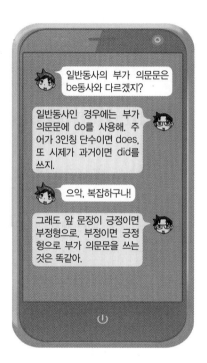

일반동사의 부가 의문문은 be동사와 다르겠지?

일반동사인 경우에는 부가 의문문에 do를 사용해. 주어가 3인칭 단수이면 does, 또 시제가 과거이면 did를 쓰지.

으악, 복잡하구나!

그래도 앞 문장이 긍정이면 부정형으로, 부정이면 긍정형으로 부가 의문문을 쓰는 것은 똑같아.

B 다음 문장에 알맞은 부가 의문문을 찾아 선으로 연결하세요.

1 You go jogging every day,   a. did it?

2 She wears glasses,   b. don't you?

3 The penguin didn't like warm water,   c. didn't she?

4 Jennifer played the violin,   d. doesn't she?

5 Dad doesn't cook well,   e. does he?

WORDS · call 전화하다 · last 지난 · glasses 안경 · warm 따뜻한 · cook 요리하다

Grammar Run! ....

A 다음 문장의 괄호 안에서 알맞은 말을 골라 동그라미 하세요.

1   You are taller than Tom, (are / (aren't)) you?

be동사의 부가 의문문은 be동사를 사용해서 만들고, 일반동사의 부가 의문문은 do/does/did를 사용해서 만들어야 해.

2   Phil is a soccer player, (is / isn't) he?

3   Tim and Joe aren't from America, (are / aren't) they?

4   This movie isn't sad, (is / isn't) it?

5   They weren't tired, (were / weren't) they?

6   The actress was beautiful, (wasn't / didn't) she?

7   They were firefighters, (aren't / weren't) they?

8   Ms. Bread wasn't fat last year, (was / wasn't) she?

9   His aunt teaches music, (isn't / doesn't) she?

10   You jump rope every day, (do / don't) you?

또 주의할 점은 앞 문장이 긍정일 때 부가 의문문은 부정형으로, 앞 문장이 부정일 때 부가 의문문은 긍정형으로 써야 한다는 거야.

11   Mark doesn't drink coffee, (does / do) he?

12   The children washed their hands, (did / didn't) they?

13   You don't play volleyball after school, (do / don't) you?

14   You didn't buy the shirt, (do / did) you?

15   Your cat sleeps on your bed, (doesn't / didn't) it?

170 Unit 07

B 다음 문장의 빈칸에 알맞은 말을 골라 동그라미 하세요.

1 It is sunny today, _____ it? ❶ is ❷ isn't

2 You were at home then, _____ you? ❶ were ❷ weren't

3 Sarah _____ hit the ball, did she? ❶ doesn't ❷ didn't

4 John plays baseball, _____ he? ❶ doesn't ❷ isn't

5 You didn't want the shoes, _____ you? ❶ did ❷ do

6 The kitten is not yours, is _____? ❶ it ❷ you

7 Sue and Joe don't learn French, do _____? ❶ we ❷ they

8 His mom fixed the door, didn't _____? ❶ she ❷ he

9 Dogs like snow, don't _____? ❶ those ❷ they

10 Your backpack wasn't heavy, was _____? ❶ it ❷ you

11 The moon was bright last night, _____ it? ❶ did ❷ wasn't

12 You didn't do your homework, _____ you? ❶ did ❷ do

13 She bought the red shoes, _____ she? ❶ did ❷ didn't

14 The bottle was empty, _____ it? ❶ was ❷ wasn't

15 That girl isn't lovely, _____ she? ❶ is ❷ does

WORDS ·French 프랑스 어 ·bright 밝은 ·bottle 병 ·empty 빈, 비어 있는 ·lovely 사랑스러운

Grammar Jump!

A 다음 문장의 빈칸에 알맞은 말을 쓰세요.

> be동사가 쓰인 문장의 부가 의문문은 be동사를 쓰고, 일반동사가 쓰인 문장의 부가 의문문은 do를 쓰는 거랬어. 그리고 앞이 긍정이면 부가 의문문은 부정, 앞이 부정이면 부가 의문문은 긍정이지!

1 Mary is Andy's sister, _____isn't_____ she?

2 Those pants aren't Mina's, _____ they?

3 You came home at six, _____ you?

4 Paul doesn't drive a car, _____ he?

5 Your uncle isn't a scientist, _____ he?

6 They practice basketball on Sundays, _____ they?

7 Your sister always has breakfast, _____ she?

8 The boys were on the playground, _____ they?

9 Your brother didn't drop my cup, _____ he?

10 You are thirteen years old, _____ you?

11 We don't have any cheese, _____ we?

12 The oranges weren't delicious, _____ they?

13 That knife was sharp, _____ it?

14 She wasn't angry then, _____ she?

15 He ran the fastest in the race, _____ he?

WORDS · scientist 과학자   · practice 연습하다   · sharp 날카로운   · race 경주, 경기

B 다음 문장의 빈칸에 알맞은 말을 쓰세요.

1 You and I are in the same grade, aren't _____we_____ ?

2 Canada isn't in Europe, is _____ ?

3 They go to bed at ten, don't _____ ?

4 Emily doesn't know his address, does _____ ?

5 Sweets aren't good for our health, are _____ ?

6 The men are tall and handsome, aren't _____ ?

7 Math wasn't difficult, was _____ ?

8 Harry answered the questions, _____ he?

9 She needs a new fork, _____ she?

10 The tree grows well, _____ it?

11 You _____ hungry, are you?

12 It _____ hot yesterday, was it?

13 You _____ bring your umbrella, did you?

14 The soccer game _____ very exciting, wasn't it?

15 They _____ sell watermelons, do they?

부가 의문문의 주어는 대명사로 쓰는 거라고 했지? this, that, 3인칭 단수 사물은 모두 it으로, 3인칭 복수는 모두 they로 바꿔야 해.

WORDS
· same 같은 · grade 학년 · grow 자라다 · bring 가져오다 · watermelon 수박

Grammar Fly! ·

A 다음 문장의 밑줄 친 부분을 바르게 고쳐 빈칸에 쓰세요.

1 She plays the piano on Saturdays, <u>don't</u> she? ➡ _____doesn't_____

2 They live in Busan, <u>isn't</u> they? ➡ _____

3 Today is October the 3rd, <u>is</u> it? ➡ _____

4 They watched the baseball game, <u>don't</u> they? ➡ _____

5 Tom was twelve years old last year, <u>isn't</u> he? ➡ _____

6 Cathy has a bicycle, <u>don't</u> she? ➡ _____

7 You were the tallest in the class, <u>aren't</u> you? ➡ _____

8 They weren't at home this morning, <u>do</u> they? ➡ _____

9 She doesn't speak English, <u>doesn't</u> she? ➡ _____

10 Jimmy told a lie, <u>did</u> he? ➡ _____

11 He always runs up the stairs, <u>isn't</u> he? ➡ _____

12 The paintings are wonderful, <u>don't</u> they? ➡ _____

13 The boys didn't ride bikes yesterday, <u>do</u> they? ➡ _____

14 The bear is bigger than my dad, <u>aren't</u> it? ➡ _____

15 You don't like noodles, <u>are</u> you? ➡ _____

WORDS   ·October 10월   ·tell a lie 거짓말하다   ·wonderful 멋진, 훌륭한   ·noodles 국수, 라면

B 다음 문장의 빈칸에 알맞은 부가 의문문을 쓰세요.

1 I didn't watch TV last night, _____did_____ _____l_____?

2 That flower is a tulip, _____ _____?

3 Kelly doesn't like her teddy bear, _____ _____?

4 Yesterday was your birthday, _____ _____?

5 The boys were not diligent, _____ _____?

6 Your mother often bakes cookies, _____ _____?

7 You don't put any sugar in your tea, _____ _____?

8 Hansel and Gretel often go camping, _____ _____?

9 Yesterday wasn't Sunday, _____ _____?

10 My father didn't dive in the sea, _____ _____?

11 These questions were not difficult, _____ _____?

12 Our grandparents danced well, _____ _____?

13 We are tall and strong, _____ _____?

14 Jake sings English songs well, _____ _____?

15 You aren't good at math, _____ _____?

WORDS · put 놓다, 넣다 · dive 다이빙을 하다, 잠수하다 · difficult 어려운 · be good at ~을 잘하다

여러 가지 부가 의문문

1 조동사의 부가 의문문

❶ Sam **can** speak Korean, **can't he?**　샘은 한국어를 말할 수 있어, 그렇지 않니?

She **can't** run faster than Jimmy, **can she?**　그녀는 지미보다 빨리 달리지 못해, 그렇지?

❷ You **will** come to the party, **won't you?**　너 그 파티에 올 거야, 그렇지 않니?

Jenny **won't** go to the zoo, **will she?**　제니는 동물원에 가지 않을 거야, 그렇지?

앞 문장에 조동사가 쓰인 경우, 앞에서 쓰인 조동사를 사용하여 부가 의문문을 만듭니다.

❶ can't[can]+주어(대명사)?: 조동사 can이 있는 앞 문장이 긍정이면 부가 의문문은 「can't+대명사 주어?」를 사용하고, 앞 문장이 부정이면 부가 의문문은 「can+대명사 주어?」를 사용합니다.

Minho can touch a snake, **can't he?**　민호는 뱀을 만질 수 있어, 그렇지 않니?

The girl can't move the bed, **can she?**　그 여자아이는 그 침대를 옮기지 못해, 그렇지?

❷ won't[will]+주어(대명사)?: 조동사 will이 있는 앞 문장이 긍정이면 부가 의문문은 「won't+대명사 주어?」를 사용하고, 앞 문장이 부정이면 부가 의문문은 「will+대명사 주어?」를 사용합니다.

You will buy some vegetables, **won't you?**　너는 채소를 조금 살 거야, 그렇지 않니?

They won't be late again, **will they?**　그들은 다시 늦지 않을 거야, 그렇지?

Grammar Walk!

정답 및 해설 41쪽

A 다음 문장에서 부가 의문문을 찾아 동그라미 하세요.

1 You can make cake quickly, (can't you?)

2 John can drive a bus, can't he?

3 They can't read English, can they?

4 You will wait for me there, won't you?

5 Emily won't buy the red shirt, will she?

6 Tom can swim, can't he?

7 You can't fly, can you?

8 Mina will be a scientist, won't she?

9 They won't fight again, will they?

10 Maria can carry this box, can't she?

11 She can't move the chair, can she?

12 He will help Rachel tonight, won't he?

조동사가 있으면 부정문도, 의문문도 모두 조동사를 사용해서 만들었지?

응.

부가 의문문도 마찬가지야. 앞 문장에 조동사가 있으면 그 조동사를 사용해서 부가 의문문을 만들지.

아! can이 있으면 can을 사용해서, will이 있으면 will을 사용해서 만드는구나!

WORDS · quickly 빨리   · wait for ~를 기다리다   · fight 싸우다   · carry 들다, 운반하다

02 여러 가지 부가 의문문

2 명령문과 제안문의 부가 의문문

> ❶ Wash your puppy, **will you?**   네 강아지를 씻겨라, 알았지?
>
>   Don't run at the swimming pool, **will you?**   수영장에서 달리지 마라, 알았지?
>
> ❷ Let's have some juice, **shall we?**   주스 좀 마시자, 그럴래?
>
>   Let's not go to the zoo, **shall we?**   동물원에 가지 말자, 그럴래?

명령문과 제안문의 부가 의문문은 앞 문장이 긍정이든 부정이든 항상 같은 형태를 사용합니다.

❶ **명령문, will you?:** 명령문에는 주어가 없지만 상대방인 **you**가 생략되어 있기 때문에 앞 문장이 긍정이든 부정이든 부가 의문문은 항상 **will you?**로 씁니다.

   Close the door, **will you?**   문을 닫아라, 알았지?

   Don't watch TV tonight, **will you?**   오늘 밤에는 TV 보지 마라, 알았지?

❷ **제안문, shall we?:** 무엇을 함께 하자고 제안하는 것이기 때문에 부가 의문문의 주어는 항상 **we**를 사용하여 **shall we?**로 씁니다.

   Let's go on a picnic tomorrow, **shall we?**   내일 소풍 가자, 그럴래?

   Let's dance together, **shall we?**   같이 춤추자, 그럴래?

   Let's not jump on the sofa, **shall we?**   소파에서 뛰지 말자, 그럴래?

Grammar Walk!

정답 및 해설 41쪽

A 다음 문장에서 부가 의문문을 찾아 동그라미 하세요.

1 Do your homework now, (will you?)

2 Let's take a walk after dinner, shall we?

3 Put on your raincoat, will you?

4 Let's meet at the bus stop, shall we?

5 Don't tell a lie, will you?

B 다음 문장에 알맞은 부가 의문문을 찾아 선으로 연결하세요.

1 Drink lots of water,

2 Let's ride bikes,   **a.** will you?

3 Be nice to your sister,

4 Let's not eat this pizza,   **b.** shall we?

5 Don't chew gum in class,

WORDS　·raincoat 우비　·bus stop 버스 정류장　·chew 씹다　·gum 껌　·in class 수업 중에

부가 의문문 **179**

Grammar Run! ....

A 다음 문장의 괄호 안에서 알맞은 말을 골라 동그라미 하세요.

1 You can speak English, (**can't** / don't) you?

2 Susie will play the computer game, (will / won't) she?

3 Turn on the light, (do / will) you?

4 Let's have some cake, (will / shall) we?

5 Paul can't play chess, (can / can't) he?

6 They won't go hiking, (will / won't) they?

7 Don't sit on the grass, (will / shall) you?

8 Let's paint the wall together, (will / shall) we?

9 Zebras can't climb mountains, (can / can't) they?

10 Mr. Anderson will buy the book, (will / won't) he?

11 Don't be lazy, (do / will) you?

12 Let's take the bus, (shall / don't) we?

13 The cat can catch the ball, (doesn't / can't) it?

14 Let's not watch TV, (shall / won't) we?

15 The farmers won't count their cows, (won't / will) they?

조동사가 쓰인 문장의 부가 의문문은 그 조동사가 will이면 will을, can이면 can을 사용해서 만들어. 단, 앞 문장이 긍정이면 부가 의문문은 부정형, 부정이면 부가 의문문은 긍정형이라는 것을 잊지 마.

명령문의 부가 의문문은 앞이 긍정이든 부정이든 항상 will you?, 제안문의 부가 의문문은 항상 shall we?인 거 알지?

WORDS · turn on (전등·기계 등을) 켜다   · grass 잔디   · zebra 얼룩말   · count (수를) 세다

B 다음 문장의 빈칸에 알맞은 말을 골라 동그라미 하세요.

1 Grandma can send e-mail, _____? **①**can't she **②** can she

2 Read the book carefully, _____? **①** will you **②** shall we

3 Let's turn right, _____? **①** will you **②** shall we

4 Don't throw the ball, _____? **①** shall we **②** will you

5 You and Ben won't go to bed late, _____? **①** will you **②** won't you

6 She can't play the piano, _____? **①** can she **②** does she

7 Don't open the box, _____? **①** will you **②** do you

8 Let's not leave tomorrow, _____? **①** shall we **②** do we

9 Michael can skate, _____? **①** can he **②** can't he

10 They will pick apples tomorrow, _____? **①** will they **②** won't they

11 Roll the paper, _____? **①** do you **②** will you

12 Don't raise your hand, _____? **①** will you **②** won't you

13 Let's catch the pig, _____? **①** shall I **②** shall we

14 You can drive a car, _____? **①** don't you **②** can't you

15 Eddy won't play on the seesaw, _____? **①** will he **②** does he

WORDS   · carefully 주의 깊게   · turn 돌다   · roll 말다   · raise 들어올리다   · seesaw 시소

Grammar Jump!

A 다음 문장의 빈칸에 알맞은 말을 쓰세요.

1 You can play table tennis, _____can't_____ you?

2 Wait in front of the restaurant, _____ you?

3 Let's make some sandwiches, _____ we?

4 The students will be thirsty, _____ they?

5 The boy can't lift the suitcase, _____ he?

6 Don't fry these carrots, _____ you?

7 She won't come to the party, _____ she?

8 Let's not hurry, _____ we?

9 John can jump high, _____ he?

10 He will bring an umbrella, _____ he?

11 Let's make a snowman, _____ we?

12 Turn off the TV, _____ you?

13 Yuna won't buy the pink T-shirt, _____ she?

14 Your little brother can't use chopsticks, _____ he?

15 Don't shake the bottle, _____ you?

조동사가 쓰인 문장의 부가 의문문은 그 조동사를 그대로 쓰면 되는데, 긍정형이냐 부정형이냐만 앞 문장과 반대로 해 주면 돼.

명령문의 부가 의문문은 항상 will you?, 제안문의 부가 의문문은 항상 shall we?인 거 알지?

| WORDS | ·suitcase 여행 가방 | ·fry 튀기다 | ·hurry 서두르다 | ·turn off 끄다 | ·shake 흔들다 |

B 다음 문장의 빈칸에 알맞은 말을 쓰세요.

1 Tom and Andy will go shopping soon, won't _____they_____?

2 Look for the coin, will _____?

3 Ducks can't fly, _____ they?

4 Let's meet at three, shall _____?

5 You can write a letter in English, _____ you?

6 Don't shake your legs, will _____?

7 You won't put on your hat, _____ you?

8 Let's not buy any onions, _____ we?

9 Nick can lift the rock, _____ he?

10 They will take care of the cats, _____ they?

11 Do your homework before dinner, _____ you?

12 Your father can cook curry and rice, can't _____?

13 Let's go to the museum, shall _____?

14 Don't close the door, _____ you?

15 Alice will run in the park, _____ she?

> 부가 의문문의 주어를 알맞은 대명사로 바꾸는 것도 중요해. 명령문과 제안문의 부가 의문문에서는 you와 we로 정해져 있다는 걸 잊지 마.

WORDS ·look for 찾다   ·coin 동전   ·leg 다리   ·onion 양파   ·curry and rice 카레라이스

Grammar Fly! ·

A 다음 문장의 밑줄 친 부분을 바르게 고쳐 빈칸에 쓰세요.

1   Comb your hair before breakfast, <u>do</u> you?   ➡   _____will_____

2   They can build a sandcastle, <u>can</u> they?   ➡   _____

3   Laura will reply to my letter, <u>will</u> she?   ➡   _____

4   Let's bake a pie, <u>won't</u> we?   ➡   _____

5   You can't feed the shark, <u>you can</u>?   ➡   _____

6   Kevin won't go to the bookstore, <u>won't</u> he?   ➡   _____

7   Don't play the piano at night, will <u>we</u>?   ➡   _____

8   Let's not take a walk in the rain, shall <u>you</u>?   ➡   _____

9   My mother will knit my scarf, won't <u>you</u>?   ➡   _____

10 She can ride a horse, <u>can</u> she?   ➡   _____

11 Be nice to your sisters, <u>aren't</u> you?   ➡   _____

12 Help the old woman, <u>shall we</u>?   ➡   _____

13 You can't make gimchi, <u>can't</u> you?   ➡   _____

14 He won't wear the pants, <u>he will</u>?   ➡   _____

15 Let's open that box, <u>will you</u>?   ➡   _____

WORDS   · comb one's hair 머리를 빗다   · build 짓다   · reply 답장을 하다   · shark 상어

184 Unit 07

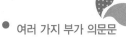

B 다음 문장의 빈칸에 알맞은 부가 의문문을 쓰세요.

1 Yeonjae can't play the cello, ____can____ ____she____?

2 You will buy the new CD, _____ _____?

3 Take care of your brother, _____ _____?

4 Let's study math together, _____ _____?

5 Dave won't go swimming this afternoon, _____ _____?

6 She can teach English, _____ _____?

7 Don't wash your car today, _____ _____?

8 Let's have lunch, _____ _____?

9 He will brush his teeth before bed, _____ _____?

10 Annie can dance well, _____ _____?

11 Count those eggs, _____ _____?

12 The babies can eat oranges, _____ _____?

13 Let's move the bed, _____ _____?

14 Don't raise your hands now, _____ _____?

15 She won't answer the question, _____ _____?

WORDS · new 새로운 · take care of ~을 돌보다 · before bed 잠자기 전에 · answer 대답하다

부가 의문문 **185**

[1-2] 다음 문장의 빈칸에 들어갈 말이 순서대로 바르게 짝지어진 것을 고르세요.

1

> • You are a student, _____ you?
> • Tony isn't tall, _____ he?

❶ are – is
❷ aren't – is
❸ are – isn't
❹ aren't – isn't

2

> • She often goes swimming, _____ she?
> • They didn't go to the party, _____ they?

❶ does – did
❷ does – didn't
❸ doesn't – did
❹ doesn't – didn't

[3-4] 다음 문장의 빈칸에 알맞은 부가 의문문을 고르세요.

3

> Charlie can ride a bicycle, _____

❶ does he?
❷ doesn't he?
❸ can he?
❹ can't he?

4

> Open your books, _____

❶ do you?
❷ don't you?
❸ will you?
❹ shall you?

[5-6] 다음 중 잘못된 문장을 고르세요.

5

❶ That girl is your sister, isn't she?
❷ Jane will win the game, isn't she?
❸ Jake likes Alice, doesn't he?
❹ They can skate, can't they?

6

❶ Let's meet at the park, will we?
❷ Let's not play soccer, shall we?
❸ Be quiet in class, will you?
❹ Don't stand up, will you?

[7-8] 다음 문장의 빈칸에 공통으로 들어갈 말을 고르세요.

7

> • Kelly won't go to the gym, _____ she?
> • Look at the sky, _____ you?

❶ will
❷ do
❸ isn't
❹ don't

8

- We can go there by bus, can't _____?
- Let's have dinner, shall _____?

❶ you   ❷ they

❸ we   ❹ us

[9-10] 다음 중 올바른 문장을 고르세요.

9 ❶ You are sleepy, are you?

❷ John wasn't late, is he?

❸ The woman wrote the letter, did she?

❹ They visited Mr. Brown, didn't they?

10 ❶ Ann can run faster than you, can she?

❷ You can't swim, can you?

❸ Mike will learn Korean, he won't?

❹ They won't come tomorrow, won't they?

[11-12] 다음 우리말 뜻과 같도록 괄호 안에서 알맞은 말을 고르세요.

11 너는 스키를 탈 수 있어, 그렇지 않니?

➡ You can ride a bicycle, (don't you / can't you)?

12 토미는 테니스를 치지 않을 거야, 그렇지?

➡ Tommy will not play tennis, (will he / won't he)?

[13-14] 다음 문장의 빈칸에 알맞은 부가 의문문을 쓰세요.

13 She can't write a letter in English, _____ _____?

14 Put some milk in your tea, _____ _____?

[15-16] 다음 부가 의문문을 잘 보고 빈칸에 알맞은 말을 쓰세요.

15 Jenny _____ play the piano at the party, won't she?

16 You _____ drive a car, can you?

[17-18] 주어진 말을 순서대로 배열하여 문장을 쓰세요.

17 was at home / Emily / , / wasn't she?

➡ _____

에밀리는 집에 있었어, 그렇지 않니?

18 you / did you? / didn't tell a lie / ,

➡ _____

너는 거짓말하지 않았어, 그렇지?

[19-20] 다음 문장에서 밑줄 친 부분을 바르게 고쳐서 문장을 다시 쓰세요.

19 Minho can jump over the bar, <u>can</u> he?

➡ _____

_____

20 Write your name, <u>shall</u> you?

➡ _____

Check! Check!.. ● ●

맞은 개수	평가
18~20개	😄 참 잘했어요.
15~17개	😊 잘했어요.
9~14개	😐 노력해 봐요.
0~8개	😣 다음에 잘할 거예요.

WRAP UP

● 다음 만화를 보면서 Unit 07의 내용을 정리해 봅시다.

어떤 사실에 대해서 확인을 할 때 덧붙이는 말을 부가 의문문이라고 하지.

앞에 쓰인 문장이 긍정이면 부정형으로, 부정이면 긍정형으로 부가 의문문을 쓰는 거야. 그치?

동사가 일반동사냐 be동사냐 아님 조동사냐에 따라서 부가 의문문의 동사도 달라.

You ate my cookies, didn't you? 네가 분명해!

1 be동사의 부가 의문문

긍정문, be동사+not +주어(대명사)?	You **are** a student, **aren't you**? 너는 학생이다, 그렇지 않니? They **were** kind, **weren't they**? 그들은 친절했다, 그렇지 않니?
부정문, be동사 +주어(대명사)?	He **isn't** a police officer, **is he**? 그는 경찰관이 아니다, 그렇지? They **weren't** at the library, **were they**? 그들은 도서관에 없었다, 그렇지?

2 일반동사의 부가 의문문

긍정문, don't[doesn't/ didn't]+주어(대명사)?	You **like** cats, **don't you**? 너는 고양이를 좋아한다, 그렇지 않니? They **learned** Korean, **didn't they**? 그들은 한국어를 배웠다, 그렇지 않니?
부정문, do[does/did] +주어(대명사)?	Julia **doesn't eat** meat, **does she**? 줄리아는 고기를 먹지 않는다, 그렇지? They **didn't go** camping, **did they**? 그들은 캠핑하러 가지 않았다, 그렇지?

3 조동사의 부가 의문문

긍정문, can't[won't]+주어(대명사)?	He **will** come to the party, **won't he**? 그는 파티에 올 것이다, 그렇지 않니?
부정문, can[will]+주어(대명사)?	Jenny **won't** go to the zoo, **will she**? 제니는 동물원에 안 갈 것이다, 그렇지?

4 명령문과 제안문의 부가 의문문

명령문, will you?	**Be** quiet, **will you**? 조용히 해라, 알았지? **Don't** be late again, **will you**? 다시는 늦지 마라, 알았지?
제안문, shall we?	**Let's** read books together, **shall we**? 함께 책을 읽자, 그럴래? **Let's** not sit on the grass, **shall we**? 잔디 위에 앉지 말자, 그럴래?

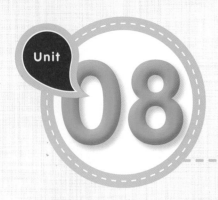

여러 가지 동사

- 수여동사의 의미와 쓰임을 알고 활용할 수 있어요.
- 감각동사의 의미와 쓰임을 알고 활용할 수 있어요.

아니야. 선생님이 나에게 주신 거라고!

아니야. 나에게 주신 거라니까!

얘들 왜 이러는 거야?

어? 누나!

휴, 나오는 길에 선생님께서 음료수를 하나 주셨는데 서로 자기한테 준 거라며 저래요.

아, 그러니까 간접목적어를 정확히 밝혀 주지 않아서 문제가 생겼구나?

맞아요! 간접목적어!

간접목적어?

'~을 주다'라는 뜻을 가진 give와 같은 단어들을 수여동사라고 하는데….

이런 동사들은 '~에게'와 '~을/를'의 의미를 가진 두 개의 목적어를 함께 말해 줘야 오해가 없어.

~에게　　　~을

네. 선생님께서 '너희에게' '음료수를' '준 것이다' 이렇게 정확히 말씀해 주셨거나,

또는 '마루에게' '이것을' '준 것이다' 했어도 저는 함께 나눠 먹었을 텐데요.

여기도 있지. 집에 가서 컵으로 다 같이 나눠 먹자.

집에 가서 나눠 먹자, PRAZA

오 예

혼자만 마시려고 하다니.

우웃~

아니거든! 거짓말….

수여동사는 '~에게'와 '~을/를'의 목적어 두 개가 필요한 동사야. 이때 목적어는 동사 바로 뒤에 '~에게'를 쓰고, 그 뒤에 '~을/를'을 써. 그리고 look, sound, feel처럼 감각을 나타내는 동사들은 주로 형용사와 함께 쓰여. 이러한 수여동사와 감각을 나타내는 감각동사가 문장에서 어떻게 쓰이는지 지금부터 함께 공부해 보자.

수여동사와 감각동사

1 수여동사와 목적어

❶ I **gave** <u>Tom</u> <u>a book</u>. 나는 톰에게 책을 한 권 주었다.

Jenny **sent** <u>me</u> <u>a letter</u>. 제니는 나에게 편지 한 통을 보냈다.

Ms. Kim **teaches** <u>us</u> <u>music</u>. 김 선생님은 우리에게 음악을 가르치신다.

❷ John **showed** me his photos. 존은 나에게 자기 사진들을 보여 주었다.

Dad **made** me a kite. 아빠가 나에게 연을 하나 만들어 주셨다.

She **asked** me some questions. 그녀는 나에게 몇 가지 질문을 했다.

수여동사는 '누구에게 무엇을 (해) 주다'라는 뜻의 동사로 '누구에게'와 '무엇을'에 해당하는 말과 함께 씁니다.

❶ 수여동사 + 간접목적어 + 직접목적어: 수여동사 뒤에는 '누구에게'에 해당하는 말인 간접목적어와 '무엇을'에 해당하는 말인 직접목적어가 차례대로 옵니다.

Emily **told** <u>Dan</u> <u>a secret</u>. 에밀리가 댄에게 비밀을 말해 주었다.
　　　　　~에게　~을/를

Mom **bought** <u>me</u> <u>a sweater</u>. 엄마가 내게 스웨터를 사 주셨다.
　　　　　~에게　~을/를

❷ 대표적인 수여동사들

ask ~에게 …을[를] 물어보다

get ~에게 …을[를] 구해 주다

make ~에게 …을[를] 만들어 주다

send ~에게 …을[를] 보내다

teach ~에게 …을[를] 가르쳐 주다

bring ~에게 …을[를] 가져다주다

give ~에게 …을[를] 주다

pass ~에게 …을[를] 건네주다

sell ~에게 …을[를] 팔다

tell ~에게 …을[를] 말해 주다

buy ~에게 …을[를] 사 주다

lend ~에게 …을[를] 빌려 주다

read ~에게 …을[를] 읽어 주다

show ~에게 …을[를] 보여 주다

write ~에게 …을[를] 쓰다

Grammar Walk!

정답 및 해설 44~45쪽

A 다음 문장에서 동사를 찾아 동그라미 한 후, 간접목적어를 찾아 밑줄을 치고, 직접목적어를 찾아 물결 표시를 하세요.

1 Tom (gave) me chocolate.

2 Rebecca sent them postcards.

3 Jay brought his sister an umbrella.

4 My father sometimes made us pizza.

5 Grandpa often tells us wonderful stories.

6 She sometimes writes Jane a letter.

7 Mr. Park teaches us music.

8 My mother bought me new sneakers.

9 He showed Dan his gloves.

10 Annie asked him his e-mail address.

11 I passed Sandy a ball.

12 My uncle read her fairy tales.

WORDS · postcard 엽서   · glove 장갑 (한 짝)   · address 주소   · read 읽어 주다   · fairy tale 동화

수여동사와 감각동사

2 수여동사+직접목적어+전치사+간접목적어

❶ Bill **told** a funny story **to** us.   빌은 우리에게 웃긴 이야기를 해 주었다.

They **sent** a big teddy bear **to** me.   그들은 나에게 큰 곰 인형을 보냈다.

❷ Susan **made** sandwiches **for** the kids.   수잔은 그 아이들에게 샌드위치를 만들어 주었다.

She **bought** the book **for** Nick.   그녀는 닉에게 그 책을 사 주었다.

❸ He **asked** my name **of** me.   그는 나에게 내 이름을 물어보았다.

수여동사 뒤에서 직접목적어와 간접목적어의 자리를 바꿔 쓸 수 있는데, 이때 간접목적어 앞에 전치사가 필요합니다. 전치사는 수여동사에 따라 달라집니다.

❶ **수여동사 + 직접목적어 + to + 간접목적어**: give, send, show, teach, tell, pass 등 대부분의 수여동사는 간접목적어 앞에 전치사 to를 씁니다.

I gave <u>Bill</u> an eraser. ➡ I gave an eraser **to** <u>Bill</u>.   나는 빌에게 지우개를 하나 주었다.

❷ **수여동사 + 직접목적어 + for + 간접목적어**: make, buy, get 등의 수여동사는 간접목적어 앞에 전치사 for를 씁니다.

Annie bought <u>me</u> a pen. ➡ Annie bought a pen **for** <u>me</u>.   애니는 나에게 펜 한 자루를 사 주었다.

❸ **수여동사 + 직접목적어 + of + 간접목적어**: ask 등의 수여동사는 간접목적어 앞에 전치사 of를 씁니다.

The students ask <u>him</u> a lot of questions.
➡ The students ask a lot of questions **of** <u>him</u>.
     그 학생들은 그에게 질문을 많이 한다.

Grammar Walk!

정답 및 해설 45쪽

A 다음 문장에서 동사를 찾아 동그라미 하고 「전치사+목적어」를 찾아 밑줄을 치세요.

1 John (wrote) a letter <u>to her</u>.

2 Dad gave some flowers to Mom.

3 Mom bought a watch for me.

4 She made a pie for John.

5 They asked some questions of me.

직접목적어 다음에 간접목적어가 오면 「전치사+간접목적어」로 쓴다고 했지?

응. 그런데 이때 쓰는 전치사는 수여동사에 따라 달라.

give인 경우에는 to가 오고, make인 경우에는 for?

응. ask인 경우에는 of를 쓰고

정말 그때그때 다르구나!

B 다음 두 문장의 뜻이 같도록 알맞은 말을 골라 빈칸에 쓰세요.

| to | for | of |

1 I sent Mike some books.

➡ I sent some books ___to___ Mike.

2 She bought her son a shirt.

➡ She bought a shirt _____ her son.

3 He asked the students their names.

➡ He asked their names _____ the students.

4 Ms. Brown showed me the album.

➡ Ms. Brown showed the album _____ me.

5 My mom made us cake.

➡ My mom made cake _____ us.

WORDS ·some 조금[약간의/몇몇의]   ·watch 손목시계   ·pie 파이   ·show 보여 주다   ·album 앨범

3 감각동사

❶ The flowers **look** beautiful.　　그 꽃은 아름다워 보인다.

The music **sounds** exciting.　　그 음악은 신 나게 들린다.

This soap **smells** good.　　이 비누는 냄새가 좋다.

❷ The candy **tastes** sweet.　　그 사탕은 맛이 달다.

I **feel** good today.　　나는 오늘 기분이 좋다.

'보이다', '들리다', '맛이 나다' 등 감각을 표현하는 동사들이 있습니다.

❶ **감각을 나타내는 동사＋형용사:** 모양, 느낌, 소리, 냄새, 맛 등의 감각을 나타내는 동사는
형용사와 함께 쓰여 '~하게 보이다/느껴지다/들리다/냄새가 나다/맛이 나다'라는 뜻을 나타냅니다.
이때 형용사는 주어의 상태를 설명해 줍니다.

Jimmy **looks** sick.　지미는 아파 보인다.

The rose **smells** good.　그 장미는 향이 좋다

This soup **tastes** nice.　이 수프는 맛이 좋다.

The towel **feels** soft.　그 수건은 부드럽다.

The song **sounds** boring.　그 노래는 지루하게 들린다.

❷ **감각을 나타내는 대표적인 동사**

feel ~한 느낌이 들다/촉감이 들다　　look ~하게 보이다　　smell ~한 냄새가 나다

sound ~하게 들리다　　taste ~한 맛이 나다

Grammar Walk!

정답 및 해설 45쪽

A 다음 문장에서 감각을 표현하는 동사를 찾아 동그라미 하고 형용사를 찾아 밑줄을 치세요.

1 This bell (sounds) sweet.

2 I feel tired.

3 The milk smells bad.

4 This steak tastes good.

5 They look sleepy.

6 My feet feel wet.

7 The apples taste sour.

8 Sally looks pretty today.

9 The puzzle looks easy.

10 The roses smell great.

11 The medicine tastes bitter.

12 That sofa looks comfortable.

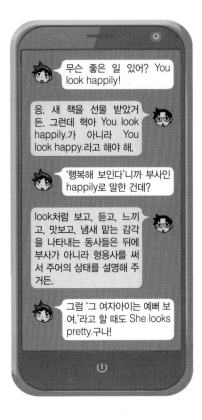

무슨 좋은 일 있어? You look happily!

응. 새 책을 선물 받았거든. 그런데 혁아 You look happily.가 아니라 You look happy.라고 해야 해.

'행복해 보인다'니까 부사인 happily로 말한 건데?

look처럼 보고, 듣고, 느끼고, 맛보고, 냄새 맡는 감각을 나타내는 동사들은 뒤에 부사가 아니라 형용사를 써서 주어의 상태를 설명해 주거든.

그럼 '그 여자아이는 예뻐 보여.'라고 할 때도 She looks pretty.구나!

WORDS · bell 종, 벨 · sweet 듣기 좋은, 맑은 · sour (맛이) 신 · bitter (맛이) 쓴 · comfortable 편안한

Grammar Run! ....

A 다음 문장의 괄호 안에서 알맞은 말을 골라 동그라미 하세요.

1 I gave ((Amy a gift) / a gift Amy).

2 Pass (the salt me / me the salt), please.

3 Jenny made (her sister a doll / a doll her sister).

4 My aunt often buys (some toys me / me some toys).

5 She asked (Greg his phone number / his phone number Greg).

6 Meg sang her favorite song (of us / to us).

7 Ms. Jackson teaches English (to them / for them).

8 He wrote a postcard (of Scott / to Scott) yesterday.

9 You gave the flowers (of me / to me) last week.

10 My mother makes cheesecake (to us / for us) on weekends.

11 Your father looks (happy / happily) today.

12 His song sounded (beautifully / beautiful) then.

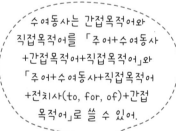

수여동사는 간접목적어와
직접목적어를 「주어+수여동사
+간접목적어+직접목적어」와
「주어+수여동사+직접목적어
+전치사(to, for, of)+간접
목적어」로 쓸 수 있어.

13 The soup tasted (salty / salt).

14 The bread smells (well / good).

15 The cushion felt (soft / softly).

| WORDS | ·gift 선물 | ·pass 건네주다 | ·salt 소금 | ·favorite 매우 좋아하는 | ·taste ~한 맛이 나다 |

B 다음 문장의 빈칸에 알맞은 말을 골라 동그라미 하세요.

1   Mike made a kite _____ me.   ❶ to   ②for

2   She told a lie _____ us.   ❶ to   ❷ for

3   Give this pencil case _____ Sally.   ❶ of   ❷ to

4   He made a sweater _____ John.   ❶ to   ❷ for

5   Tom asked a lot of questions _____ me.   ❶ of   ❷ for

6   Alice showed her pictures _____ us.   ❶ to   ❷ of

7   She bought a new computer _____ him.   ❶ to   ❷ for

8   Bill brought my bicycle _____ me.   ❶ to   ❷ of

9   Ms. Ryu teaches math _____ them.   ❶ of   ❷ to

10   I sent a text message _____ Emily.   ❶ to   ❷ for

11   Your hamster looks _____.   ❶ cute   ❷ cutely

12   These cookies taste _____.   ❶ delicious   ❷ deliciously

13   This water feels _____.   ❶ warmly   ❷ warm

14   This piano sounds _____.   ❶ strange   ❷ strangely

15   My mom's doughnuts smell _____.   ❶ nice   ❷ nicely

WORDS   ·tell a lie 거짓말하다   ·text message 문자[문자 메시지]   ·warm 따뜻한   ·strange 이상한

Grammar Jump!

A 다음 문장에서 밑줄 친 부분의 우리말 뜻을 빈칸에 쓰세요.

1 I <u>gave Kelly the pencil</u>. ➡ 나는 <u>켈리에게 그 연필을 주었다</u>.

2 Dad <u>made us a treehouse</u>. ➡ 아빠는 _____.

3 The baby <u>looks sleepy</u>. ➡ 그 아기는 _____.

4 He <u>showed us his new backpack</u>. ➡ 그는 _____.

5 Tim's aunt <u>bought him a robot</u>. ➡ 팀의 이모가 _____.

6 This pillow <u>feels soft</u>. ➡ 이 베개는 _____.

7 We <u>asked the boy his name</u>. ➡ 우리는 _____.

8 My brother <u>brought me my cap</u>. ➡ 내 남동생이 _____.

9 The shirt <u>smells bad</u>. ➡ 그 셔츠는 _____.

10 I <u>passed Mike the ball</u>. ➡ 나는 _____.

11 Jisung often <u>lends me his books</u>. ➡ 지성이는 자주 _____.

12 Your voice <u>sounds good</u>. ➡ 네 목소리는 _____.

13 They <u>sent me e-mail</u>. ➡ 그들은 _____.

14 She <u>reads her baby a fairy tale</u>. ➡ 그녀는 _____.

15 This cake <u>tastes sweet</u>. ➡ 이 케이크는 _____.

WORDS · treehouse 나무 위의 오두막 (집) · backpack 배낭 · pillow 베개 · soft 푹신한 · lend 빌려 주다

B 다음 문장의 빈칸에 알맞은 전치사를 쓰세요.

1 Mandy gave some bananas ___to___ the monkey.

2 Ted showed the magazine _____ us.

3 We asked the way _____ a girl.

4 I often buy some roses _____ my mother.

5 Jimmy told the news _____ them.

6 My sister made a sandwich _____ me.

7 They sent a postcard _____ her yesterday.

> 직접목적어인
> '~을/를'이 '~에게'인
> 간접목적어 앞에 오면
> 간접목적어 앞에 전치사가 붙어.
> 전치사는 to, for, of 중 하나를
> 쓴다고 한 것 기억하지?

C 주어진 말과 알맞은 감각동사를 사용하여 다음 문장을 완성하세요.

1 The shirt ___looks___ ___tight___. (tight)
그 셔츠는 꽉 끼어 보인다.

2 This shampoo _____ _____. (good)
이 샴푸는 냄새가 좋다.

3 This apple _____ _____. (sour)
이 사과는 신맛이 난다.

4 They _____ _____. (tired)
그들은 피로를 느낀다.

5 His voice _____ _____. (strange)
그의 목소리가 이상하게 들렸다.

WORDS · news 소식, 뉴스 · tight (옷이 몸에) 딱 붙는 · sour (맛이) 신 · voice 목소리 · strange 이상한

Grammar Fly! ·····························

A 다음 문장의 밑줄 친 부분을 바르게 고쳐 빈칸에 쓰세요.

1   I told <u>the story him</u>. ➡ <u>him</u> <u>the</u> <u>story</u>

2   Tommy showed <u>his toys them</u>. ➡ _____ _____ _____

3   I wrote <u>a letter Johnny</u>. ➡ _____ _____ _____

4   My brother sent <u>this box her</u>. ➡ _____ _____ _____

5   They brought <u>a cat me</u>. ➡ _____ _____ _____

6   You gave the pictures <u>for Emily</u>. ➡ _____ _____

7   My mother bought new shoes <u>to me</u>. ➡ _____ _____

8   She got that skirt <u>to you</u>. ➡ _____ _____

9   Mr. Brown taught math <u>for Jenny</u>. ➡ _____ _____

10 The girl asked his address <u>to him</u>. ➡ _____ _____

11 His uncle looks <u>busily</u>. ➡ _____

12 We felt <u>angrily</u>. ➡ _____

13 These cookies smell <u>well</u>. ➡ _____

14 This watermelon tastes <u>sweetly</u>. ➡ _____

15 This piano sounds <u>beautifully</u>. ➡ _____

WORDS · skirt 치마   · busily 바쁘게   · angrily 화내어   · watermelon 수박   · beautifully 아름답게

B 주어진 단어들을 사용하여 다음 문장을 완성하세요.

1 나는 줄리아에게 이메일을 보냈다. (e-mail, Julia)

➡ I sent ___Julia___ ___e-mail___ .

2 스미스 선생님은 우리에게 수학을 가르치신다. (math, us)

➡ Mr. Smith teaches _____ _____ .

3 케이트는 나에게 자기 일기를 보여 주었다. (her diary, me)

➡ Kate showed _____ _____ _____ .

4 준호가 고양이에게 우유를 조금 주었다. (some milk, the cat)

➡ Junho gave _____ _____ _____ .

5 우리 언니가 내게 그 설탕을 건네주었다. (the sugar, me)

➡ My sister passed _____ _____ _____ .

6 우리 아빠가 내게 눈사람을 만들어 주셨다. (me, a snowman, for)

➡ My dad made _____ _____ _____ _____ .

7 나는 앤에게 그 신문을 가져다주었다. (Anne, the newspaper, to)

➡ I brought _____ _____ _____ _____ .

8 그는 그녀에게 내 이름을 물어보았다. (her, my name, of)

➡ He asked _____ _____ _____ _____ .

9 너는 슬퍼 보인다. (look, sad)

➡ You _____ _____ .

10 이 음악은 멋지게 들린다. (sounds, wonderful)

➡ This music _____ _____ .

11 그 약은 맛이 쓰다. (tastes, bitter)

➡ The medicine _____ _____ .

12 나는 오늘 기분이 좋다. (feel, good)

➡ I _____ _____ today.

WORDS · sugar 설탕　· wonderful 멋진　· medicine 약　· bitter (맛이) 쓴

REVIEW 08

[1-2] 다음 문장의 빈칸에 알맞은 말을 고르세요.

1

Mr. Baker showed _____ his album.

❶ we   ❷ us

❸ our   ❹ ours

2

She looks _____ today.

❶ happiness   ❷ happily

❸ more happy   ❹ happy

[3-4] 다음 문장과 뜻이 같은 문장을 고르세요.

3

Charlie gave me this book.

❶ Charlie gave this book me.

❷ Charlie gave to me this book.

❸ Charlie gave me to this book.

❹ Charlie gave this book to me.

4

My dad made us pizza.

❶ My dad made pizza us.

❷ My dad made us for pizza.

❸ My dad made pizza for us.

❹ My dad made for us pizza.

[5-6] 다음 중 잘못된 문장을 고르세요.

5

❶ The flower smells good.

❷ This food tastes wonderful.

❸ Her pillow feels softly.

❹ His voice sounds tired.

6

❶ Tom sent her a Christmas card.

❷ John gave some water me.

❸ They told it to us.

❹ He bought a shirt for me.

[7-8] 다음 문장의 빈칸에 들어갈 알맞은 말을 고르세요.

7

The students asked some questions _____ him.

❶ to   ❷ for

❸ of   ❹ with

8

He sent e-mail _____ Mina.

❶ to   ❷ for

❸ of   ❹ with

[9-10] 다음 중 올바른 문장을 고르세요.

9　❶ I gave the chocolate Tom.

❷ They showed me to your photos.

❸ She bought a book of him.

❹ My aunt made me a doll.

10　❶ We felt sad.

❷ The skirt looks shortly.

❸ The piano sounds strangely.

❹ This fruit smells badly.

[11-12] 다음 우리말 뜻과 같도록 괄호 안에서 알맞은 말을 골라 동그라미 하세요.

11　폴은 그녀에게 그 책을 건네주었다.

➡ Paul passed (the book her / her the book).

12　우리 아빠는 내게 장난감을 하나 사 주셨다.

➡ My dad bought (a toy for me / a toy me).

[13-14] 다음 문장을 아래와 같이 바꿔 쓸 때 빈칸에 알맞은 단어를 쓰세요.

13　John told me her birthday.

➡ John told her birthday _____ _____.

14　She asked me my name.

➡ She asked my name _____ _____.

[15-16] 다음 우리말 뜻과 같도록 빈칸에 알맞은 말을 쓰세요.

15　앨리스는 오늘 예뻐 보인다.

➡ Alice _____ _____ today.

16　나는 지금 행복한 느낌이다.

➡ I _____ _____ now.

정답 및 해설 47~48쪽

[17-18] 주어진 말을 순서대로 배열하여 문장을 쓰세요.

17 brought / an umbrella / me / my mom / .

➡ _____

_____

우리 엄마가 내게 우산을 가져다주셨다.

18 smells / this pie / good / .

➡ _____

이 파이는 좋은 냄새가 난다.

[19-20] 다음 문장에서 밑줄 친 부분을 바르게 고쳐서 문장을 다시 쓰세요.

19 Kevin sent some postcards <u>for</u> me.

➡ _____

_____

20 This apple tastes <u>sourly</u>.

➡ _____

Check! Check!. ● ●

맞은 개수	평가
18~20개	😄 참 잘했어요.
15~17개	🙂 잘했어요.
9~14개	😐 노력해 봐요.
0~8개	🙁 다음에 잘할 거예요.

● 다음 만화를 보면서 Unit 08의 내용을 정리해 봐요.

1 수여동사

수여동사 +간접목적어 +직접목적어	I **gave** Tom a book. 나는 톰에게 책을 한 권 주었다. Ms. Kim **teaches** us music. 김 선생님은 우리에게 음악을 가르치신다. John **showed** me his photos. 존은 나에게 자기 사진들을 보여 주었다.
수여동사 +직접목적어 +to/for/of +간접목적어	Bill **told** a funny story **to** us. 빌은 우리에게 웃긴 이야기를 해 주었다. They **sent** a big teddy bear **to** me. 그들은 내게 큰 곰 인형을 보냈다. Susan **made** sandwiches **for** the children. 수잔은 아이들에게 샌드위치를 만들어 주었다. The students **asked** a lot of questions **of** him. 그 학생들은 그에게 질문을 많이 했다.
대표적인 수여동사	ask ~에게 …을[를] 물어보다 　　　 buy ~에게 …을[를] 사 주다 bring ~에게 …을[를] 가져다주다　 get ~에게 …을[를] 구해 주다 give ~에게 …을[를] 주다 　　　　 make ~에게 …을[를] 만들어 주다 pass ~에게 …을[를] 건네주다　　 send ~에게 …을[를] 보내다 show ~에게 …을[를] 보여 주다　 teach ~에게 …을[를] 가르쳐 주다 tell ~에게 …을[를] 말해 주다　　 write ~에게 …을[를] 쓰다

2 감각동사

감각동사 +형용사	You **look** pretty today. 너는 오늘 예뻐 보인다. Her voice **sounds** beautiful. 그녀의 목소리는 아름답게 들린다. This soap **smells** good. 이 비누는 좋은 냄새가 난다. That bread **tastes** wonderful. 저 빵은 맛이 정말 좋다. I **felt** so happy. 나는 무척 행복했다.

MEMO

Grammar, ZAP!

ANSWER KEY

기본 4

과거 진행 시제

Lesson 01 과거 진행 시제의 긍정문과 부정문

Grammar Walk! 11쪽

A 1 I was drinking some milk.
  2 We were watching TV.
  3 Cindy was writing a letter.
  4 The dog was barking loudly.
  5 They were watering the plants.

B 1 b. 2 a. 3 a. 4 b.
  5 b. 6 a.

해설 **A** 1 나는 우유를 조금 마시고 있었다.
  2 우리는 TV를 보고 있었다.
  3 신디는 편지를 쓰고 있었다.
  4 그 개는 큰 소리로 짖고 있었다.
  5 그들은 식물에 물을 주고 있었다.

  B 1 마크는 샌드위치를 먹고 있었다.
  2 제인은 샌드위치를 먹었다.
  3 나는 방을 청소했다.
  4 그들은 방을 청소하고 있었다.
  5 그 남자아이들은 빙판에서 스케이트를 타고 있었다.
  6 우리는 빙판에서 스케이트를 탔다.

Grammar Walk! 13쪽

A 1 ❷ 2 ❷ 3 ❷ 4 ❷
  5 ❷

B 1 He wasn't walking very fast.
  2 We weren't dancing.
  3 Jina wasn't drawing a tulip.
  4 The children weren't eating any fruit.
  5 They weren't writing Christmas cards.

해설 **A** 1 나는 폴의 집에 가고 있었다.
  → 나는 폴의 집에 가고 있지 않았다.

  2 제인은 그때 한국어를 공부하고 있었다.
  → 제인은 그때 한국어를 공부하고 있지 않았다.
  3 우리는 TV를 보고 있었다.
  → 우리는 TV를 보고 있지 않았다.
  4 그 고양이는 물을 마시고 있었다.
  → 그 고양이는 물을 마시고 있지 않았다.
  5 그들은 수영장에서 뛰고 있었다.
  → 그들은 수영장에서 뛰고 있지 않았다.

  B 1 그는 매우 빨리 걷고 있지 않았다.
  2 우리는 춤을 추고 있지 않았다.
  3 지나는 튤립을 그리고 있지 않았다.
  4 그 어린이들은 과일을 조금도 먹고 있지 않았다.
  5 그들은 크리스마스 카드를 쓰고 있지 않았다.

Grammar Run! 14~15쪽

A 1 was doing 2 were
  3 was cooking 4 were not
  5 was 6 were counting
  7 was sleeping 8 weren't
  9 were 10 were running
  11 was 12 were building
  13 wasn't 14 was sitting
  15 were not

B 1 ❶ 2 ❷ 3 ❶ 4 ❷
  5 ❷ 6 ❶ 7 ❷ 8 ❷
  9 ❷ 10 ❷ 11 ❶ 12 ❶
  13 ❶ 14 ❷ 15 ❷

해설 **A** 1 나는 그때 숙제를 하고 있었다.
  2 너는 길을 건너고 있었다.
  3 샐리는 저녁 식사를 요리하고 있었다.
  4 우리는 그때 점심 식사를 하고 있지 않았다.
  5 피터는 제인과 함께 스키를 타고 있었다.
  6 그들은 새들의 수를 세고 있었다.
  7 그 개는 내 의자 위에서 자고 있었다.
  8 그 여자아이들은 노래를 하고 있지 않았다.
  9 잭과 질은 함께 배드민턴을 치고 있었다.
  10 그 말들은 빠르게 달리고 있었다.
  11 나는 라디오를 듣고 있었다.
  12 그 아이들은 모래성을 쌓고 있었다.
  13 내 남동생은 그림을 그리고 있지 않았다.

14 나비 한 마리가 내 어깨 위에 앉아 있었다.

15 내 여동생과 나는 그때 자전거를 타고 있지 않았다.

B 1 수지는 탁구를 치고 있었다.

2 그 여자는 문을 고치고 있었다.

3 나는 커다란 담요를 나르고 있었다.

4 그들은 그 오리를 보고 있지 않았다.

5 너는 사진을 찍고 있었다.

6 사슴 한 마리가 언덕 위에서 풀을 먹고 있었다.

7 한 남자아이가 사다리를 올라가고 있었다.

8 미나는 꽃을 들고 있지 않았다.

9 우리는 모자를 쓰고 있었다.

10 그 가수는 손을 흔들고 있었다.

11 우리 아버지는 그때 차를 운전하고 계셨다.

12 그녀는 영어를 가르치고 있지 않았다.

13 우리는 거기에서 쇼핑을 하고 있지 않았다.

14 그 남자들은 낙타를 타고 있었다.

15 짐과 나는 쿠키를 굽고 있었다.

3 너는 블라우스를 만들고 있었다.

4 너는 블라우스를 만들었다.

5 에밀리는 방에서 자고 있지 않았다.

6 에밀리는 방에서 자지 않았다.

7 우리 삼촌은 강에서 수영을 하고 계셨다.

8 우리 삼촌은 강에서 수영을 하셨다.

9 우리는 소파에서 점프하고 있지 않았다.

10 우리는 소파에서 점프하지 않았다.

11 그들은 뮤지컬을 보러 가고 있었다.

12 그들은 뮤지컬을 보러 갔다.

13 그는 문을 두드리고 있지 않았다.

14 그는 문을 두드리지 않았다.

15 그 강아지는 장난감을 가지고 놀고 있었다.

Grammar Jump!
16~17쪽

A 1 연습하고 있었다　　2 연습했다

3 만들고 있었다　　4 만들었다

5 자고 있지 않았다　　6 자지 않았다

7 수영을 하고 계셨다　　8 수영을 하셨다

9 점프하고 있지 않았다　10 점프하지 않았다

11 가고 있었다　　12 갔다

13 두드리고 있지 않았다 14 두드리지 않았다

15 놀고 있었다

B 1 was brushing　　2 was looking

3 were singing　　4 was smiling

5 were marching　6 were listening

7 was reading　　8 was swimming

9 was knitting　　10 were running

11 were not driving

12 was not going

13 were not kicking

14 was not closing

15 was not sleeping

해설 A 1 나는 그때 바이올린을 연습하고 있었다.

2 나는 바이올린을 연습했다.

Grammar Fly!
18~19쪽

A 1 was　　2 was buying

3 was　　4 playing

5 were　　6 wasn't

7 was　　8 was pushing

9 were shaking　10 was sitting

11 were waiting　12 was not

13 not drawing　14 was looking

15 were not

B 1 They were baking some bread.

2 I was taking a walk with my mom.

3 James was going to the gym.

4 Tom was tying his shoelace.

5 They were painting the fence.

6 Mike was staying at home.

7 You were wearing a white shirt.

8 The baby was crying loudly.

9 She wasn't cleaning the house.

10 I wasn't sending a card to Meg.

11 We weren't clapping.

12 Jim wasn't holding my hand.

13 The dog wasn't jumping on the sofa.

14 The girls weren't chatting together.

15 He wasn't cutting down the tree.

B 1 그들은 빵을 조금 구웠다.

→ 그들은 빵을 조금 굽고 있었다.

2 나는 우리 엄마와 산책을 했다.

→ 나는 우리 엄마와 산책을 하고 있었다.

3 제임스는 체육관에 갔다.

→ 제임스는 체육관에 가고 있었다.

4 톰은 자기 신발끈을 묶었다.

→ 톰은 자기 신발끈을 묶고 있었다.

5 그들은 그 울타리를 페인트칠했다.

→ 그들은 그 울타리를 페인트칠하고 있었다.

6 마이크는 집에 머물렀다.

→ 마이크는 집에 머무르고 있었다.

7 너는 흰 셔츠를 입었다.

→ 너는 흰 셔츠를 입고 있었다.

8 그 아기는 큰 소리로 울었다.

→ 그 아기는 큰 소리로 울고 있었다.

9 그녀는 집을 청소하지 않았다.

→ 그녀는 집을 청소하고 있지 않았다.

10 나는 메그에게 카드를 보내지 않았다.

→ 나는 메그에게 카드를 보내고 있지 않았다.

11 우리는 박수를 치지 않았다.

→ 우리는 박수를 치고 있지 않았다.

12 짐은 내 손을 잡지 않았다.

→ 짐은 내 손을 잡고 있지 않았다.

13 그 개는 소파 위에서 점프하지 않았다.

→ 그 개는 소파 위에서 점프하고 있지 않았다.

14 그 여자아이들은 함께 수다를 떨지 않았다.

→ 그 여자아이들은 함께 수다를 떨고 있지 않았다.

15 그는 나무를 베지 않았다.

→ 그는 나무를 베고 있지 않았다.

Lesson 02 과거 진행 시제의 의문문

Grammar Walk!

21쪽

A 1 (Was) he washing his car?

2 (Was) Natalie looking for her dog?

3 (Was) the monkey eating a banana?

4 (Were) you playing soccer?

5 (Were) they watching a baseball game?

B 1 b.   2 d.   3 e.   4 c.

5 a.

A 1 그는 세차를 하고 있었니?

2 내털리는 자기 개를 찾고 있었니?

3 그 원숭이는 바나나를 먹고 있었니?

4 너는 축구를 하고 있었니?

5 그들은 야구 경기를 보고 있었니?

B 1 너는 그때 저녁 식사를 하고 있었니?

– b. 응, 그랬어.

2 그는 버스를 운전하고 있었니?

– d. 응, 그랬어.

3 그 아이들은 연을 날리고 있었니?

– e. 아니, 그러지 않았어.

4 켈리는 숙제를 하고 있었니?

– c. 아니, 그러지 않았어.

5 그 물개는 헤엄치고 있었니?

– a. 응, 그랬어.

Grammar Walk!

23쪽

A 1 (What) were you drawing?

2 (Where) were they practicing taekwondo?

3 (Why) was Bob cutting down the tree?

4 (Who) was painting the wall?

5 (How long) was Tommy standing?

6 (Who) was feeding my cat?

7 (How long) were you waiting for him?

8 (Where) were they dancing?

9 (Why) was Jack laughing loudly?

10 (What) were the students writing?

A 1 너는 무엇을 그리고 있었니?

2 그들은 어디에서 태권도를 연습하고 있었니?

3 밥은 왜 나무를 베고 있었니?

4 누가 벽을 페인트칠하고 있었니?

5 토미는 얼마나 오래 서 있었니?

6 누가 내 고양이에게 먹이를 주고 있었니?

7 너는 얼마나 오래 그를 기다리고 있었니?

8 그들은 어디에서 춤을 추고 있었니?

9 잭은 왜 큰 소리로 웃고 있었니?

10 그 학생들은 무엇을 쓰고 있었니?

Grammar Run! 24~25쪽

A
1 Were
2 Was
3 Was
4 Were they
5 Were you pulling
6 Was he taking
7 Was your father fixing
8 Who was
9 was she
10 Where were
11 Why were
12 were you
13 was John
14 was wearing
15 were

B
1 ❷	2 ❶	3 ❶	4 ❷
5 ❶	6 ❷	7 ❷	8 ❷
9 ❶	10 ❷	11 ❷	12 ❷

해설 **A** 1 너는 사과를 먹고 있었니?
2 폴은 빗속에서 걷고 있었니?
3 그녀는 그때 조깅을 하고 있었니?
4 그들은 자신들의 선생님을 보고 있었니?
5 너는 밧줄을 잡아당기고 있었니?
6 그는 자신의 여동생을 돌보고 있었니?
7 너희 아버지는 어제 의자를 수리하고 계셨니?
8 누가 그 노래를 부르고 있었니?
9 그녀는 무엇을 밀고 있었니?
10 그 남자들은 어디에서 농구를 하고 있었니?
11 그들은 왜 나무에 올라가고 있었니?
12 너는 어디에서 산책을 하고 있었니?
13 존은 얼마나 빨리 달리고 있었니?
14 누가 빨간색 셔츠를 입고 있었니?
15 너는 왜 책상들을 나르고 있었니?

B 1 그들은 라디오를 듣고 있었니?
  – 응, 그랬어.
2 제니퍼는 책을 읽고 있었니?
  – 아니, 그러지 않았어.
3 너희는 말을 타고 있었니? – 응, 그랬어.
4 빌은 닭고기 수프를 요리하고 있었니?
  – 아니, 그러지 않았어.
5 그 남자아이들은 잔디 위에서 누워 있었니?
  – 응, 그랬어.
6 윌슨 씨는 스페인 어를 말하고 있었니?
  – 아니, 그러지 않았어.
7 그 개는 공을 가지고 놀고 있었니?
  – 응, 그랬어.

8 누가 나무를 심고 있었니?
  – 데이비드가 나무를 심고 있었다.
9 너는 왜 노래를 부르고 있었니?
  – 내가 기뻤기 때문이다.
10 누가 그 차를 운전하고 있었니?
  – 서맨사가 그 차를 운전하고 있었다.
11 미나는 왜 거기에 서 있었니?
  – 그녀는 준을 기다리고 있었기 때문이다.
12 그들은 무엇을 만들고 있었니?
  – 그들은 눈사람을 만들고 있었다.

Grammar Jump! 26~27쪽

A
1 Were
2 Was
3 Were
4 Was
5 was
6 were
7 wasn't
8 wasn't
9 was
10 was
11 were
12 was
13 Where
14 Who
15 Why

B
1 Were, eating
2 Was, tying
3 Were, fixing
4 Was, feeding
5 Was, ringing
6 Were, running
7 Was, peeling
8 Were, wearing
9 Who was cleaning
10 What were, reading
11 Why was, sitting
12 Where were, shopping
13 Why was, clapping
14 Who was traveling[travelling]
15 What were, moving

해설 **A** 1 너는 햄버거를 먹고 있었니? – 응, 그랬어.
2 대니는 잠자리를 잡고 있었니?
  – 아니, 그러지 않았어.
3 그 남자 배우들은 춤을 추고 있었니?
  – 응, 그랬어.
4 에이미는 그때 조깅하고 있었니?
  – 아니, 그러지 않았어.
5 그 농부는 사과를 따고 있었니? – 응, 그랬어.
6 그들은 영어 노래를 부르고 있었니?
  – 응, 그랬어.
7 그 토끼는 깡충깡충 뛰고 있었니?
  – 아니, 그러지 않았어.
8 너는 사다리를 올라가고 있었니?
  – 아니, 그러지 않았어.

9 그녀는 무엇을 하고 있었니?
　－ 그녀는 자고 있었다.

10 누가 새를 그리고 있었니?
　－ 조가 새를 그리고 있었다.

11 너는 그때 무엇을 마시고 있었니?
　－ 나는 물을 조금 마시고 있었다.

12 그의 아기는 왜 울고 있었니?
　－ 그녀는 배가 고팠기 때문이다.

13 조지는 어디에 앉아 있었니?
　－ 그는 긴 의자 위에 앉아 있었다.

14 누가 드럼을 연주하고 있었니?
　－ 내가 드럼을 연주하고 있었다.

15 그 말들은 왜 점프하고 있었니?
　－ 그것들은 흥분했기 때문이다.

B 1 너는 햄버거를 먹고 있었니?

2 줄리아는 리본을 묶고 있었니?

3 그 남자들은 지붕을 고치고 있었니?

4 너희 이모는 자신의 아기에게 우유를 먹이고 있었니?

5 전화가 울리고 있었니?

6 그 남자아이들이 계단 위로 뛰어 올라가고 있었니?

7 애니는 그 오렌지들 껍질을 벗기고 있었니?

8 그들은 치마를 입고 있었니?

9 누가 음악실을 청소하고 있었니?

10 너는 그때 무엇을 읽고 있었니?

11 그는 왜 정원에서 앉아 있었니?

12 그들은 어디에서 쇼핑하고 있었니?

13 에밀리는 왜 박수를 치고 있었니?

14 누가 프랑스를 여행하고 있었니?

15 너는 무엇을 옮기고 있었니?

Grammar Fly!　　　　28~29쪽

A
1 Were	2 Was	3 Was
4 combing	5 Were	6 wasn't
7 were	8 was	9 were
10 was	11 was	12 was

B 1 Was James having breakfast?

2 Was she dancing at the party?

3 Was her grandpa traveling [travelling] in China?

4 Were they touching the gorilla?

5 Was the driver helping the child?

6 Was he using this telephone?

7 Were you drying your puppy?

8 Was the fashion model looking in the mirror?

9 Were Mike and Jane climbing the mountain?

10 Were your sisters cleaning the closet yesterday?

11 Were you and Yuna flying kites in the afternoon?

12 Were his brothers jumping on the sofa?

해설 A 1 A: 너는 컴퓨터를 사용하고 있었니?
　　B: 응, 그랬어.

2 A: 지미는 차를 고치고 있었니?
　B: 아니, 그러지 않았어.

3 A: 너희 엄마는 손을 흔들고 계셨니?
　B: 응, 그랬어.

4 A: 그녀는 머리를 빗고 있었니?
　B: 아니, 그러지 않았어.

5 A: 그들은 그 거북이를 돌보고 있었니?
　B: 응, 그랬어.

6 A: 에이미는 자기 할머니를 도와 드리고 있었니?
　B: 아니, 그러지 않았어.

7 A: 그 거위들은 물을 마시고 있었니?
　B: 응, 그랬어.

8 A: 누가 그 비행기를 조종하고 있었니?
　B: 심슨 씨가 그것을 조종하고 있었다.

9 A: 그 새들은 무엇을 만들고 있었니?
　B: 자신들의 둥지를 만들고 있었다.

10 A: 그 남자아이는 어디에서 수영을 하고 있었니?
　B: 그는 수영장에서 수영을 하고 있었다.

11 A: 누가 그 컴퓨터를 나르고 있었니?
　B: 폴이 그것을 나르고 있었다.

12 A: 네 여동생은 무엇을 하고 있었니?
　B: 그녀는 자기 운동화를 빨고 있었다.

B 1 제임스는 아침 식사를 했니?
　→ 제임스는 아침 식사를 하고 있었니?

2 그녀는 파티에서 춤을 췄니?
　→ 그녀는 파티에서 춤을 추고 있었니?

3 그녀의 할아버지는 중국에서 여행을 다니셨니?
　→ 그녀의 할아버지는 중국에서 여행을 다니고 계셨니?

4 그들은 그 고릴라를 만졌니?
　→ 그들은 그 고릴라를 만지고 있었니?

5 그 운전기사는 그 어린이를 도왔니?
  → 그 운전기사는 그 어린이를 돕고 있었니?

6 그는 이 전화기를 사용했니?
  → 그는 이 전화기를 사용하고 있었니?

7 너는 네 강아지를 말렸니?
  → 너는 네 강아지를 말리고 있었니?

8 그 패션 모델은 거울을 봤니?
  → 그 패션 모델은 거울을 보고 있었니?

9 마이크와 제인은 등산을 했니?
  → 마이크와 제인은 등산을 하고 있었니?

10 네 여동생들은 어제 옷장을 청소했니?
  → 네 여동생들은 어제 옷장을 청소하고 있었니?

11 너와 유나는 오후에 연을 날렸니?
  → 너와 유나는 오후에 연을 날리고 있었니?

12 그의 남동생들은 소파 위에서 점프했니?
  → 그의 남동생들은 소파 위에서 점프하고 있었니?

REVIEW · 01

30~32쪽

1 ❸   2 ❸   3 ❹
4 ❸   5 ❶   6 ❷
7 ❷   8 ❸   9 ❷
10 ❹   11 was not   12 were you
13 I was / we were   14 was taking
15 was not playing
16 Were the children building
17 Kevin was not writing in his diary.
18 What were the girls wearing then?
19 We were not practicing the piano.
20 Who was cleaning the room?

REVIEW 해설

1 과거 진행 시제의 문장에서 주어가 you 또는 복수일 때
  는 were를 쓴다.
  ❶ 나는 편지를 쓰고 있었다.
  ❷ 톰은 자기 엄마를 기다리고 있었다.
  ❸ We were studying math. 우리는 수학을 공부하
    고 있었다.
  ❹ 그 새는 유리잔 위에서 깡충깡충 뛰고 있었다.

2 ❶ Were you reading a book? 너는 책을 읽고 있었
    니?: 주어가 you이므로 be동사 과거형은 were가 되어
    야 한다.

❷ Jackie was not drawing then. 재키는 그때 그
  림을 그리고 있지 않았다.: 과거 진행 시제의 부정문은
  「be동사 과거형+not+동사원형-ing」이므로 was not
  draw가 아닌 was not drawing이 되어야 한다.
❸ 누가 저녁 식사를 요리하고 있었니?
❹ Why was Annie crying? 애니는 왜 울고 있었니?:
  의문사가 있는 과거 진행 시제 의문문에서는 주어가
  3인칭 단수(Annie)일 경우 의문사를 맨 앞에 쓰고 그 뒤
  에 was와 주어를 쓰므로 Annie was가 아니라 was
  Annie가 알맞다.

3 and로 연결된 주어(Tom and Jerry)는 복수이므로 과
  거 진행 시제 문장에서 be동사의 과거형은 were를 쓴다.
  • 톰과 제리는 그때 농구를 하고 있었다.

4 과거 진행 시제 부정문은 「be동사 과거형+not+동사원
  형-ing」이므로 not doing이 알맞다.
  • 아만다는 숙제를 하고 있지 않았다.

5 과거 진행 시제는 「be동사 과거형+동사원형-ing」이므
  로 첫 번째 문장에서는 reading이 알맞다. 두 번째 문
  장에서는 '어떤 일을 하고 있지 않았다'고 말하고 있으
  므로 be동사의 과거형 뒤에 not을 쓴다. was not은
  wasn't로 줄여 쓸 수 있다.
  • 그 여자아이는 잡지를 읽고 있었다.
  • 그 개는 차 위에서 자고 있지 않았다.

6 첫 번째 문장에서는 주어(the boys)가 복수이므로
  Were가 알맞고, 두 번째 문장에서는 주어가 Who이므
  로 was가 알맞다.
  • 그 남자아이들은 눈사람을 만들고 있었니?
  • 누가 그 노래를 부르고 있었니?

7 과거 진행 시제 의문문에서 의문사가 없을 때는 be동
  사의 과거형을 사용해서 대답한다. 의문문의 주어(the
  children)가 3인칭이면서 복수이므로 대답의 주어는 대
  명사 they로 하고, 긍정의 대답인 경우에는 were, 부정
  의 대답인 경우에 weren't를 쓴다.
  • 그 아이들은 말을 타고 있었니? – 응, 그랬어.

8 누가 버스 정류장에 서 있었는지 묻고 있으므로 서 있었
  던 사람의 이름이 있는 ❸이 알맞다.
  • 누가 거기에 서 있었니? – 민호가 거기에 서 있었다.

9 과거 진행 시제는 「be동사 과거형+동사원형-ing」이므
  로 주어(I)에 알맞은 be동사의 과거형인 was를 쓰고,
  -e로 끝나는 동사(wave)는 -e를 지우고 -ing를 붙인다.
  • 나는 내 손을 흔들었다.
  → 나는 내 손을 흔들고 있었다.

10 ❹에서 '어디에서 스케이트를 타고 있었니?'라고 묻고
   있으므로 스케이트를 타고 있는 장소를 말해야 자연스
   럽다.

❶ A:너는 축구를 하고 있었니? B: 응, 그랬어.
❷ A: 누가 그 상자를 나르고 있었니?
B: 톰이 그것을 나르고 있었다.
❸ A: 해리는 무엇을 먹고 있었니?
B: 그는 빵을 먹고 있었다.
❹ A: 너는 어디에서 스케이트를 타고 있었니?
B: 나는 그때 스케이트를 타고 있었다.

11 '~하고 있지 않았다'라는 과거 진행 시제의 부정문은 「be 동사 과거형+not+동사원형-ing」이므로 3인칭 단수인 주어(Joy)와 짝이 되는 be동사 was 뒤에 not을 붙인다.

12 과거 진행 시제 의문문에서 의문사가 있을 경우 의문사를 문장 맨 앞에 쓰고 그 뒤에 be동사(were)와 주어(you)를 쓴다.

13 과거 진행 시제의 의문문에서 의문사가 없는 경우 be동사 과거형을 사용해서 대답한다. 의문문의 주어가 you [너/너희]이므로 I[we]를 주어로 대답하고, 긍정의 대답이므로 was[were]를 붙인다.
• A: 네[너희]는 선생님 말씀을 귀 기울여 듣고 있었니?
B: 응, 그랬어.

14 '누가 ~하고 있었니?'라는 뜻으로 who가 주어인 경우에는 「Who+was+동사원형-ing ~?」로 쓴다.
• A: 누가 사진을 찍고 있었니?
B: 애니가 사진을 찍고 있었다.

15 과거 진행 시제 긍정문을 부정문으로 바꿔 쓸 때는 be 동사의 과거형 뒤에 not을 쓴다.
• 그 고양이는 장난감을 가지고 놀고 있었다.
→ 그 고양이는 장난감을 가지고 놀고 있지 않았다.

16 과거 진행 시제 의문문에서 의문사가 없는 경우 be동사 과거형(were)을 문장 맨 앞에 쓰고 그 뒤에 주어(the children)를 써서 의문문을 만든다.
• 그 어린이들은 모래성을 쌓고 있었다.
→ 그 어린이들은 모래성을 쌓고 있었니?

17 주어(Kevin)가 3인칭 단수이므로 be동사의 과거형은 was를 쓴다.
• 케빈은 일기를 쓰고 있지 않았다.

18 주어(the girls)가 복수이므로 be동사의 과거형은 were를 쓴다.
• 그 여자아이들은 그때 무엇을 입고 있었니?

19 과거 진행 시제 부정문은 「be동사 과거형+not+동사원형-ing」로 쓴다.
• 우리는 피아노를 연습하고 있지 않았다.

20 의문사 who가 주어인 과거 진행 시제 의문문에서는 who를 문장 맨 앞에 쓰고 그 뒤에 be동사 과거형과 「동사원형 -ing」형을 차례로 쓴다.
• 누가 그 방을 청소하고 있었니?

⁰²Unit 미래 시제 will

Lesson 01 미래 시제 will의 긍정문과 부정문

Grammar Walk! 37쪽

A 1 I will take a walk in the park.
2 Tony will read the magazine.
3 We will have lunch together.
4 They will clean their classroom this afternoon.
5 My sister will go shopping tomorrow.

B 1 I'll   2 She'll   3 It'll
4 We'll   5 They'll

해설 **A** 1 나는 공원에서 산책을 할 것이다.
2 토니는 그 잡지를 읽을 것이다.
3 우리는 함께 점심 식사를 할 것이다.
4 그들은 오늘 오후에 자신들의 교실을 청소할 것이다.
5 내 여동생은 내일 쇼핑하러 갈 것이다.

B 1 나는 눈사람을 만들 것이다.
2 그녀는 오후 6시에 마크를 만날 것이다.
3 이번 주말은 흐릴 것이다.
4 우리는 오늘 바쁠 것이다.
5 그들은 학교에 늦을 것이다.

Grammar Walk! 39쪽

A 1 I will not take a taxi.
2 Jane will not watch TV this evening.
3 The weather will not be nice today.
4 They will not go swimming tomorrow.
5 The children will not play outside today.

B 1 won't   2 won't   3 won't
4 won't   5 won't

해설 **A** 1 나는 택시를 타지 않을 것이다.

2 제인은 오늘 저녁에 TV를 보지 않을 것이다.

3 오늘은 날씨가 좋지 않을 것이다.

4 그들은 내일 수영하러 가지 않을 것이다.

5 그 어린이들은 오늘 밖에서 놀지 않을 것이다.

B 1 나는 오늘 밤에 샤워하지 않을 것이다.

2 그는 다음 일요일에 등산을 하지 않을 것이다.

3 마리아는 이번 주말에 자신의 할아버지를 찾아 뵙지 않을 것이다.

4 우리는 올해 프랑스 어를 배우지 않을 것이다.

5 그들은 일본으로 여행을 가지 않을 것이다.

Grammar Run! 40~41쪽

A
1	be	2	get
3	study	4	will not
5	not open	6	She'll
7	won't	8	go
9	will be	10	will not
11	He'll	12	leave
13	will not	14	won't
15	not rain		

B
1	❶	2	❷	3	❶	4	❷
5	❶	6	❷	7	❷	8	❶
9	❷	10	❶	11	❷	12	❷
13	❶	14	❶	15	❷		

해설 A 1 나는 오늘 밤에 집에 있을 것이다.

2 너는 오늘 선물 몇 개를 받을 것이다.

3 나는 오늘 오후에 수학을 공부할 것이다.

4 그들은 학교에 걸어가지 않을 것이다.

5 그 상점은 다음 토요일에 문을 열지 않을 것이다.

6 그녀는 공원에서 그를 만날 것이다.

7 우리 아버지는 내일 한가하시지 않을 것이다.

8 우리는 비행기로 이집트에 갈 것이다.

9 켈리는 다음 달에 열한 살이 될 것이다.

10 잭과 질은 내일 아침에 일찍 일어나지 않을 것이다.

11 그는 이번 여름에 영어책 몇 권을 읽을 것이다.

12 로빈 씨는 다음 주에 한국을 떠날 것이다.

13 롭은 이번 일요일에 낚시하러 가지 않을 것이다.

14 제니퍼는 내일 저녁에 파티에 오지 않을 것이다.

15 내일은 비가 오지 않을 것이다.

B 1 나는 공원에 버스를 타고 갈 것이다.

2 잭은 파티에 밥을 초대할 것이다.

3 그녀는 오늘 오후에 수영할 것이다.

4 그는 내년에 스페인 어를 배우지 않을 것이다.

5 그들은 오늘 학교에 가지 않을 것이다.

6 이번 여름은 매우 더울 것이다.

7 그 여자아이는 쿵후를 연습하지 않을 것이다.

8 엄마는 서울로 돌아오실 것이다.

9 나는 내일 저 컴퓨터를 사용할 것이다.

10 애니는 오늘 밤에 TV를 볼 것이다.

11 그 요리사는 달걀 몇 개를 삶을 것이다.

12 테드는 내일 그 차를 수리하지 않을 것이다.

13 우리 가족은 다음 주에 하이킹하러 갈 것이다.

14 그는 자기 아빠와 함께 숙제를 할 것이다.

15 우리는 오늘 밤에 체스를 두지 않을 것이다.

Grammar Jump! 42~43쪽

A
1	찾아뵐 것이다	2	될 것이다
3	도착할 것이다	4	만들 것이다
5	파티를 열 것이다	6	눈이 올 것이다
7	볼 것이다	8	오지 않을 것이다
9	바쁘지 않을 것이다		
10	운전하지 않으실 것이다		
11	찾아뵙지 않을 것이다	12	늦지 않을 것이다
13	먹지 않을 것이다	14	가지 않을 것이다
15	베지 않을 것이다		

B
1	will have	2	will not ride
3	will play	4	will plant
5	won't put on	6	will buy
7	will be	8	won't take
9	will listen to	10	will visit
11	won't meet	12	will drive
13	won't go	14	will bring
15	won't study		

해설 A 1 나는 우리 삼촌을 찾아뵐 것이다.

2 너는 내년에 열두 살이 될 것이다.

3 그 기차는 4시 정각에 도착할 것이다.

4 케빈은 내일 샌드위치를 만들 것이다.

5 우리는 내일 파티를 열 것이다.

6 오늘 눈이 올 것이다.

7 그들은 오늘 저녁에 영화를 볼 것이다.

8 나는 다음 토요일에 여기에 오지 않을 것이다.

9 캐시는 다음 주에 바쁘지 않을 것이다.

10 우리 아빠는 오늘 아침에 자동차를 운전하지 않으실 것이다.

11 그는 내일 자신의 이모들을 찾아뵙지 않을 것이다.

12 우리는 그 콘서트에 늦지 않을 것이다.

13 그들은 디저트로 초콜릿을 먹지 않을 것이다.

14 우리는 이번 여름 해변으로 가지 않을 것이다.

15 그 남자들은 그 나무들을 베지 않을 것이다.

B 1 나는 정오에 점심 식사를 할 것이다.

2 나는 오늘 저녁에 자전거를 타지 않을 것이다.

3 우리는 방과 후에 테니스를 칠 것이다.

4 메리는 다음 금요일에 나무를 심을 것이다.

5 그는 오늘 그 외투를 입지 않을 것이다.

6 그들은 만화책 몇 권을 살 것이다.

7 이번 겨울은 추울 것이다.

8 나는 내년에 바이올린 수업을 받지 않을 것이다.

9 조는 2시에 라디오를 들을 것이다.

10 우리 이모와 이모부는 오늘 우리를 찾아올 것이다.

11 그녀는 내일 피트 씨를 만나지 않을 것이다.

12 엄마는 내일 아침 우리를 차로 학교에 데려다 주실 것이다.

13 우리는 다음 일요일에 소풍을 가지 않을 것이다.

14 그들은 파티를 위한 음식을 조금 가져올 것이다.

15 너는 내일 도서관에서 공부하지 않을 것이다.

Grammar Fly!
44~45쪽

A 1 will visit
2 will be
3 will have
4 will arrive
5 won't wear
6 won't come
7 will be
8 will bring
9 will stay
10 will finish
11 won't play
12 won't make
13 will not
14 will be
15 will not

B 1 I will help my mom after dinner.
2 Dad will go camping.
3 Mike will not[won't] call me.
4 The movie will start at twelve ten.

5 He will not[won't] take the subway.
6 Kelly will send e-mail to her aunt.
7 I will not[won't] go to the concert.
8 The boys will buy some kiwis.
9 It will not[won't] be rainy.
10 We will not[won't] speak English at home.
11 Janet will not[won't] be late for school.
12 The shop will close at nine p.m.
13 They will meet her in the park.
14 My family will be at the beach.
15 My sister will not[won't] like the red cap.

해설 A 1 수지는 자신의 고모를 찾아뵐 것이다.
2 나는 내일 한가할 것이다.
3 우리는 아침 식사로 토스트를 조금 먹을 것이다.
4 김 선생님은 오늘 오후에 도착할 것이다.
5 테드는 내일 청바지를 입지 않을 것이다.
6 그들은 오늘 집에 돌아오지 않을 것이다.
7 내일은 바람이 많이 불 것이다.
8 제시카는 자기 선글라스를 가져올 것이다.
9 잭은 다음 달에 뉴욕에 머무를 것이다.
10 그녀는 곧 숙제를 끝마칠 것이다.
11 우리는 오늘 오후에 배구를 하지 않을 것이다.
12 우리는 오늘 크리스마스 카드를 만들지 않을 것이다.
13 마이크는 자신의 방을 청소하지 않을 것이다.
14 너는 내년에 4학년이 될 것이다.
15 그는 오늘 밤에 바다에서 잠수하지 않을 것이다.

B 1 나는 저녁 식사 후에 우리 엄마를 도와 드린다.
→ 나는 저녁 식사 후에 우리 엄마를 도와 드릴 것이다.
2 아빠는 캠핑하러 가신다.
→ 아빠는 캠핑하러 가실 것이다.
3 마이크는 나에게 전화하지 않는다.
→ 마이크는 나에게 전화하지 않을 것이다.
4 그 영화는 12시 10분에 시작한다.
→ 그 영화는 12시 10분에 시작할 것이다.
5 그는 지하철을 타지 않는다.
→ 그는 지하철을 타지 않을 것이다.
6 켈리는 자신의 숙모에게 이메일을 보낸다.
→ 켈리는 자신의 숙모에게 이메일을 보낼 것이다.

7 나는 그 콘서트에 가지 않는다.
　　→ 나는 그 콘서트에 가지 않을 것이다.

8 그 남자아이들은 키위 몇 개를 산다.
　　→ 그 남자아이들은 키위 몇 개를 살 것이다.

9 비가 오지 않는다. → 비가 오지 않을 것이다.

10 우리는 집에서 영어를 말하지 않는다.
　　→ 우리는 집에서 영어를 말하지 않을 것이다.

11 재닛은 학교에 늦지 않는다.
　　→ 재닛은 학교에 늦지 않을 것이다.

12 그 상점은 오후 9시에 문을 닫는다.
　　→ 그 상점은 오후 9시에 문을 닫을 것이다.

13 그들은 공원에서 그녀를 만난다.
　　→ 그들은 공원에서 그녀를 만날 것이다.

14 우리 가족은 해변에 있다.
　　→ 우리 가족은 해변에 있을 것이다.

15 내 여동생은 그 빨간색 모자를 마음에 들어
　　하지 않는다.
　　→ 내 여동생은 그 빨간색 모자를 마음에 들
　　어 하지 않을 것이다.

Lesson 02 미래 시제 will의 의문문

Grammar Walk! 47쪽

A 1 (Will) you do your homework
　　after lunch?
　2 (Will) Jamie buy a new school bag?
　3 (Will) it be sunny tomorrow?
　4 (Will) the class finish at five
　　o'clock?
　5 (Will) we learn Chinese next year?

B 1 c. 　　2 e. 　　3 d. 　　4 b.
　5 a.

해설 A 1 너는 점심 식사 후에 숙제를 할 거니?
　　　2 제이미가 새 책가방을 살 거니?
　　　3 내일 날씨가 화창할까?
　　　4 그 수업이 5시 정각에 끝날까?
　　　5 우리는 내년에 중국어를 배울까?

　　B 1 너는 너희 마당을 청소할 거니?
　　　　 – c. 응, 그럴 거야.
　　　2 그녀는 다음 월요일에 스키를 타러 갈 거니?
　　　　 – e. 응, 그럴 거야.

3 데이비드는 이번 봄에 파리를 여행할 거니?
　 – d. 아니, 그러지 않을 거야.

4 내일 날씨가 따뜻할까?
　 – b. 아니, 그렇지 않을 거야.

5 그들이 다음 화요일에 도착할 거니?
　 – a. 응, 그럴 거야.

Grammar Walk! 49쪽

A 1 (What) will you wear today?
　2 (When) will they get up?
　3 (How) will she go to India?
　4 (Who) will play the violin?
　5 (Where) will you have lunch?

B 1 c. 　　2 e. 　　3 b. 　　4 a.
　5 d.

해설 A 1 너는 오늘 무엇을 입을 거니?
　　　2 그들은 언제 일어날 거니?
　　　3 그녀는 인도에 어떻게 갈 거니?
　　　4 누가 바이올린을 켤 거니?
　　　5 너는 어디에서 점심 식사를 할 거니?

　　B 1 그는 오늘 점심 식사로 무엇을 먹을 거니?
　　　　 – c. 그는 김밥을 먹을 것이다.
　　　2 너는 언제 서울을 떠날 거니?
　　　　 – e. 나는 12시에 떠날 것이다.
　　　3 너는 내일 누구를 만날 거니?
　　　　 – b. 나는 줄리아를 만날 것이다.
　　　4 누가 그 벽을 페인트칠할 거니?
　　　　 – a. 앤디가 그것을 페인트칠할 것이다.
　　　5 너는 이번 여름에 어디를 여행할 거니?
　　　　 – d. 나는 스페인을 여행할 것이다.

Grammar Run! 50~51쪽

A 1 feed 　　　　　 2 she learn
　3 your dad go 　　4 they arrive
　5 Will he check 　6 What will
　7 Who will 　　　 8 will the concert
　9 will they 　　　10 will be
　11 How long will 　12 How will you
　13 Who will kick 　14 will Tom write
　15 will you do

B 1 ❶　　2 ❷　　3 ❷　　4 ❶
　　5 ❷　　6 ❷　　7 ❶　　8 ❷
　　9 ❶　　10 ❶　　11 ❷　　12 ❶
　　13 ❷　　14 ❷

해설 **A** 1 너는 네 강아지에게 먹이를 줄 거니?
　　　2 그녀는 다음 달에 요가를 배울 거니?
　　　3 너희 아빠는 이번 주말에 낚시하러 가실 거니?
　　　4 그들은 오후 5시에 도착할 거니?
　　　5 그는 오늘 밤에 자기 이메일을 확인할 거니?
　　　6 너는 무엇을 그릴 거니?
　　　7 너는 이번 토요일에 누구를 만날 거니?
　　　8 그 콘서트는 언제 시작할까?
　　　9 그들은 다음 일요일에 어디에 갈 거니?
　　　10 누가 올해 우리 영어 선생님이 될 거니?
　　　11 너는 뉴욕에 얼마나 오래 머무를 거니?
　　　12 너는 여기에 어떻게 올 거니?
　　　13 누가 그 공을 찰 거니?
　　　14 톰은 언제 엽서를 쓸 거니?
　　　15 너는 방과 후에 무엇을 할 거니?

　　　B 1 너는 그 보트를 탈 거니? – 응, 그럴 거야.
　　　　2 제인은 지도를 그릴 거니?
　　　　　– 아니, 그러지 않을 거야.
　　　　3 오늘 저녁에 눈이 올까? – 응, 그럴 거야.
　　　　4 그는 그 버스 정류장에서 줄리를 기다릴 거니?
　　　　　– 응, 그럴 거야.
　　　　5 그들은 점심 식사로 샐러드를 먹을 거니?
　　　　　– 아니, 그러지 않을 거야.
　　　　6 그 여자아이들은 스케이트를 타러 갈 거니?
　　　　　– 응, 그럴 거야.
　　　　7 그 경기가 7시 전에 끝날까?
　　　　　– 응, 그럴 거야.
　　　　8 누가 그 화분을 나를 거니?
　　　　　– 우리 엄마가 그것을 나르실 것이다.
　　　　9 애니는 이번 주말에 무엇을 할 거니?
　　　　　– 그녀는 하이킹하러 갈 것이다.
　　　　10 그는 몇 시에 떠날 거니?
　　　　　– 그는 3시에 떠날 것이다.
　　　　11 너와 테드는 어디에서 달릴 거니?
　　　　　– 우리는 공원에서 달릴 것이다.
　　　　12 너희는 제주도에 어떻게 갈 거니?
　　　　　– 우리는 배로 거기에 갈 것이다.
　　　　13 누가 그 버스를 운전할 거니?
　　　　　– 빌이 그것을 운전할 것이다.
　　　　14 그들은 오늘 어디에서 수학을 공부할 거니?
　　　　　– 그들은 그의 집에서 공부할 것이다.

Grammar Jump!　　52~53쪽

A 1 Will, go　　　2 Will, begin
　　3 Will, visit　　4 Will, fix
　　5 Will, put on　6 Will, finish
　　7 Will, be　　　8 Will, bring
　　9 will feed　　10 will, do
　　11 will, have　12 will, read
　　13 will, send　14 will, play
　　15 will, make

B 1 Will　　2 Will　　3 Will
　　4 Will　　5 it will　　6 he won't
　　7 they will　8 will　　9 will
　　10 will　　11 I[We] will　12 He will

해설 **A** 1 너는 놀이공원에 갈 거니?
　　　2 그 쇼가 9시 전에 시작할까?
　　　3 조지는 다음 주에 런던을 방문할 거니?
　　　4 너희 할아버지가 오늘 오후에 그 문을 고치실
　　　　거니?
　　　5 그녀는 자기 모자를 쓸 거니?
　　　6 그들은 저녁 식사 전에 숙제를 끝마칠 거니?
　　　7 그는 내년에 열 살이 될 거니?
　　　8 너는 네 컵을 가지고 올 거니?
　　　9 누가 내일 그 토끼에게 먹이를 줄 거니?
　　　10 그들은 이번 주말에 무엇을 할 거니?
　　　11 잭은 오늘 언제 저녁 식사를 할 거니?
　　　12 너는 어디에서 책을 읽을 거니?
　　　13 케빈은 어떻게 그 편지들을 보낼 거니?
　　　14 너는 오늘 얼마나 오래 컴퓨터 게임을 할 거니?
　　　15 그 아이들은 무엇을 만들 거니?

　　　B 1 A: 그들은 집에 일찍 올 거니?
　　　　　B: 아니, 그러지 않을 거야.
　　　　2 A: 행크스 씨는 강을 따라 조깅을 할 거니?
　　　　　B: 응, 그럴 거야.
　　　　3 A: 그 도서관은 다음 월요일에 문을 닫을 거니?
　　　　　B: 응, 그럴 거야.
　　　　4 A: 너는 휴대 전화를 살 거니?
　　　　　B: 아니, 그러지 않을 거야.
　　　　5 A: 이번 주말에 비가 올까?
　　　　　B: 응, 그럴 거야.
　　　　6 A: 프랭크는 오늘 밤에 영화를 볼 거니?
　　　　　B: 아니, 그러지 않을 거야.
　　　　7 A: 그들은 등산을 할 거니? B: 응, 그럴 거야.

8 A: 누가 그 조끼를 뜰 거니?
   B: 엄마가 그것을 뜨실 것이다.

9 A: 그들은 언제 소풍을 갈 거니?
   B: 그들은 다음 목요일에 소풍을 갈 것이다.

10 A: 너희들은 어떻게 그 섬을 찾아갈 거니?
   B: 우리는 배로 그 섬을 찾아갈 것이다.

11 A: 너[너희]는 아침 식사로 무엇을 만들 거니?
   B: 나[우리]는 샌드위치를 조금 만들 것이다.

12 A: 파커 씨는 언제 자기 강아지를 씻길 거니?
   B: 그는 저녁 식사 후에 자기 강아지를 씻길 것이다.

Grammar Fly! 54~55쪽

A
1 Will you and Sue go shopping after school?
2 Will he get on the bus today?
3 Will the team have a soccer match next Tuesday?
4 Will you go skiing this weekend?
5 Will they have a birthday party for Dorothy?

B
1 will bake   **2** will Mary buy
3 will they plant   **4** will win
5 will she meet

C
1 Will he paint the door today?
2 Will it be cold tomorrow?
3 Will they study hard today?
4 Will you clean your room tomorrow?
5 Will Amy buy a bike at the store?
6 Where will he travel this fall?
7 How will they go to the zoo?
8 When will you go on a picnic?
9 What will you do tonight?
10 What will she cook for dinner?

해설 **A** **1** 너와 수는 방과 후에 쇼핑하러 갈 것이다.
→ 너와 수는 방과 후에 쇼핑하러 갈 거니?

2 그는 오늘 그 버스를 탈 것이다.
→ 그는 오늘 그 버스를 탈 거니?

3 그 팀은 다음 화요일에 축구 경기를 할 것이다.
→ 그 팀은 다음 화요일에 축구 경기를 할 거니?

4 너는 이번 주말에 스키 타러 갈 것이다.
→ 너는 이번 주말에 스키 타러 갈 거니?

5 그들은 도로시를 위해 생일 파티를 열 것이다.
→ 그들은 도로시를 위해 생일 파티를 열 거니?

B **1** 팀은 그녀의 생일 케이크를 구울 것이다.
→ 누가 그녀의 생일 케이크를 구울 거니?

2 메리는 그 상점에서 신발을 살 것이다.
→ 메리는 그 상점에서 무엇을 살 거니?

3 그들은 언덕 위에 나무를 심을 것이다.
→ 그들은 어디에 나무를 심을 거니?

4 우리는 그 경기를 이길 것이다.
→ 누가 그 경기를 이길까?

5 그녀는 다음 달에 랜달을 만날 것이다.
→ 그녀는 언제 랜달을 만날 거니?

REVIEW · 02 56~58쪽

1 ②	**2** ③	**3** ④
4 ③	**5** ②	**6** ③
7 ①	**8** ②	**9** ④

10 ③   **11** won't get
12 Will Ken go   **13** won't wear
14 Will they come   **15** will
16 won't
17 I won't listen to the radio at night.
18 When will you go to the dentist?
19 He will not have a birthday party.
20 Who will you meet this Sunday?

REVIEW 해설

1 will과 won't 뒤에는 동사원형을 쓴다.
   ❶ 나는 오늘 일찍 집에 올 것이다.
   ❷ Susie will study math this evening. 수지는 오늘 저녁에 수학을 공부할 것이다.
   ❸ 우리는 여기에 머물지 않을 것이다.
   ❹ 그들은 요가를 배우지 않을 것이다.

2 미래 시제 will의 의문문에서 의문사가 없는 경우 will을 문장 맨 앞에 쓰고 그 뒤에 주어를 쓴다. 의문사가 있는 경우에는 문장 맨 앞에 의문사를 쓰고 그 뒤에 주어를 쓰는데, who가 주어인 경우에는 who 뒤에 바로 will을 쓴다.
   ❶ 토미는 오늘 수영하러 갈 거니?
   ❷ 그들은 오늘 밤에 산책을 할 거니?
   ❸ Who will you meet after school? 너는 방과 후에 누구를 만날 거니?

❹ 누가 욕실을 청소할 거니?

3 미래를 나타내는 말(this weekend)이 있으므로 미래 시제를 나타내는 will이 알맞다.
- 그 여자아이들은 이번 주말에 어디에서 만날 거니?

4 미래를 나타내는 말(tomorrow)이 있고, 빈칸 뒤에 동사 원형(play)이 있으므로 won't가 알맞다.
- 우리는 내일 컴퓨터 게임을 하지 않을 것이다.

5 will, can, 일반동사 의문문의 does 뒤에는 항상 동사원형이 온다. ❷에서 who는 '누가'라는 뜻의 주어이고 yesterday라는 과거를 나타내는 부사가 있으므로 ❷의 빈칸에는 go의 과거형인 went를 써야 한다.
- ❶ 나는 내일 도서관에 갈 것이다.
- ❷ 누가 어제 버스를 타고 학교에 갔니?
- ❸ 샐리는 매일 조깅을 하러 가니?
- ❹ 우리는 지하철로 거기에 갈 수 있다.

6 미래 시제 will의 긍정문을 부정문으로 바꿔 쓸 때는 will 뒤에 not을 붙인다.
- 그는 2시에 도착할 것이다.
  → 그는 2시에 도착하지 않을 것이다.

7 미래 시제 will의 평서문을 의문문으로 바꿔 쓸 때는 will과 주어의 위치를 바꾸고 문장 끝에 물음표(?)를 쓴다.
- 오늘은 흐릴 것이다. → 오늘 흐릴까?

8 미래 시제의 의문문에서 의문사가 없는 경우 「Yes, 주어(대명사)+will. / No, 주어(대명사)+won't.」로 대답한다. 의문문의 주어가 3인칭 단수 남성(Tom)이므로 대답의 주어는 he가 알맞다.
- 톰은 한국어를 배울 거니? – 응, 그럴 거야.

9 저녁 식사로 '무엇을' 먹을 것인지 묻고 있으므로 음식의 종류를 말하고 있는 ❹가 알맞다.
- 너는 오늘 저녁 식사로 무엇을 먹을 거니?
  – 나는 카레라이스를 먹을 것이다.

10 ❸에서 언제 만날지 묻고 있으므로 시간이나 때를 나타내는 대답이 알맞다.
- ❶ A: 그들이 함께 숙제를 할까? B: 응, 그럴 거야.
- ❷ A: 너는 얼마나 오래 뉴욕에 머무를 거니?
  B: 나는 이틀 동안 머무를 것이다.
- ❸ A: 너는 언제 앤디를 만날 거니?
  B: 아니, 그러지 않을 거야.
- ❹ A: 그 경기가 4시에 끝날까? B: 응, 그럴 거야.

11 '~하지 않을 것이다'라는 뜻의 미래 시제 부정문은 「주어+will not(=won't)+동사원형 ~.」을 쓴다.

12 '~할 것이니?', '~일 것이니?'라는 뜻의 미래 시제 의문문은 「Will+주어+동사원형 ~?」으로 쓰고 주어가 Ken이므로 Will Ken go가 알맞다.

13 미래 시제 부정문은 「will not+동사원형」으로 쓰는데 빈 칸이 두 칸이므로 will not의 줄임말인 won't를 쓴다.
- 테드는 청바지를 입지 않는다.
  → 테드는 청바지를 입지 않을 것이다.

14 미래 시제의 평서문을 의문문으로 바꿔 쓸 때는 will과 주어의 위치를 바꾸고 동사원형은 주어 뒤에 온다.
- 그들은 오늘 집에 돌아올 것이다.
  → 그들은 오늘 집에 돌아올 거니?

15 미래를 나타내는 말(tomorrow)이 있으므로 미래 시제인 「will+동사원형」을 쓴다.

16 미래 시제 의문문에서 의문사가 없는 경우 대답이 부정일 때는 won't를 쓴다.
A: 앤은 내년에 학생이 될 거니?
B: 아니, 그렇지 않을 거야.

17 '~하지 않을 것이다'라는 미래 시제의 부정문은 「주어+won't+동사원형 ~.」을 쓴다.
- 나는 밤에 라디오를 듣지 않을 것이다.

18 '언제 ~할 것이니?'라는 의미로 「When+will+주어+동사원형 ~?」을 쓴다.
- 너는 언제 치과에 갈 거니?

19 '~하지 않을 것이다'는 「will not+동사원형」을 쓴다.

20 미래 시제 의문문에서 의문사가 있을 경우 의문사가 문장 맨 앞에 와서 「의문사+will+주어+동사원형 ~?」으로 쓴다.

Unit 03 미래 시제 be going to

Lesson 01 be going to의 긍정문과 부정문

Grammar Walk!
63쪽

A
1 I am going to go swimming tomorrow morning.
2 She is going to buy a new shirt.
3 The train is going to leave at nine o'clock.
4 We are going to build a sandcastle.
5 The children are going to make pinwheels.

B 1 I'm going to write
   2 He's going to take
   3 It's going to be
   4 We're going to clean
   5 They're going to win

해설 **A** 1 나는 내일 아침에 수영을 하러 갈 것이다.
   2 그녀는 새 셔츠를 살 것이다.
   3 그 기차는 9시 정각에 떠날 것이다.
   4 우리는 모래성을 쌓을 것이다.
   5 그 아이들은 바람개비를 만들 것이다.

B 1 나는 우리 엄마에게 크리스마스 카드를 쓸 것이다.
   2 그는 오늘 밤에 샤워를 할 것이다.
   3 내일은 화창할 것이다.
   4 우리는 바닥을 청소할 것이다.
   5 그들은 그 경기를 이길 것이다.

Grammar Walk!   65쪽

A 1 We (are not going to) take photos today.
   2 Kevin (is not going to) eat pizza.
   3 She (is not going to) run in the park.
   4 I (am not going to) play the flute.
   5 They (are not going to) take the subway.

B 1 I'm not going to dance.
   2 He isn't going to be late for school.
   3 It's not going to be hot tomorrow.
   4 We're not going to bring the tent.
   5 They're not going to meet the singer.

해설 **A** 1 우리는 오늘 사진을 찍지 않을 것이다.
   2 케빈은 피자를 먹지 않을 것이다.
   3 그녀는 공원에서 달리지 않을 것이다.
   4 나는 플루트를 불지 않을 것이다.
   5 그들은 지하철을 타지 않을 것이다.

B 1 나는 춤을 추지 않을 것이다.
   2 그는 학교에 늦지 않을 것이다.
   3 내일은 덥지 않을 것이다.

---

4 우리는 그 텐트를 가져오지 않을 것이다.
5 그들은 그 가수를 만나지 않을 것이다.

Grammar Run!   66~67쪽

A 1 am   2 is, to call   3 are
   4 is going   5 are going   6 to join
   7 to pick   8 to move   9 are not
   10 is not   11 isn't   12 am not
   13 aren't   14 is not   15 isn't

B 1 ❶   2 ❶   3 ❶   4 ❷
   5 ❶   6 ❷   7 ❷   8 ❶
   9 ❷   10 ❶   11 ❷   12 ❶
   13 ❷   14 ❶   15 ❶

해설 **A** 1 나는 내년에 5학년이 될 것이다.
   2 그녀는 오늘 미소에게 전화를 걸 것이다.
   3 그들은 내일 중국으로 떠날 것이다.
   4 테드는 오늘 저녁에 자신의 강아지를 씻길 것이다.
   5 우리는 다음 토요일에 파티를 열 것이다.
   6 조앤은 그 동아리에 가입할 것이다.
   7 그들은 다음 주에 사과를 딸 것이다.
   8 우리 이모는 다음 달에 부산으로 이사하실 것이다.
   9 우리는 이번 주말에 등산을 하지 않을 것이다.
   10 내 여동생은 방과 후에 테니스를 치지 않을 것이다.
   11 켄트 씨는 컴퓨터를 사지 않을 것이다.
   12 나는 내일 도서관에 가지 않을 것이다.
   13 에드나와 메이는 이번 여름에 다이빙하러 가지 않을 것이다.
   14 그는 오늘 점심 식사를 하지 않을 것이다.
   15 그녀는 오늘 밤에 그 책을 돌려주지 않을 것이다.

B 1 우리 엄마는 케이크를 만드실 것이다.
   2 그는 이틀 동안 서울에 머무를 것이다.
   3 나는 오늘 티셔츠를 입을 것이다.
   4 우리는 함께 저녁 식사를 요리할 것이다.
   5 바비는 오늘 카드 몇 장을 보낼 것이다.
   6 그들은 강을 따라 걸을 것이다.
   7 조와 나는 오늘 하이킹하러 갈 것이다.
   8 케이트는 나와 함께 숙제를 할 것이다.
   9 나는 오늘 밤에 TV를 보지 않을 것이다.

10 그녀는 오늘 아침에 콩을 사지 않을 것이다.

11 우리 형은 스키를 타지 않을 것이다.

12 그들은 다음 주에 집에 오지 않을 것이다.

13 그는 기차를 타지 않을 것이다.

14 내일 비가 오지 않을 것이다.

15 우리는 밤에 음악을 듣지 않을 것이다.

Grammar Jump! 68~69쪽

A 1 전화드릴 것이다　2 요리할 것이다

3 끝낼 것이다　4 도와줄 것이다

5 들을 것이다　6 할 것이다

7 방문할 것이다　8 시작할 것이다

9 머물지 않을 것이다　10 비가 오지 않을 것이다

11 걸어가지 않을 것이다　12 세차하시지 않을 것이다

13 쇼핑하러 가지 않을 것이다

14 타지 않을 것이다　15 보지 않을 것이다

B 1 am going to read

2 is going to swim

3 are going to water

4 am going to invite

5 are going to fly

6 is going to buy

7 is going to come

8 is going to arrive

9 isn't going to call

10 isn't going to plant

11 am not going to jog

12 aren't going to eat

13 isn't going to send

14 isn't going to take

15 aren't going to go

해설　**A** 1 나는 오늘 아침에 우리 숙모에게 전화드릴 것이다.

2 그는 이번 주말에 우리를 위해 점심 식사를 요리할 것이다.

3 그녀는 저녁 식사 전에 숙제를 끝낼 것이다.

4 잭은 내일 자기 친구들을 도와줄 것이다.

5 그들은 함께 라디오를 들을 것이다.

6 우리는 저녁 식사 후에 컴퓨터 게임을 할 것이다.

7 우리 아버지는 다음 주에 도쿄를 방문할 것이다.

8 그 콘서트는 곧 시작할 것이다.

9 클라라는 이번 주에 여기에 머물지 않을 것이다.

10 오늘 오후에 비가 오지 않을 것이다.

11 그들은 호수까지 걸어가지 않을 것이다.

12 우리 어머니는 이번 주에 세차하시지 않을 것이다.

13 우리는 오늘 쇼핑하러 가지 않을 것이다.

14 우즈 씨는 택시를 타지 않을 것이다.

15 우리는 오늘 밤에 TV를 보지 않을 것이다.

B 1 나는 오늘 밤에 이야기책을 읽을 것이다.

2 브래드는 바다에서 수영할 것이다.

3 그들은 그 꽃들에 물을 줄 것이다.

4 나는 그 파티에 에밀리를 초대할 것이다.

5 우리는 오늘 오후에 연을 날릴 것이다.

6 그는 내일 새 카메라를 살 것이다.

7 그녀는 오늘 집에 일찍 올 것이다.

8 우리 삼촌은 다음 화요일에 도착하실 것이다.

9 앤은 이번 주에 너에게 전화를 걸지 않을 것이다.

10 그의 여동생은 나무를 심지 않을 것이다.

11 나는 오늘 아침에 조깅하지 않을 것이다.

12 그들은 저녁 식사로 스테이크를 먹지 않을 것이다.

13 그는 오늘 편지를 보내지 않을 것이다.

14 그녀는 그 버스를 타지 않을 것이다.

15 우리는 이번 가을에 제주도에 가지 않을 것이다.

Grammar Fly! 70~71쪽

A 1 dance　2 going　3 arrive

4 are　5 going　6 be

7 isn't　8 aren't　9 aren't

10 is　11 He's　12 am not

13 to play　14 to sing　15 not going

B 1 Jane is going to bake some cookies.

2 They are going to clean the garage tomorrow.

3 It is going to be sunny tomorrow.

4 He is going to borrow some books today.

5 I am not going to go skating this winter.

6 Eric is not going to leave here today.

7 She is not going to buy a sharpener.

8 He is not going to go to bed early.

9 They are not going to play outside.

10 My mother is not going to park there.

해설 **A 1** 앤은 내일 춤을 잘 출 것이다.

2 나는 오늘 내 선글라스를 가져갈 것이다.

3 우리는 8시에 서울에 도착할 것이다.

4 줄리아와 나는 오늘 오후에 자전거를 탈 것이다.

5 마크는 파티에 쿠키를 조금 가져올 것이다.

6 내일은 추울 것이다.

7 에이미는 다음 주말에 파리로 떠나지 않을 것이다.

8 그들은 자신들의 엄마에게 스웨터를 사 드리지 않을 것이다.

9 그와 준이는 이번 봄에 요가를 배우지 않을 것이다.

10 그녀는 내일 아침에 서핑하러 가지 않을 것이다.

11 그는 내일 그 콘서트에 가지 않을 것이다.

12 나는 내일 샐러드를 만들지 않을 것이다.

13 그들은 오늘 밤에 체스를 둘 것이다.

14 그녀는 그 대회에서 그 노래를 부를 것이다.

15 우리는 시소를 타지 않을 것이다.

Lesson 02 be going to의 의문문

Grammar Walk! 73쪽

A 1 Are (you) going to walk to your house?

2 Is (she) going to study history?

3 Is (Tom) going to eat tomatoes?

4 Are (they) going to speak English in class?

5 Are (the children) going to be twelve years old?

B 1 c. **2** e. **3** d. **4** b. **5** a.

해설 **A 1** 너[너희]는 너희 집에 걸어서 갈 거니?

2 그녀는 역사를 공부할 거니?

3 톰은 토마토를 먹을 거니?

4 그들은 수업 중에 영어로 말할 거니?

5 그 아이들은 열두 살이 되니?

B 1 너는 내일 조깅하러 갈 거니?
– c. 응, 그럴 거야.

2 내일 날씨가 흐릴까? – e. 응, 그럴 거야.

3 존은 일기를 쓸 거니?
– d. 아니, 그러지 않을 거야.

4 애니는 신문을 살 거니?
– b. 아니, 그러지 않을 거야.

5 그들은 5학년이 되니? – a. 응, 그럴 거야.

Grammar Walk! 75쪽

A 1 (When) are you going to come back home?

2 (Where) is she going to study Chinese?

3 (Who) are you going to meet this afternoon?

4 (Why) are they going to visit the island?

5 (Who) is going to sing next?

B 1 am going to **2** is going to
3 is going to **4** are going to

해설 **A 1** 너는 언제 집에 돌아올 거니?

2 그녀는 어디에서 중국어를 공부할 거니?

3 너는 오늘 오후에 누구를 만날 거니?

4 그들은 왜 그 섬을 방문할 거니?

5 누가 다음에 노래를 부를 거니?

B 1 A: 너는 방과 후에 무엇을 할 거니?
B: 나는 쿵후를 연습할 것이다.

2 A: 그는 언제 숙제를 끝낼 거니?
B: 그는 오후 7시에 끝낼 것이다.

3 A: 앤은 이번 주말에 누구를 찾아갈 거니?
B: 그녀는 자신의 할아버지를 찾아뵐 것이다.

4 A: 그들은 이번 여름에 어디로 여행을 갈 거니?
B: 그들은 파리로 여행을 갈 것이다.

Grammar Run! 76~77쪽

A 1 Are **2** Is **3** Are
4 Are **5** to knit **6** leave
7 play **8** visit
9 Are they going

10 are you　　**11** is she　　**12** are

13 are　　　　**14** is　　　　**15** is

B **1** Yes, he is　　　　**2** No, I'm not

3 No, she isn't　　　**4** Yes, they are

5 No, she isn't　　　**6** Yes, it is

7 Yes, we are

8 She's going to arrive at seven o'clock

9 in the park

10 am going to clean

11 I

12 are going to build

해설 **A** **1** 너는 그 언덕을 올라갈 거니?

2 제이슨은 공원에서 산책할 거니?

3 우리는 다음 금요일에 소풍을 갈 거니?

4 그들은 오늘 태권도를 연습할 거니?

5 라일라는 자신의 엄마를 위해 목도리를 뜰 거니?

6 그 기차는 10시 30분에 떠날 거니?

7 네 언니는 너와 함께 탁구를 칠 거니?

8 너는 다음 수요일에 그 마을을 방문할 거니?

9 그들은 가난한 사람들을 돌볼 거니?

10 너는 내일 누구를 만날 거니?

11 그녀는 오늘 어디에서 영어를 공부할 거니?

12 그들은 언제 파티를 열 거니?

13 너와 수진이는 어떻게 공원에 갈 거니?

14 그는 그녀를 위해 무엇을 만들 거니?

15 누가 오늘 그 강아지들을 돌볼 거니?

　B **1** A: 개츠비 씨는 그 잡지를 읽을 거니?

　　B: 응, 그럴 거야.

2 A: 너는 그 백합들을 그릴 거니?

　　B: 아니, 그러지 않을 거야.

3 A: 네 언니는 싱가포르에서 공부할 거니?

　　B: 아니, 그러지 않을 거야.

4 A: 그들은 그 도시로 이사를 갈 거니?

　　B: 응, 그럴 거야.

5 A: 메리는 내일 그의 헬멧을 가져올 거니?

　　B: 아니, 그러지 않을 거야.

6 A: 다음 주에 더울까?

　　B: 응, 그럴 거야.

7 A: 너희는 내년에 제주도를 방문할 거니?

　　B: 응, 그럴 거야.

8 A: 그녀는 언제 영화관에 도착할 거니?

　　B: 그녀는 7시 정각에 도착할 것이다.

9 A: 네 남동생은 자기 지갑을 어디에서 찾을 거니?

　　B: 그는 공원에서 그것을 찾을 것이다.

10 A: 너는 다음 일요일에 무엇을 할 거니?

　　B: 나는 욕조를 청소할 것이다.

11 A: 누가 오늘 바닥을 쓸 거니?

　　B: 내가 바닥을 쓸 것이다.

12 A: 너희는 어떻게 둥지를 만들 거니?

　　B: 우리는 상자로 그것을 만들 것이다.

Grammar Jump! 78~79쪽

A **1** Are, going to　　**2** Is, going to

3 Is, going to　　　**4** Are, going to

5 Is, going to　　　**6** Is, going to

7 Are, going to　　**8** Are, going to

9 Is, going to　　　**10** are, going to

11 is, going to　　　**12** are, going to

13 is, going to　　　**14** is, going to

15 is going to

B **1** I am　　　　　**2** he is

3 they aren't　　**4** Yes

5 No, he　　　　**6** Yes, it

7 am going to eat

8 is going to come

9 are going to study

10 is going to make

11 are, going to　　**12** are, going to

해설 **A** **1** 너는 밀크셰이크를 만들 거니?

2 톰은 줄리 옆에 앉을 거니?

3 그 기차는 정각에 도착할 거니?

4 그들은 다음 주에 휴가를 갈 거니?

5 네 여동생은 그 경주에서 달릴 거니?

6 그는 다시 스키 타러 갈 거니?

7 그의 부모님은 오늘 영화를 보러 가실 거니?

8 켈리와 샘은 방과 후에 테니스를 칠 거니?

9 스미스 씨는 자신의 딸과 함께 올 거니?

10 너는 어디에서 린다를 기다릴 거니?

11 그는 부산으로 언제 이사를 갈 거니?

12 그들은 여름 방학 동안 무엇을 할 거니?

13 그녀는 내일 누구를 만날 거니?

14 네 남동생은 어떻게 그 문을 열 거니?

15 누가 오늘 저녁에 설거지를 할 거니?

B 1 A: 너는 밤에 숙제를 할 거니? B: 응, 그럴 거야.

2 A: 너희 아버지는 올해 규칙적으로 운동하실 거니?

B: 응, 그러실 거야.

3 A: 너희 조부모님은 저녁 식사 후에 음악을 들으실 거니?

B: 아니, 그러지 않으실 거야.

4 A: 낸시는 지금 잠자리에 들 거니?

B: 응, 그럴 거야.

5 A: 네 남동생은 자기 새 빨간색 모자를 쓸 거니?

B: 아니, 그러지 않을 거야.

6 A: 내일 더운 날이 될까? B: 응, 그럴 거야.

7 A: 너는 디저트로 무엇을 먹을 거니?

B: 나는 아이스크림을 조금 먹을 것이다.

8 A: 네 사촌은 언제 너희 집에 올 거니?

B: 그녀는 다음 목요일에 우리 집에 올 것이다.

9 A: 네 친구들은 내일 어디에서 과학을 공부할 거니?

B: 그들은 도서관에서 공부할 것이다.

10 A: 누가 그녀의 생일 케이크를 만들 거니?

B: 토니가 그것을 만들 것이다.

11 A: 그들은 어떻게 그 마을에 갈 거니?

B: 그들은 기차로 거기에 갈 것이다.

12 A: 너희 부모님은 언제 중국으로 여행을 가실 거니?

B: 그들은 다음 달에 중국으로 여행을 가실 것이다.

Grammar Fly!

80~81쪽

A 1 Is **2** Are **3** Are
4 is **5** aren't **6** No
7 is **8** are **9** going
10 to run **11** am going **12** to draw

B 1 Are you going to go surfing
2 Is your brother going to watch
3 Is he going to join
4 Are they going to bring
5 Is Bill going to write
6 Are you going to dance
7 Is your uncle going to sleep
8 Is Sue going to ride
9 Is the farmer going to sell

10 are you going to meet
11 are they going to play
12 is your dad going to come
13 is she going to fix
14 are they going to buy
15 is going to take care of

해설 A 1 A: 너희 어머니는 그 TV를 고치실 거니?

B: 응, 그러실 거야.

2 A: 네 친구들은 방과 후에 축구를 할 거니?

B: 아니, 그러지 않을 거야.

3 A: 그 남자들은 내일 그 큰 나무를 베어 낼 거니?

B: 응, 그럴 거야.

4 A: 그는 이번 주에 자신의 그림을 끝낼 거니?

B: 응, 그럴 거야.

5 A: 그들은 오늘 밤에 물고기를 잡을 거니?

B: 아니, 그러지 않을 거야.

6 A: 너는 바다로 다이빙할 거니?

B: 아니, 그러지 않을 거야.

7 A: 누가 내일 너희를 돌볼 거니?

B: 우리 할머니가 우리를 돌봐 주실 것이다.

8 A: 그의 부모님은 그를 위해 무엇을 사실 거니?

B: 그분들은 그를 위해 새 자전거를 사실 것이다.

9 A: 그 아기는 언제 잠을 잘 거니?

B: 그녀는 곧 잠을 잘 것이다.

10 A: 짐은 오늘 아침에 어디에서 달릴 거니?

B: 그는 공원에서 달릴 것이다.

11 A: 너는 영화관에 어떻게 갈 거니?

B: 나는 거기에 지하철로 갈 것이다.

12 A: 제시카는 무엇을 그릴 거니?

B: 그녀는 무지개를 그릴 것이다.

B 1 너는 이번 주말에 서핑하러 갈 거니?
2 네 남동생은 오늘 밤 TV를 볼 거니?
3 그는 올해 그 동아리에 가입할 거니?
4 그들은 자기 애완동물들을 학교에 데려올 거니?
5 빌은 그녀에게 엽서를 쓸 거니?
6 너는 무대 위에서 춤을 출 거니?
7 너희 삼촌은 소파 위에서 주무실 거니?
8 수는 공원에서 말을 탈 거니?
9 그 농부는 내일 자기 소들을 팔 거니?
10 너는 그 음식점에서 누구를 만날 거니?
11 그들은 어디에서 축구를 할 거니?
12 너희 아빠는 언제 집에 돌아오실 거니?
13 그녀는 어떻게 그 지붕을 고칠 거니?
14 그들은 그녀를 위해 무엇을 살 거니?
15 누가 그 불쌍한 고양이를 돌볼 거니?

REVIEW · 03

1 ④	2 ②	3 ③
4 ③	5 ①	6 ③
7 ②	8 ④	9 ④
10 ④	11 to buy	12 Where is

13 are not going 14 Is Cathy going to

15 Where are, going 16 am

17 I am not going to visit my uncle.

18 Nancy is going to go to bed early.

19 Sam is not going to take the subway.

20 Is it going to be cold tomorrow?

REVIEW 해설

1 be going to를 사용해서 '~하지 않을 것이다'라는 의미를 나타낼 때는 「be동사+not+going to+동사원형」으로 쓴다.
- ❶ 나는 폴 옆에 앉을 것이다.
- ❷ 그녀는 수학을 공부할 것이다.
- ❸ 우리는 축구를 할 것이다.
- ❹ They're not going to watch TV. 그들은 TV를 보지 않을 것이다.

2 be going to 의문문에서 who가 '누가'라는 뜻으로 주어인 경우 be동사는 is가 알맞다.
- ❶ 너는 파티를 열 거니?
- ❷ Who is going to sweep the floor? 누가 그 바닥을 쓸 거니?
- ❸ 톰은 면바지를 입을 거니?
- ❹ 그들은 언제 떠날 거니?

3 미래를 나타내는 말(this afternoon)이 있고 be동사(are)와 동사원형(play)이 있으므로 '~할 것이다, ~할 예정이다'라는 뜻의 「be going to+동사원형」을 쓴다.
- 우리는 오늘 오후에 테니스를 칠 것이다.

4 be going to 의문문에서 의문사가 있는 경우 의문사 뒤의 be동사는 주어에 따라 달라진다. 주어가 you일 때는 are이다.
- 너는 무엇을 할 거니?

5 be going to 긍정문에서 부정문으로 바꿔 쓸 때는 be동사 뒤에 not을 붙여 「be동사+not+going to+동사원형」으로 쓴다.
- 수는 스키를 탈 것이다.
  - → 수는 스키를 타지 않을 것이다.

6 be going to 평서문에서 의문문으로 바꿔 쓸 때 의문

사가 없는 경우에는 주어와 be동사의 위치를 바꿔 「be동사+주어+going to+동사원형 ~?」으로 쓴다.
- 그들은 연을 날릴 것이다. → 그들은 연을 날릴 거니?

7 be going to 의문문에서 의문사가 없는 경우 「Yes, 주어(대명사)+be동사. / No, 주어(대명사)+be동사+not.」으로 대답한다. 의문문의 주어가 2인칭인 you이고 대답이 긍정인 Yes이므로 I am이 알맞다.
- 너는 책을 읽을 거니? – 응, 그럴 거야.

8 언제 점심 식사를 할 것인지 묻고 있으므로 대답은 시간이나 때를 나타내는 말로 한다.
- 그는 언제 점심 식사를 할 거니?
  - – 그는 2시에 점심 식사를 할 것이다.

9 be going to 의문문에서 의문사가 있는 경우 「의문사+be동사+주어+going to+동사원형 ~?」의 형태로 쓴다.

10 ❹는 where(어디에서)로 장소를 묻고 있으므로 yes나 no로 대답하지 않고 장소를 나타내는 말로 대답해야 한다.
- ❶ A: 팀은 스키 타러 갈 거니?
  B: 아니, 그렇지 않을 거야.
- ❷ A: 너는 무엇을 할 거니? B: 나는 잠자리에 들 것이다.
- ❸ A: 누가 너를 도와줄 거니?
  B: 내 여동생이 도와줄 것이다.
- ❹ A: 그녀는 어디에서 조깅할 거니? B: 응, 그럴 거야.

11 가까운 미래에 '~할 것이다, ~할 예정이다'라고 말할 때는 「be going to+동사원형」을 쓴다.

12 be going to 의문문에서 의문사가 있는 경우 의문사가 문장 맨 앞에 오고 그 뒤에 be동사가 온다.

13 be going to 긍정문에서 부정문으로 바꿔 쓸 때는 be동사 뒤에 not을 쓴다.
- 우리는 오늘 수학을 공부할 것이다.
  - → 우리는 오늘 수학을 공부하지 않을 것이다.

14 be going to 평서문에서 의문문으로 바꿔 쓸 때는 주어와 be동사의 위치를 바꾸고 문장 끝에 물음표를 쓴다.
- 캐시는 한국어를 배울 것이다.
  - → 캐시는 한국어를 배울 거니?

15 be going to 의문문에서 의문사가 있는 경우 「의문사+be동사+주어+going to+동사원형 ~?」으로 쓴다.

16 첫 번째 문장은 '~이다'라는 의미로 빈칸에는 주어 I와 짝이 되는 be동사 am이 알맞다. 두 번째 문장은 '~할 것이다, ~할 예정이다'라는 뜻의 be going to 긍정문이므로 빈칸에 주어 I(나)와 짝이 되는 am이 알맞다.

17 '~하지 않을 것이다'는 「be동사+not+going to+동사원형」으로 쓴다.

- 나는 우리 삼촌을 찾아뵙지 않을 것이다.

18 '~할 것이다, ~할 예정이다'는 「be going to+동사원형」으로 쓴다.
- 낸시는 일찍 잠자리에 들 것이다.

19 be going to 부정문은 be동사 뒤에 not을 쓴다.
- 샘은 지하철을 타지 않을 것이다.

20 be going to 의문문에서는 의문사가 없을 경우 be동사가 문장 맨 앞에 와서 「be동사+주어+going to+동사원형 ~?」으로 쓴다.
- 내일 추울까?

Unit 04 비교 – 비교급

Lesson 01 비교급의 의미와 형태 (1)

Grammar Walk!   89쪽

A 1 This pencil is short. That pencil is (shorter).

2 Elephants live long. Turtles live (longer).

3 A Turtle is slow. A snail is (slower).

4 He practices the drums hard. I practice them (harder).

5 Hallasan is high. Baekdusan is (higher).

B 1 lower   2 sweeter
3 stronger   4 poorer
5 higher   6 cheaper
7 weaker   8 colder
9 richer   10 warmer

해설 A 1 이 연필은 짧다. 저 연필은 더 짧다.
2 코끼리는 오래 산다. 거북이는 더 오래 산다.
3 거북이는 느리다. 달팽이는 더 느리다.
4 그는 드럼을 열심히 연습한다. 나는 더 열심히 연습한다.
5 한라산은 높다. 백두산은 더 높다.

     B 1 낮은, 낮게 → 더 낮은, 더 낮게

2 달콤한 → 더 달콤한   3 힘이 센 → 더 힘이 센
4 가난한 → 더 가난한
5 높은, 높이 → 더 높은, 더 높이
6 값이 싼 → 더 값이 싼   7 약한 → 더 약한
8 추운 → 더 추운   9 부유한 → 더 부유한
10 따뜻한 → 더 따뜻한

Grammar Walk!   91쪽

A 1 larger   2 nicer
3 wiser   4 wider
5 cuter   6 later
7 heavier   8 dirtier
9 busier   10 prettier
11 happier   12 funnier
13 easier   14 earlier
15 thinner   16 wetter
17 sadder   18 hotter
19 bigger   20 fatter

해설 A 1 (규모가) 큰 → (규모가) 더 큰
2 좋은 → 더 좋은   3 현명한 → 더 현명한
4 넓은 → 더 넓은   5 귀여운 → 더 귀여운
6 늦은, 늦게 → 더 늦은, 더 늦게
7 무거운 → 더 무거운   8 더러운 → 더 더러운
9 바쁜 → 더 바쁜   10 예쁜 → 더 예쁜
11 행복한 → 더 행복한
12 재미있는 → 더 재미있는
13 쉬운 → 더 쉬운   14 일찍 → 더 일찍
15 마른 → 더 마른   16 젖은 → 더 젖은
17 슬픈 → 더 슬픈   18 더운 → 더 더운
19 큰 → 더 큰   20 뚱뚱한 → 더 뚱뚱한

Grammar Run!   92~93쪽

A 1 warmer   2 slower
3 harder   4 heavier
5 bigger   6 higher
7 busier   8 sweeter
9 earlier   10 deeper
11 dirtier   12 fatter
13 happier   14 later
15 funnier

B 1 ❷ 2 ❶ 3 ❷ 4 ❷
5 ❷ 6 ❶ 7 ❶ 8 ❶
9 ❷ 10 ❶ 11 ❷ 12 ❶
13 ❷ 14 ❷ 15 ❷

해설 **A** 1 그 블라우스는 따뜻하다. 그 스웨터는 더 따뜻하다.
2 그 기차는 느리다. 그 자전거는 더 느리다.
3 제니는 수학을 열심히 공부한다. 테드는 더 열심히 공부한다.
4 그 머그잔은 무겁다. 그 항아리는 더 무겁다.
5 캐나다는 크다. 러시아는 더 크다.
6 이 울타리는 높다. 저 담은 더 높다.
7 우리 엄마는 바쁘시다. 우리 아빠는 더 바쁘시다.
8 수박은 달다. 초콜릿은 더 달다.
9 너희 개는 일찍 일어난다. 우리 개는 더 일찍 일어난다.
10 그 호수는 깊다. 바다는 더 깊다.
11 이 셔츠는 더럽다. 저 양말들은 더 더럽다.
12 이 돼지는 뚱뚱하다. 저 돼지는 더 뚱뚱하다.
13 우리 어머니는 행복하시다. 나는 더 행복하다.
14 수미는 늦게 일어난다. 그녀의 남동생은 더 늦게 일어난다.
15 그 영화는 재미있다. 그 만화는 더 재미있다.

Grammar Jump!

94~95쪽

A 1 키가 더 크다   2 더 높이 점프한다
3 더 밝다   4 더 빨리
5 더 조용하다   6 더 열심히
7 더 약하다   8 더 오래
9 더 길다   10 더 크다
11 더 무겁다   12 더 값이 싸다
13 더 따뜻하다   14 더 차갑다
15 더 쉽다

B 1 earlier   2 older
3 faster   4 stronger
5 colder   6 younger
7 prettier   8 fatter
9 larger   10 smarter
11 funnier   12 hotter
13 nicer   14 busier
15 thinner

해설 **A** 1 윤호는 키가 크다. 민호는 키가 더 크다.
2 그 개구리는 높이 점프한다. 그 토끼는 더 높이 점프한다.
3 별은 밝다. 태양은 더 밝다.
4 벌은 빨리 난다. 독수리는 더 빨리 난다.
5 교실은 조용하다. 도서관은 더 조용하다.
6 마이크는 열심히 한국어를 공부한다. 에밀리는 그것을 더 열심히 공부한다.
7 그 아이는 몸이 약하다. 그 아기는 몸이 더 약하다.
8 나는 오래 달릴 수 있다. 그는 더 오래 달릴 수 있다.
9 바나나는 길다. 기차는 더 길다.
10 축구공은 크다. 농구공은 더 크다.
11 그 책상은 무겁다. 그 침대는 더 무겁다.
12 파란색 자전거는 값이 싸다. 회색 자전거는 값이 더 싸다.
13 서울은 따뜻하다. 부산은 더 따뜻하다.
14 그 물은 차갑다. 그 얼음은 더 차갑다.
15 그 퍼즐은 쉽다. 그 게임은 더 쉽다.

Grammar Fly!

96~97쪽

A 1 larger   2 smaller
3 funnier   4 harder
5 closer   6 wiser
7 cheaper   8 easier
9 longer   10 heavier
11 earlier   12 bigger
13 lighter   14 stronger
15 sweeter

B 1 My little brother is shorter.
2 The kite flies longer.
3 The old man is weaker.
4 The stadium was larger.
5 Wesley runs faster.
6 His sneakers were dirtier.
7 The weather is hotter.
8 The lamp is brighter.
9 Tony goes to bed earlier.
10 My puppy is cuter.
11 Her daughter is prettier.

12 The actress is richer.

13 My English teacher is happier.

14 The truck is heavier.

15 The story is sadder.

해설 **A** **1** 이 정원은 넓다. 저 정원은 더 넓다.

2 그 키위는 작다. 그 체리는 더 작다.

3 그 책은 재미있다. 그 영화는 더 재미있다.

4 조는 태권도를 열심히 연습한다. 매트는 그것을 더 열심히 연습한다.

5 그 지하철역은 가깝다. 그 은행은 더 가깝다.

6 그는 현명하다. 그의 아버지는 더 현명하시다.

7 그 손목시계는 값이 싸다. 그 탁상시계는 값이 더 싸다.

8 테니스는 쉽다. 배드민턴은 더 쉽다.

9 그 빨간 밧줄은 길다. 그 검은색 밧줄은 더 길다.

10 그 호랑이는 무겁다. 그 코끼리는 더 무겁다.

11 너는 일찍 학교에 간다. 나는 더 일찍 학교에 간다.

12 그 말은 크다. 그 고래는 더 크다.

13 그 배낭은 가볍다. 그 지갑은 더 가볍다.

14 그 여자아이는 힘이 세다. 그녀의 여동생은 더 힘이 세다.

15 그 도넛은 달다. 그 사탕은 더 달다.

B **1** 내 남동생은 키가 작다.

→ 내 남동생은 키가 더 작다.

2 그 연은 오래 난다. → 그 연은 더 오래 난다.

3 그 노인은 약하다. → 그 노인은 더 약하다.

4 그 경기장은 컸다. → 그 경기장은 더 컸다.

5 웨슬리는 빨리 달린다.

→ 웨슬리는 더 빨리 달린다.

6 그의 운동화는 더러웠다.

→ 그의 운동화는 더 더러웠다.

7 날씨가 덥다. → 날씨가 더 덥다.

8 그 등은 밝다. → 그 등은 더 밝다.

9 토니는 일찍 잠자리에 든다.

→ 토니는 더 일찍 잠자리에 든다.

10 내 강아지는 귀엽다. → 내 강아지는 더 귀엽다.

11 그녀의 딸은 예쁘다. → 그녀의 딸은 더 예쁘다.

12 그 여배우는 부자이다.

→ 그 여배우는 더 부자이다.

13 우리 영어 선생님은 행복하시다.

→ 우리 영어 선생님은 더 행복하시다.

14 그 트럭은 무겁다. → 그 트럭은 더 무겁다.

15 그 이야기는 슬프다. → 그 이야기는 더 슬프다.

Lesson 02 비교급의 의미와 형태 (2)

Grammar Walk! 99쪽

A **1** This book is difficult. That book is (more difficult).

2 I walk quickly. My brother walks (more quickly).

3 Jane sings well. Oliver sings (better).

4 The actor is famous. His son is (more famous).

5 The photo is interesting. The painting is (more interesting).

B **1** more useful **2** more interesting

3 more expensive **4** more difficult

5 more famous **6** better

7 farther/further **8** worse

9 less **10** more

해설 **A** **1** 이 책은 어렵다. 저 책은 더 어렵다.

2 나는 빨리 걷는다. 우리 형은 더 빨리 걷는다.

3 제인은 노래를 잘 부른다. 올리버는 노래를 더 잘 부른다.

4 그 배우는 유명하다. 그의 아들은 더 유명하다.

5 그 사진은 흥미롭다. 그 그림은 더 흥미롭다.

B **1** 유용한 → 더 유용한

2 흥미로운 → 더 흥미로운

3 (값이) 비싼 → (값이) 더 비싼

4 어려운 → 더 어려운 **5** 유명한 → 더 유명한

6 좋은 → 더 좋은

7 먼, 멀리 → 더 먼, 더 멀리

8 나쁜 → 더 나쁜 **9** 거의 없는 → 더 적은

10 많은 → 더 많은

Grammar Walk! 101쪽

A **1** The cat is bigger (than) the mouse.

2 Today is hotter (than) yesterday.

3 The game is more exciting (than) the concert.

4 Bees are busier (than) ants.

5 The dog swims better (than) the bear.

B **1** ❸ **2** ❹ **3** ❹ **4** ❹

5 ❸

A 1 그 고양이는 그 쥐보다 크다.

2 오늘은 어제보다 덥다.

3 그 경기는 그 콘서트보다 신난다.

4 벌은 개미보다 분주하다.

5 그 개는 그 곰보다 헤엄을 잘 친다.

B 1 놀부는 흥부보다 부자이다.

2 조지는 팀보다 오래 잠을 잔다.

3 그 빨간색 드레스는 그 흰색 드레스보다 아름답다.

4 이 책은 그 사전보다 두껍다.

5 저 운동화는 이 슬리퍼보다 좋다.

Grammar Run!   102~103쪽

A 1 more beautiful   2 more slowly
3 than   4 more difficult
5 more expensive   6 more famous
7 than   8 more exciting
9 more diligent   10 more popular
11 than   12 more delicious
13 more useful   14 more easily
15 more quickly

B 1 ❷   2 ❶   3 ❷   4 ❷
5 ❷   6 ❷   7 ❶   8 ❶
9 ❷   10 ❶   11 ❷   12 ❶
13 ❷   14 ❶   15 ❶

해설 **A** 1 제인은 아름답다. 그녀의 어머니는 더 아름답다.

2 케이트는 천천히 먹는다. 제인은 더 천천히 먹는다.

3 이 양초는 그 별보다 밝다.

4 일본어는 어렵다. 영어는 더 어렵다.

5 그 컴퓨터는 비싸다. 그 차는 더 비싸다.

6 그 그림은 유명하다. 그 화가는 더 유명하다.

7 나는 우리 부모님보다 일찍 잠자리에 든다.

8 야구 경기는 신 난다. 축구 경기는 더 신 난다.

9 수영이는 부지런하다. 재민이는 더 부지런하다.

10 그 노래는 인기 있다. 그 가수는 더 인기 있다.

11 나는 너보다 행복하다.

12 토마토는 맛있다. 멜론은 더 맛있다.

13 그 가방은 쓸모 있다. 그 배낭은 더 쓸모 있다.

14 할아버지는 그 차를 쉽게 고치신다. 아빠는 그 차를 더 쉽게 고치신다.

15 제니는 빨리 먹는다. 신디는 더 빨리 먹는다.

B 1 찬호는 민수보다 야구를 잘한다.

2 이 영화는 그 책보다 슬프다.

3 이 그림은 저 그림보다 좋다.

4 주스는 커피보다 맛있다.

5 나는 마이크보다 춤을 잘 춘다.

6 이 셔츠는 저 티셔츠보다 안 좋다.

7 그 다리는 그 건물보다 오래되었다.

8 그는 자신의 아빠보다 우유를 많이 마신다.

9 그녀는 잭보다 멀리 뛸 수 있다.

10 애니는 사라보다 행복해 보인다.

11 네 여동생은 너보다 잠을 덜 잔다.

12 그 욕실은 그 부엌보나 어둡다.

13 그 공원은 너희 집보다 멀다.

14 나는 샘보다 일찍 학교에 간다.

15 이 유리잔은 그 그릇보다 약하다.

Grammar Jump!   104~105쪽

A 1 This question is more difficult.

2 Emily walks more slowly.

3 The video game is more exciting.

4 They have less time.

5 He drives a car more carefully.

6 My mother drinks more coffee.

7 Time is more important.

8 Albert solved the puzzle more easily.

9 The weather is worse today.

10 The boy is more handsome.

11 The cat moves more quietly.

12 Phil jumps rope better.

13 The station is farther[further].

14 My English teacher is more famous.

15 This belt is better.

B 1 more diligent than John

2 sweeter than the pear

3 faster than David

4 more, than Peter

5 longer than rabbits

6 busier than you

7 better than Mina

8 more famous than I

9 taller than monkeys

10 older than Dad

11 later than the boy

12 more popular than you

13 earlier than Jimmy

14 farther[further] than the gym

15 worse than Tony's

해설 A 1 이 질문은 어렵다. → 이 질문은 더 어렵다.

2 에밀리는 천천히 걷는다.

→ 에밀리는 더 천천히 걷는다.

3 그 비디오 게임은 흥미진진하다.

→ 그 비디오 게임은 더 흥미진진하다.

4 그들은 시간이 거의 없다.

→ 그들은 시간이 더 없다.

5 그는 차를 주의 깊게 운전한다.

→ 그는 차를 더 주의 깊게 운전한다.

6 우리 어머니는 커피를 많이 드신다.

→ 우리 어머니는 커피를 더 많이 드신다.

7 시간은 중요하다. → 시간은 더 중요하다.

8 앨버트는 그 퍼즐을 쉽게 풀었다.

→ 앨버트는 그 퍼즐을 더 쉽게 풀었다.

9 오늘은 날씨가 안 좋다.

→ 오늘은 날씨가 더 안 좋다.

10 그 남자아이는 잘생겼다.

→ 그 남자아이는 더 잘생겼다.

11 그 고양이는 조용히 움직인다.

→ 그 고양이는 더 조용히 움직인다.

12 필은 줄넘기를 잘한다.

→ 필은 줄넘기를 더 잘한다.

13 그 역은 멀다. → 그 역은 더 멀다.

14 우리 영어 선생님은 유명하시다.

→ 우리 영어 선생님은 더 유명하시다.

15 이 벨트는 좋다. → 이 벨트는 더 좋다.

B 1 닉은 존보다 부지런하다.

2 그 파이는 그 배보다 달콤하다.

3 앨리스는 데이비드보다 빨리 수영할 수 있다.

4 너는 피터보다 고기를 많이 먹는다.

5 뱀은 토끼보다 오래 산다.

6 그녀는 너보다 바쁘다.

7 켈리는 미나보다 노래를 잘 부른다.

8 그녀는 나보다 유명하다.

9 기린은 원숭이보다 키가 크다.

10 엄마는 아빠보다 나이가 많으시다.

11 나는 그 남자아이보다 늦게 도착했다.

12 그는 너보다 인기가 많다.

13 팀은 지미보다 일찍 잠자리에 든다.

14 그 은행은 체육관보다 멀다.

15 빌의 점수는 토니의 점수보다 나쁘다.

Grammar Fly! 106~107쪽

A 1 more   2 than

3 more slowly   4 better

5 more famous   6 better

7 more expensive   8 than

9 more exciting   10 worse

11 slower   12 cheaper

13 taller than   14 more delicious

15 harder

B 1 Canada is bigger than France.

2 Summer is hotter than fall.

3 Airplanes are faster than cars.

4 Slides are more exciting than seesaws.

5 Today is colder than yesterday.

6 The princess is prettier than the queen.

7 Ted sings better than Nick.

8 This book is thicker than that diary.

9 Subin is more diligent than Sora.

10 The station is farther than the bank.

해설 A 1 그녀는 자기 여동생보다 우유를 많이 마신다.

2 이 인형이 저 인형보다 예쁘다.

3 나는 내 남동생보다 천천히 먹는다.

4 이것이 더 좋은 생각이다.

5 유나는 그 스케이트 선수보다 유명하다.

6 그녀는 노래를 더 잘한다.

7 그 펜은 그 공책보다 값이 비싸다.

8 그 강아지는 그 개보다 가볍다.

9 그 뮤지컬은 그 콘서트보다 신 난다.

10 오늘이 어제보다 안 좋다.

11 벌레가 거북이보다 느리다.

12 그 컵은 그 유리잔보다 값이 싸다.

13 그 탑은 그 건물보다 높다.

14 복숭아는 사과보다 맛있다.

15 나는 피아노를 바이올린보다 열심히 연습한다.

REVIEW ~ 04
108~110쪽

1 ③	2 ①	3 ②
4 ④	5 ②	6 ③
7 ①	8 ②	9 ④
10 ①	11 hotter	
12 more easily	13 more	14 than
15 more slowly than	16 better than	

17 Ice is colder than water.

18 Your mom is more beautiful than you.

19 My mom gets up earlier than I.

20 The boy is thinner than the man.

REVIEW 해설

1 「자음+y」로 끝나는 형용사나 부사의 비교급은 -y를 -i로 바꾸고 -er을 붙여서 비교급을 만들므로 ③은 funny(재미있는) – funnier(더 재미있는)가 알맞다.
① 더운 – 더 더운　　② 큰 – 더 큰
④ 어려운 – 더 어려운

2 일부의 2음절과 대부분의 3음절 이상의 형용사, 부사는 앞에 more를 써서 비교급을 만들므로 ①은 famous(유명한) – more famous(더 유명한)가 알맞다.
② 쉬운 – 더 쉬운　　③ 이른 – 더 이른
④ 흥미로운 – 더 흥미로운

3 대부분의 3음절 이상의 형용사, 부사는 앞에 more를 써서 비교급을 만들므로 diligent의 비교급은 diligenter가 아니라 more diligent가 알맞다.
① 토니는 빌보다 키가 크다.
② She is a more diligent student. 그녀가 더 부지런한 학생이다.
③ 그들은 시간이 더 필요하다.
④ 우리는 더 행복하게 산다.

4 「형용사/부사의 비교급+than」은 '~보다 …한/하게'라는 뜻이므로 ④에서 from이 아니라 than이 알맞다.
① 나는 너보다 행복하다.　② 공원은 은행보다 멀다.
③ 중국은 일본보다 넓다.
④ Math is more difficult than English. 수학은 영어보다 어렵다.

5 '~보다 …한/하게'라는 의미로 「형용사/부사의 비교급 + than」을 쓰므로 첫 번째 문장은 busy의 비교급인 busier, 두 번째 문장은 expensive의 비교급 more expensive가 알맞다.
· 그들은 우리보다 바쁘다.
· 그 체리들은 오렌지보다 비싸다.

6 well(잘, 좋게)의 비교급은 better(더 잘, 더 좋게)이다.

7 tall의 비교급인 taller 뒤에 than을 쓰고 그 뒤에 비교 대상인 John을 써서 '존보다 키가 큰'이라는 의미를 나타낸다.

8 many/much(많은)의 비교급은 more(더 많은)이고, quickly(빨리)의 비교급은 more quickly(더 빨리)이므로 빈칸에는 more가 알맞다.
· 나는 고기를 많이 먹는다. 그는 고기를 더 많이 먹는다.
· 케빈은 조니보다 빨리 걷는다.

9 '더 ~한', '더 ~하게'의 뜻으로 두 가지를 비교할 때는 비교급을 쓰는데 보통 형용사나 부사 끝에 -er을 붙여 만든다.
❶ A cheetah runs faster than a deer. 치타는 사슴보다 빨리 달린다.
❷ Minho jumps higher than Jun. 민호는 준이보다 높이 점프한다.
❸ Joe studies harder than Danny. 조는 대니보다 열심히 공부한다.
❹ 줄리아는 메리보다 어리다.

10 ❶ 에이미는 루크보다 늦게 일어난다.
❷ This bed is softer than that bed. 이 침대는 저 침대보다 푹신하다. : 비교하는 대상 앞에는 than을 쓴다.
❸ He sings better than Ted. 그는 테드보다 노래를 잘한다. : well의 비교급은 more well이 아니라 better이다.
❹ This bag is heavier than that bag. 이 가방은 저 가방보다 무겁다. : heavy는 「자음+y」로 끝나므로 비교급은 -y를 -i로 바꾸고 -er을 붙여서 만든다. heavyer가 아니라 heavier이다.

11 「단모음+단자음」으로 끝나는 형용사나 부사는 마지막 자음을 한 번 더 쓰고 -er을 붙여 비교급을 만들므로 hot(더운)의 비교급은 hotter(더 더운)이다.

12 일부의 2음절과 대부분의 3음절 이상의 형용사, 부사는 앞에 more를 써서 비교급을 만들므로 easily의 비교급은 more easily이다.

13 much의 비교급은 more이고, exciting의 비교급은 more exciting이므로 빈칸에 공통으로 들어갈 말은 more가 알맞다.
· 그는 설탕이 더 많이 필요하다.

• 그 책은 그 영화보다 흥미진진하다.

14 '~보다 …하다'라고 말할 때는 형용사나 부사의 비교급 뒤에 than을 쓰고 비교 대상을 쓴다.
• 수는 에밀리보다 멀리 산다.
• 태양은 달보다 크다.

15 '~보다 …한/하게'라는 뜻으로 「형용사/부사의 비교급 +than」을 쓰므로 slowly(천천히)의 비교급인 more slowly(더 천천히) 뒤에 than을 쓴다.

16 well(잘)의 비교급인 better(더 잘)를 쓰고 그 뒤에 than을 써서 '~보다 잘'이라는 의미를 나타낸다.

17 '얼음이 물보다 차갑다.'라는 뜻이므로 cold(차가운)의 비교급인 colder(더 차가운) 뒤에 than을 쓰고, 그 뒤에 비교하는 대상인 water(물)를 쓴다.

18 '너희 엄마는 너보다 아름다우시다.'라는 뜻이므로 beautiful(아름다운)의 비교급인 more beautiful(더 아름다운)을 쓰고 그 뒤에 than과 비교하는 대상인 you(너)를 차례로 쓴다.

19 「자음+y」로 끝나는 경우 -y를 -i로 바꾸고 -er을 붙여서 비교급을 만들므로 early(일찍)의 비교급은 earlier(더 일찍)이다.
• 우리 엄마는 나보다 일찍 일어나신다.

20 「단모음+단자음」으로 끝나는 경우 자음을 한 번 더 쓰고 -er을 붙여서 비교급을 만들므로 thin(마른)의 비교급은 thinner(더 마른)이다.
• 그 남자아이는 그 남자보다 말랐다.

^{Unit}05 비교 – 최상급

^{Lesson}01 최상급의 의미와 형태 (1)

Grammar Walk! 115쪽

A 1 It was (the coldest) day of the year.
2 This shirt is (the smallest) in the store.
3 Jane is (the tallest) in my family.
4 The Nile is (the longest) river in the world.
5 The turtle ran (the fastest) of them all.

B 1 est, the youngest 2 est, the oldest
3 est, the smartest 4 est, the fastest
5 est, the highest 6 est, the slowest
7 est, the longest 8 est, the tallest
9 est, the hardest 10 est, the shortest

해설 **A** 1 그 해 가장 추운 날이었다.
2 이 셔츠는 그 상점에서 가장 작다.
3 제인은 우리 가족 중에서 가장 키가 크다.
4 나일 강이 세계에서 가장 긴 강이다.
5 그 거북이는 그것들 중에서 가장 빨리 달렸다.

B 1 어린 → 가장 어린
2 나이 든, 오래 된 → 가장 나이 든, 가장 오래 된
3 영리한 → 가장 영리한 4 빠른 → 가장 빠른
5 높은 → 가장 높은 6 느린 → 가장 느린
7 긴, 오래 → 가장 긴, 가장 오래
8 키가 큰 → 가장 키가 큰
9 열심히 → 가장 열심히 10 짧은 → 가장 짧은

Grammar Walk! 117쪽

A 1 Ms. Kim is (the nicest) teacher in my school.
2 It is (the prettiest) village.
3 This castle is (the biggest).
4 His room is (the dirtiest) in the house.
5 That cat is (the fattest) in the pet shop.

B 1 y, iest, the happiest
2 st, the wisest
3 st, the safest
4 y, iest, the busiest
5 y, iest, the luckiest
6 test, the wettest
7 test, the fattest
8 y, iest, the heaviest
9 nest, the thinnest
10 y, iest, the earliest

해설 **A** 1 김 선생님은 우리 학교에서 가장 친절한 선생님이시다.
2 그것은 가장 예쁜 마을이다.

3 이 성이 가장 크다.

4 그의 방은 그 집에서 가장 지저분하다.

5 저 고양이는 그 애완동물 용품점에서 가장 뚱뚱하다.

B 1 행복한→가장 행복한 **2** 현명한→가장 현명한

3 안전한→가장 안전한 **4** 바쁜→가장 바쁜

5 운이 좋은→가장 운이 좋은

6 비가 오는→비가 가장 많이 오는

7 뚱뚱한→가장 뚱뚱한 **8** 무거운→가장 무거운

9 마른→가장 마른 **10** 일찍→가장 일찍

Grammar Run!
118~119쪽

A 1 the tallest **2** the oldest

3 the smallest **4** the highest

5 the biggest **6** the sweetest

7 the wisest **8** the earliest

9 the saddest **10** the laziest

11 the funniest **12** the youngest

13 the shortest **14** the easiest

15 the fastest

B 1 ❷ **2** ❶ **3** ❶ **4** ❷

5 ❷ **6** ❷ **7** ❷ **8** ❶

9 ❶ **10** ❷ **11** ❶ **12** ❷

13 ❶ **14** ❶ **15** ❶

해설 **A 1** 에이미는 셋 중에서 가장 키가 큰 여자아이다.

2 그 차는 그 도시에서 가장 오래되었다.

3 그 개는 그 상점에서 가장 작다.

4 그것은 그 나라에서 가장 높은 산이다.

5 그의 발은 우리 가족 중에서 가장 크다.

6 그것은 그 빵집에서 가장 달콤한 빵이다.

7 그는 그 마을에서 가장 현명한 남자이다.

8 조는 자기 가족 중에서 가장 일찍 집에 왔다.

9 그것은 그것들 중에서 가장 슬픈 영화이다.

10 준수는 내 친구들 중에서 가장 게으른 남자아이다.

11 빈 씨는 영국에서 가장 재미있는 남자이다.

12 루시는 그 팀에서 가장 어리다.

13 그 치마는 모든 내 치마들 중에서 가장 짧다.

14 그것은 모든 문제들 중에서 가장 쉽다.

15 플루토는 모든 개들 중에서 가장 빨리 달렸다.

Grammar Jump!
120~121쪽

A 1 가장 어린 **2** 가장 넓은

3 가장 작은 **4** 가장 행복한

5 가장 깨끗한 **6** 가장 큰

7 가장 어려운 **8** 가장 위대한

9 가장 빨리 **10** 가장 높은

11 가장 큰 **12** 가장 무거운

13 가장 일찍 **14** 가장 비가 많이 오는

15 가장 뚱뚱한

B 1 the prettiest **2** the highest

3 the brightest **4** the longest

5 the hardest **6** the happiest

7 the lightest **8** the largest

9 the easiest **10** the hottest

11 the nicest **12** the funniest

13 the thinnest **14** the strongest

15 the dirtiest

해설 **A 1** 수민이가 그 팀에서 가장 어리다.

2 그것은 그 도시에서 가장 넓은 도로이다.

3 저 상자가 그것들 중에서 가장 작다.

4 짐은 그 마을에서 가장 행복한 남자아이다.

5 남극은 가장 깨끗한 공기를 가지고 있다.

6 이 피자는 그 마을에서 가장 크다.

7 이것은 그것들 중에 가장 어려운 질문이다.

8 그는 세계에서 가장 위대한 축구 선수이다.

9 그 치타는 그 동물원에서 가장 빨리 달린다.

10 에베레스트 산은 가장 높은 산이다.

11 그것들은 거기에서 가장 큰 운동화이다.

12 루나의 여행 가방은 그것들 중에서 가장 무겁다.

13 이 기차는 그 역에서 가장 일찍 출발한다.

14 그 주에서 가장 비가 많이 오는 날이었다.

15 저 돼지는 그 우리에서 가장 뚱뚱하다.

Grammar Fly!
122~123쪽

A 1 the longest **2** the oldest

3 the sweetest **4** the shortest

5 the fastest **6** the biggest

7 the kindest **8** the earliest

9 the easiest **10** the funniest

11 the cutest **12** the hottest

13 the heaviest　　**14**　the fattest
15 the busiest

B 1 Baekdusan is the highest mountain
2 Mrs. Wise was the wisest lady
3 Jack is the laziest boy
4 This is the largest swimming pool
5 Maria is the tallest
6 Summer is the hottest
7 The white car is the newest
8 The basketball is the biggest
9 My mother gets up the earliest
10 Ostriches run the fastest
11 I study English the hardest
12 Blanca jumps the highest

해설　**A 1** 그 토끼는 다섯 마리 중에서 가장 긴 귀를 가지고 있다.
2 이 가로등이 시내에서 가장 오래되었다.
3 이 케이크는 그 빵집에서 가장 달콤하다.
4 톰은 우리들 중에서 가장 짧은 머리를 가지고 있다.
5 그 차가 그것들 중에서 가장 빠르다.
6 이 외투는 그 상점에서 가장 크다.
7 준이는 우리 학교에서 가장 친절한 남자아이이다.
8 아빠는 우리 가족 중에서 가장 일찍 주무신다.
9 이 퀴즈는 그것들 중에서 가장 쉬웠다.
10 그것은 그것들 중에서 가장 재미있는 영화였다.
11 앨리스는 자기 반에서 가장 귀여운 여자아이다.
12 8월은 그해에 가장 더운 달이었다.
13 이것은 넷 중에서 가장 무거운 병이다.
14 그 고양이가 그것들 중에서 가장 뚱뚱하다.
15 그것은 마을에서 가장 붐비는 거리이다.

　　B 1 백두산은 높은 산이다.
→ 백두산은 한국에서 가장 높은 산이다.
2 와이즈 씨는 현명한 숙녀였다.
→ 와이즈 씨는 그 마을에서 가장 현명한 숙녀였다.
3 잭은 게으른 남자아이다.
→ 잭은 그 마을에서 가장 게으른 남자아이다.
4 이것은 큰 수영장이다.
→ 이것은 그 나라에서 가장 큰 수영장이다.
5 마리아는 키가 크다.
→ 마리아는 모든 학생들 중에서 가장 키가 크다.

6 여름은 덥다. → 여름은 사계절 중에서 가장 덥다.
7 그 흰색 자동차는 새것이다.
→ 그 흰색 자동차는 셋 중에서 가장 새것이다.
8 그 농구공은 크다.
→ 그 농구공은 다섯 중에서 가장 크다.
9 우리 어머니는 일찍 일어나신다.
→ 우리 어머니는 우리 가족 중에서 가장 일찍 일어나신다.
10 타조는 빨리 달린다.
→ 타조는 모든 새들 중에서 가장 빨리 달린다.
11 나는 영어를 열심히 공부한다.
→ 나는 우리 반에서 영어를 제일 열심히 공부한다.
12 블랑카는 높이 점프한다.
→ 블랑카는 세계에서 가장 높이 점프한다.

Lesson 02 최상급의 의미와 형태 (2)

Grammar Walk!　　　　125쪽

A 1 The snail moves (the most slowly) of the five.
2 It was (the worst) of all the holidays.
3 This flower is (the most beautiful) in the garden.
4 You are (the most diligent) student in the class.
5 Pooh is (the most famous) bear in the zoo.

B 1 the most difficult
2 the most quickly
3 the most expensive
4 the best
5 the most interesting
6 the worst
7 the most beautifully
8 the most
9 the most slowly
10 the farthest[furthest]

해설　**A 1** 그 달팽이는 다섯 중에서 가장 느리게 움직인다.
2 그것은 모든 휴일 중에 가장 안 좋은 날이었다.
3 이 꽃이 정원에서 가장 아름답다.
4 너는 반에서 가장 부지런한 학생이다.
5 푸는 그 동물원에서 가장 유명한 곰이다.

B 1 어려운 → 가장 어려운 **2** 빨리 → 가장 빨리

3 비싼 → 가장 비싼 **4** 잘 → 가장 잘

5 재미있는 → 가장 재미있는

6 나쁜 → 가장 나쁜

7 아름답게 → 가장 아름답게

8 많은 → 가장 많은

9 천천히 → 가장 천천히

10 먼, 멀리 → 가장 먼, 가장 멀리

Grammar Walk!

127쪽

A 1 Jane is the kindest girl in her class.

2 You are the smartest of all the students.

3 This elephant is the biggest animal in this zoo.

4 Grandfather is the wisest in my family.

5 Ron wrote the most letters of the three children.

6 This restaurant is the most expensive in the village.

7 You sang the best of all the children.

8 Jeju is the largest island in Korea.

9 It is the tallest tower in the world.

10 Alice is the best cook of the three.

11 Oranges are the sweetest of them all.

12 The watermelon is the biggest of those fruits.

해설 **A 1** 제인은 자기 반에서 가장 친절한 여자아이다.

2 너는 모든 학생들 중에 가장 영리하다.

3 이 코끼리는 이 동물원에서 가장 큰 동물이다.

4 할아버지는 우리 가족 중에서 가장 현명하시다.

5 론은 세 명의 아이들 중에서 가장 편지를 많이 썼다.

6 이 음식점은 마을에서 가장 비싸다.

7 너는 모든 아이들 중에서 가장 노래를 잘 했다.

8 제주도는 한국에서 가장 큰 섬이다.

9 그것은 세계에서 가장 높은 탑이다.

10 앨리스는 셋 중에서 가장 훌륭한 요리사이다.

11 오렌지가 그것들 중에서 가장 달다.

12 그 수박이 저 과일들 중에서 가장 크다.

Grammar Run!

128~129쪽

A 1 the most handsome

2 the most loudly

3 the most beautifully

4 the most difficult

5 the worst **6** the most popular

7 the most comfortable

8 the best **9** the most expensive

10 the best **11** the most useful

12 the most exciting

13 the most boring

14 the farthest **15** the most interesting

B 1 ❷ **2** ❶ **3** ❷ **4** ❷

5 ❶ **6** ❶ **7** ❶ **8** ❶

9 ❶ **10** ❷ **11** ❶ **12** ❶

13 ❷ **14** ❷ **15** ❶

해설 **A 1** 존은 자기 반에서 가장 잘생긴 남자아이다.

2 나는 다섯 명 중에서 가장 크게 소리를 질렀다.

3 그녀는 자기 학교에서 가장 아름답게 노래를 부른다.

4 마지막 문제는 모든 것 중에서 가장 어려웠다.

5 헨리네 스테이크는 그 도시에서 가장 안 좋은 식당이다.

6 재민이는 자기 반에서 가장 인기 있다.

7 그녀는 여기에서 가장 편안한 의자에 앉아 있다.

8 칼은 다섯 중에서 가장 훌륭한 요리사이다.

9 그 자전거는 셋 중에서 가장 비싸다.

10 켄은 그 팀에서 가장 뛰어난 선수이다.

11 그것은 셋 중에서 가장 쓸모 있는 책이다.

12 그 경기는 그것들 중에서 가장 흥미진진했다.

13 저것은 모든 영화 중에서 가장 지루하다.

14 우리 집이 여기에서 가장 멀다.

15 코알라는 모든 것들 중 가장 흥미로운 동물이다.

B 1 나는 모든 후식 중에서 아이스크림을 가장 좋아한다.

2 그녀는 학교에서 가장 좋은 선생님이시다.

3 에디는 반에서 가장 나쁜 학생이다.

4 그 아기는 자기 가족 중에서 가장 작다.

5 서울은 한국에서 가장 큰 도시이다.

6 시애틀은 미국에서 가장 아름다운 도시이다.

7 저 도시는 셋 중에서 서울에서 가장 멀다.

8 토미는 역사를 가장 좋아한다.

9 2월은 일 년 중 가장 짧은 달이다.

10 그는 넷 중에서 가장 적은 돈을 가지고 있었다.

11 해리는 모든 남자아이들 중에서 영어를 가장 잘 말한다.

12 그 공은 다섯 개 중에서 가장 값이 싸다.

13 혁이는 그 마을에서 가장 춤을 잘 춘다.

14 그 고양이는 세 동물 중에서 가장 조용하다.

15 스티브는 우리 중에서 가장 많은 책을 읽었다.

10 나는 모든 과일들 중에서 바나나를 가장 덜 좋아한다.

11 마이크는 모든 선수들 중에서 가장 멀리 공을 쳤다.

12 그 어린 여자아이는 여섯 명 중에서 춤을 가장 못 췄다.

13 이 재킷은 그 상점에서 가장 비싸다.

14 우리 언니는 우리 가족 중에서 가장 주의 깊은 운전자이다.

15 그 공작은 모든 새들 중에서 가장 화려하다.

Grammar Jump!   130~131쪽

A
1 가장 재미있는   2 가장 (많이)
3 가장 느리게   4 가장 인기 있는
5 가장 좋은   6 가장 빨리
7 가장 유명한   8 가장 위험한
9 가장 친절하게   10 가장 덜
11 가장 멀리   12 가장 못(하게)
13 가장 비싼   14 가장 주의 깊은
15 가장 화려한

B
1 the shortest in   2 the tallest, in
3 the best, in   4 the oldest, in
5 the least   6 the cutest of
7 the most delicious
8 the most   9 the most
10 the earliest of
11 the most interesting
12 the best of   13 the hottest, of
14 the oldest, in
15 the farthest[furthest]

해설 **A** 1 이 만화 영화는 모든 것 중에서 가장 재미있다.
2 샐리는 모든 것 중에서 치즈 케이크를 가장 좋아한다.
3 거북이는 모든 동물들 중에서 가장 느리게 걷는다.
4 그녀는 세계에서 가장 인기 있는 가수이다.
5 개는 모든 것 중에서 가장 좋은 애완동물이다.
6 그는 반에서 가장 빨리 그것을 끝마쳤다.
7 그것은 한국에서 가장 유명한 노래이다.
8 상어는 바다에서 가장 위험한 동물이다.
9 그녀는 모든 여자들 중에서 가장 친절하게 우리에게 말했다.

Grammar Fly!   132~133쪽

A
1 the most famous
2 the most useful
3 the most slowly   4 the most
5 the most loudly   6 the worst
7 the most quickly   8 the best
9 the best   10 the most
11 the most
12 the most interesting
13 the farthest[furthest]
14 the best
15 the most popular

B
1 She is the most famous singer
2 Nick is the most diligent boy
3 The boy dances the best
4 Linda walks the most slowly
5 His sneakers are the most expensive
6 The weather was the worst
7 The tree is the biggest
8 The book is the most difficult
9 He is the best baseball player
10 The story is the most interesting
11 Ms. Clever has the most books
12 The baker bakes the most delicious cookies

해설 **A** 1 그 빵집은 이 마을에서 가장 유명하다.
2 그 사전은 셋 중에서 가장 쓸모 있다.

3 내 여동생은 우리 가족 중에서 가장 천천히 음식을 먹는다.

4 그는 모든 사람들 중에서 가장 말을 많이 했다.

5 그녀는 세 명의 아기들 중에서 가장 크게 울었다.

6 준이가 그 팀에서 가장 춤을 못 춘다.

7 그는 반에서 가장 빨리 대답했다.

8 민호는 모두 중에서 중국어를 가장 잘 말한다.

9 그는 그 팀에서 가장 훌륭한 선수이다.

10 나는 우리 반에서 존을 가장 좋아한다.

11 그는 우리 가족 중에서 가장 많은 물고기를 잡았다.

12 거북이는 모든 동물 중에서 가장 흥미로운 동물이다.

13 그의 집은 우리 중에서 여기에서 가장 멀다.

14 린다는 학교에서 그림을 가장 잘 그린다.

15 리베카는 우리 학교에서 가장 인기 있는 여자아이다.

B 1 그녀는 유명한 가수이다.
→ 그녀는 한국에서 가장 유명한 가수이다.

2 닉은 부지런한 남자아이다.
→ 닉은 자기 반에서 가장 부지런한 남자아이다.

3 그 남자아이는 춤을 잘 춘다.
→ 그 남자아이는 그 아이들 중에서 가장 춤을 잘 춘다.

4 린다는 천천히 걷는다.
→ 린다는 모든 여자아이들 중에서 가장 천천히 걷는다.

5 그의 운동화는 비싸다.
→ 그의 운동화는 여섯 개 중에서 가장 비싸다.

6 날씨가 안 좋았다.
→ 날씨가 그 주에서 가장 안 좋았다.

7 그 나무는 크다.
→ 그 나무는 그 정원에서 가장 크다.

8 그 책은 어렵다.
→ 그 책은 그 도서관에서 가장 어렵다.

9 그는 훌륭한 야구 선수이다.
→ 그는 그 팀에서 가장 훌륭한 야구 선수이다.

10 그 이야기는 재미있다.
→ 그 이야기는 세상에서 가장 재미있다.

11 클레버 씨는 책을 많이 가지고 있다.
→ 클레버 씨는 그 마을에서 가장 많은 책을 가지고 있다.

12 그 제빵사는 맛있는 쿠키를 굽는다.
→ 그 제빵사는 그 도시에서 가장 맛있는 쿠키를 굽는다.

REVIEW ·· 05

134~136쪽

1 ❷   2 ❹   3 ❹
4 ❸   5 ❸   6 ❷
7 ❸   8 ❷   9 ❸
10 ❷   11 most   12 longest
13 most   14 the
15 the biggest   16 the best
17 Jane is the wisest of all the children.
18 Mina ate hamburgers the most slowly of them all.
19 Jane came home the earliest in her family.
20 The dictionary is the most useful of the three.

REVIEW 해설

1 old(나이 든)의 최상급은 단어 앞에 the를 쓰고 단어 끝에 -est를 붙이므로 olddest가 아니라 the oldest(가장 나이 든)이다.
❶ 큰 – 가장 큰   ❸ 우스운 – 가장 우스운
❹ 좋은 – 가장 좋은

2 -y로 끝나는 형용사나 부사는 단어 앞에 the를 쓰고, -y를 -i로 바꾸고 -est를 붙여 최상급을 만들므로 easy(쉬운)의 최상급은 the most easy가 아니라 the easiest(가장 쉬운)이 알맞다.
❶ 유명한 – 가장 유명한   ❷ 어려운 – 가장 어려운
❸ 빨리 – 가장 빨리

3 2음절 이상의 긴 형용사나 부사는 앞에 the most를 써서 최상급을 만들므로 ❹에서 quickly의 최상급은 the quickliest가 아니라 the most quickly가 알맞다.
❶ 닉은 여기에서 가장 키가 큰 남자아이다.
❷ 저 다리는 그 도시에서 가장 길다.
❸ 그녀는 우리 학교에서 노래를 가장 잘한다.
❹ I ran the most quickly in my class. 나는 우리 반에서 가장 빨리 달렸다.

4 ❸에서 kind의 최상급은 the most kind가 아니라 the kindest가 알맞다.
❶ 나는 우리 반에서 키가 가장 작다.
❷ 이것은 모두 중에서 가장 안 좋은 음식이다.
❸ She is the kindest of all. 그녀는 모두 중에서 가장 친절하다.
❹ 저것은 거기에서 가장 높은 건물이다.

5 -e로 끝나는 형용사나 부사는 앞에 the를 쓰고 단어 끝에 -st만 붙여 최상급을 만들므로 cute(귀여운)의 최상급은 the cutest(더 귀여운)이다.

・제인은 귀여운 여자아이다.
→ 제인은 가장 귀여운 여자아이다.

6 2음절 이상의 긴 형용사나 부사는 앞에 the most를 써서 최상급을 만들므로 expensive(비싼)의 최상급은 the most expensive(더 비싼)이다.
・이 가방은 비싸다. → 이 가방은 가장 비싸다.

7 well(잘)의 최상급은 the best(가장 잘)이고, 최상급에서 비교하는 대상이 어떤 장소(Korea)나 단체와 같은 단수인 경우 in을 쓴다.
・수민이는 영어를 가장 잘한다.
・서울은 한국에서 가장 큰 도시이다.

8 far(멀리)의 최상급은 the farthest(가장 멀리)이고, bad(나쁜)의 최상급은 the worst(가장 나쁜)이다.
・마크는 반에서 공을 가장 멀리 쳤다.
・그는 그 도시에서 가장 못하는 선수였다.

9 ❶ Mina ran the fastest in the school. 미나는 학교에서 가장 빨리 달렸다.: fast(빨리)의 최상급은 the most fast가 아니라 앞에 the를 쓰고 끝에 -est를 붙인 the fastest이다.
❷ Her sandwich is the most delicious of all. 그녀의 샌드위치는 모두 중에서 가장 맛이 있다. : delicious(맛있는)의 최상급은 the best delicious가 아니라 앞에 the most를 쓴 the most delicious(가장 맛있는)이다.
❸ 너는 너희 반에서 가장 열심히 공부를 했다.
❹ I wrote the most letters of us all. 우리 중에서 내가 가장 많은 편지를 썼다.: many(많은)의 최상급은 the most(가장 많은)이다.

10 ❶ She is the youngest in her family. 그녀는 자기 가족 중에서 나이가 가장 어리다.: young(어린)의 최상급은 the most young이 아니라 앞에 the를 쓰고 끝에 -est를 붙인 the youngest(가장 어린)이다.
❷ 이것은 모두 중에서 가장 재미있는 영화이다.
❸ It is the cheapest in the store. 그것은 그 상점에서 가장 싸다.: cheap(싼)의 최상급은 끝에 -est를 붙인 the cheapest(가장 싼)이다.
❹ Tom is the smartest boy in the class. 톰은 반에서 가장 영리한 남자아이이다.: smart(영리한)의 최상급은 끝에 -est를 붙인 the smartest(가장 영리한)이다.

11 many(많은)의 최상급은 the most(가장 많은)이다.

12 long(오래)의 최상급은 the longest(가장 오래)이다.

13 '가장'은 the most이고, difficult(어려운)의 최상급은 the most difficult(가장 어려운)이므로 빈칸에 공통으로 들어갈 말은 most가 알맞다.
・지미는 모든 운동 중에서 축구를 가장 좋아한다.
・그 마지막 문제는 모두 중에서 가장 어렵다.

14 형용사나 부사를 최상급으로 쓰고 있으므로 빈칸에 공통으로 들어갈 말은 the가 알맞다.
・지민이는 우리 학교에서 가장 빠른 달리기 선수이다.
・민호는 다섯 명 중에서 가장 높이 점프했다.

15 「단모음+단자음」으로 끝나는 형용사나 부사의 경우 자음을 한 번 더 써 주고 -est를 붙여 최상급을 만들므로 big의 최상급은 the biggest가 알맞다.

16 well(잘)의 최상급은 the best(가장 잘)이다.

17 '(여러 사람이나 사물) 중에서 가장 …한/하게'라고 말할 때는 최상급(the wisest) 뒤에 of를 쓰고, of 뒤에는 복수형(the children)을 쓴다.
・제인은 모든 아이들 중에서 가장 현명하다.

18 최상급(the most slowly)을 사용해서 '～ 중에서 가장 …한/하게'라고 말할 때, 뒤에 of를 쓰고 of 뒤에는 비교 대상(them)이 오는데 항상 복수형을 쓴다.
・미나는 그들 중에서 가장 천천히 햄버거를 먹었다.

19 family는 단체를 나타내는 단수명사이므로 of 대신 in을 써야 한다.
・제인은 자기 가족 중에서 가장 일찍 집에 왔다.

20 2음절 이상의 긴 형용사(useful)나 부사는 앞에 the most를 써서 최상급(the most useful)을 만든다.
・그 사전은 셋 중에서 가장 쓸모 있다.

Unit 06 접속사

Lesson 01 접속사

Grammar Walk!　　141쪽

A 1 Alice is kind (and) polite.
  2 He is thin (but) strong.
  3 I am a student, (and) he is a teacher.
  4 This book is funny, (but) that book is sad.
  5 They wore the white shirts (and) the blue pants.
  6 Tom (and) Jerry are good friends.

7 I like ice cream, (but) my sister doesn't like it.

8 This ball is small (but) heavy.

9 You (and) your sister are very kind.

10 Today is nice, (but) tomorrow will be cold.

해설 A 1 앨리스는 친절하고 예의 바르다.
2 그는 말랐지만 힘이 세다.
3 나는 학생이고, 그는 선생님이다.
4 이 책은 재미있지만, 저 책은 슬프다.
5 그들은 흰색 서츠와 파란색 바지를 입었다.
6 톰과 제리는 좋은 친구이다.
7 나는 아이스크림을 좋아하지만, 내 여동생은 그것을 좋아하지 않는다.
8 이 공은 작지만 무겁다.
9 너와 네 여동생은 매우 친절하다.
10 오늘은 날씨가 좋지만, 내일은 추울 것이다.

Grammar Walk!

143쪽

A 1 His birthday is today (or) tomorrow.

2 I like spring (because) it is warm.

3 Oscar (or) Anna ate your cheese.

4 We can buy gloves (or) a bat.

5 I didn't have lunch (because) I wasn't hungry.

B 1 a. 2 b. 3 a. 4 a.
5 b.

해설 A 1 그의 생일은 오늘 아니면 내일이다.
2 날씨가 따뜻해서 나는 봄을 좋아한다.
3 오스카나 애나가 네 치즈를 먹었다.
4 우리는 야구 글러브나 야구 방망이를 살 수 있다.
5 나는 배가 고프지 않아서 점심 식사를 하지 않았다.

B 1 그녀는 강아지 또는 새끼 고양이를 원한다.
2 눈이 와서 그들은 집에 머물렀다.
3 조는 피아노 연주자나 바이올린 연주자가 될 것이다.
4 나는 아침 식사로 빵이나 밥을 먹는다.
5 그는 하루 종일 걸었기 때문에 피곤했다.

Grammar Run!

144~145쪽

A 1 and 2 but 3 and
4 but 5 and 6 and
7 but 8 but 9 and
10 but 11 but 12 and
13 but 14 and 15 but

B 1 ❶ 2 ❷ 3 ❷ 4 ❶
5 ❶ 6 ❷ 7 ❶ 8 ❷
9 ❶ 10 ❷ 11 ❶ 12 ❷
13 ❶ 14 ❶ 15 ❷

해설 B 1 나는 의사나 소방관이 될 것이다.
2 아기가 잠자고 있기 때문에 조용히 해 주세요.
3 나는 피자를 많이 먹어서 배가 부르다.
4 너는 쿠키나 파이를 고를 수 있다.
5 그는 잭이나 제인을 만날 것이다.
6 날씨가 화창하기 때문에 줄리아는 모자를 썼다.
7 우리는 야구나 농구를 할 수 있다.
8 톰은 늦게 일어났기 때문에 버스를 놓쳤다.
9 케빈 또는 지미가 너에게 전화를 할 것이다.
10 그들은 졸려서 잠자리에 들었다.
11 내일은 흐리거나 비가 많이 올 것이다.
12 나는 아파서 병원에 갔다.
13 네 여동생은 여기에 오거나 너에게 전화를 할 것이다.
14 그는 항상 스테이크나 카레를 요리한다.
15 어두워서 우리는 등을 켰다.

Grammar Jump!

146~147쪽

A 1 and 2 but 3 or
4 because 5 but 6 and
7 or 8 because 9 but
10 and 11 or 12 because
13 but 14 because 15 and

B 1 and 2 but 3 or / and
4 because 5 and 6 but
7 or 8 because 9 and / or
10 but 11 or 12 because
13 and 14 but 15 because

B 1 나는 학생이고, 그는 선생님이다.

2 에이미는 해산물은 좋아하지만 고기는 좋아하지 않는다.

3 빨간색 컵이나 노란색 컵을 골라라. / 빨간색 컵과 노란색 컵을 골라라.

4 린다는 독감에 걸렸기 때문에 학교에 가지 않았다.

5 우리는 아침에 튤립과 장미를 조금 샀다.

6 테드는 키가 작지만 힘이 세다.

7 너는 '네.' 또는 '아니오.'라고 대답할 수 있다.

8 나는 지난밤에 아팠기 때문에 늦었다.

9 제임스는 토마토와 오렌지를 좋아한다. / 제임스는 토마토 아니면 오렌지를 좋아한다.

10 그는 잘생겼지만, 나는 그를 좋아하지 않는다.

11 우리는 버스 또는 지하철을 타고 공원에 갈 것이다.

12 날씨가 화창해서 그녀는 여름을 좋아한다.

13 앤디는 도서관에 갔고, 나도 거기에 갔다.

14 우리 엄마의 차는 낡았지만 멋지다.

15 오스카는 하루 종일 놀았기 때문에 피곤했다.

Grammar Fly!

148~149쪽

A
1 and	2 but	3 or
4 because	5 and	6 but
7 and	8 because	9 but
10 and	11 or	12 and
13 but	14 and	15 or

B 1 He is slim but strong.

2 Mona and Sandy are friends.

3 John will meet Tommy or Jimmy.

4 I was at home because it snowed.

5 It rained, but I went fishing.

6 John will eat beef or pork.

7 I like the movie because it's funny.

8 I have black hair and black eyes.

9 The teddy bear is big but isn't heavy.

10 The river is wide and deep.

11 Ann or I will take care of them.

12 We go to bed late but get up early.

02 접속사와 문장

Grammar Walk!

151쪽

A 1 Drink hot chocolate, (and) you will be happy.

2 Be careful, (or) you will drop the vase.

3 Go now, (and) you will not miss the school bus.

4 Follow me, (or) you will get lost.

5 Turn left, (and) you will find the building.

B 1 a.　　2 d.　　3 c.　　4 b.
　5 e.

A 1 코코아를 마셔라, 그러면 너는 행복해 질것이다.

2 조심해라, 그렇지 않으면 너는 꽃병을 떨어뜨릴 것이다.

3 지금 가라, 그러면 너는 스쿨버스를 놓치지 않을 것이다.

4 나를 따라와라, 그러지 않으면 너는 길을 잃을 것이다.

5 왼쪽으로 돌아라, 그러면 너는 그 건물을 찾을 것이다.

B 1 다른 사람들에게 친절하게 대해라, 그러면 그들이 너를 좋아할 것이다.

2 서둘러라, 그러지 않으면 너는 늦을 것이다.

3 책을 많이 읽어라, 그러면 너는 더 영리해 질 것이다.

4 지금 잠자리에 들어라, 그러지 않으면 너는 늦게 일어날 것이다.

5 외투를 입어라, 그러지 않으면 너는 감기에 걸릴 것이다.

Grammar Walk!

153쪽

A 1 Is she Korean (or) Chinese?

2 Does he like chocolate (or) cookies?

3 Which do you like, apples (or) pears?

4 Are these Jane's shoes (or) Tom's shoes?

5 Which will you buy, a bag (or) a skirt?

B **1** d.　　**2** e.　　**3** b.　　**4** c.
5 a.

A **1** 그녀는 한국 사람이니, 아니면 중국 사람이니?
　2 그는 초콜릿을 좋아하니, 아니면 쿠키를 좋아
　　하니?
　3 너는 사과와 배 중 어느 것을 좋아하니?
　4 이것들은 제인의 신발이니, 아니면 톰의 신발이니?
　5 너는 가방과 치마 중 어느 것을 살 거니?

　B **1** 너는 물을 마실래, 아니면 주스를 마실래?
　　　– d. 나는 주스를 조금 원한다.
　2 그들은 배드민턴을 치고 있니, 아니면 테니스
　　를 치고 있니?
　　　– e. 그들은 테니스를 치고 있다.
　3 이 책과 저 책 중 어느 것이 더 재미있니?
　　　– b. 이 책이 더 재미있다.
　4 너는 자와 가위 중 어느 것이 필요하니?
　　　– c. 나는 자가 필요하다.
　5 그것은 돌고래니, 아니면 고래니?
　　　– a. 그것은 돌고래이다.

Grammar Run!

A **1** and　　**2** and　　**3** or
　4 or　　**5** or　　**6** and
　7 and　　**8** and　　**9** and
　10 or　　**11** and　　**12** or
　13 and　　**14** and　　**15** and

B **1** ❶　　**2** ❶　　**3** ❷　　**4** ❷
　5 ❶　　**6** ❷　　**7** ❷　　**8** ❶
　9 ❷　　**10** ❷　　**11** ❶　　**12** ❷
　13 ❶　　**14** ❷　　**15** ❶

A **1** 지금 숙제를 해라, 그러면 너는 일찍 잠자리에
　　들 수 있다.
　2 매일 조깅하러 가라, 그러면 너는 건강해질 것
　　이다.
　3 그 목도리를 매라, 그러지 않으면 너는 감기에
　　걸릴 것이다.
　4 조심해서 운전해라, 그러지 않으면 너는 위험
　　해 질 것이다.
　5 더 빨리 달려라, 그러지 않으면 너는 늦을 것이다.
　6 우유를 많이 마셔라, 그러면 너는 튼튼해질 것
　　이다.
　7 지금 떠나라, 그러면 너는 그를 만날 수 있다.

　8 네 형에게 친절해라, 그러면 그가 너를 도와줄
　　것이다.
　9 하늘을 봐라, 그러면 비행기가 보일 것이다.
　10 서둘러라, 그러지 않으면 너는 늦을 것이다.
　11 오른쪽으로 돌아라, 그러면 서점이 보일 것이다.
　12 병원에 가라, 그러지 않으면 너는 아플 것이다.
　13 창문을 닫아라, 그러면 조용해질 것이다.
　14 지금 손을 씻어라, 그러면 내가 너에게 피자를
　　줄 것이다.
　15 지금 눈을 떠라, 그러면 네 선물을 볼 수 있다.

　B **1** 그것은 고릴라니, 아니면 원숭이니?
　2 그들은 경찰관이니, 아니면 소방관이니?
　3 그는 영어를 말하니, 아니면 한국어를 말하니?
　4 이것과 저것 중에 어느 가방이 새것이니?
　5 너는 사과와 배 중에 어느 것을 더 좋아하니?
　6 네 것과 내 것 중에 어느 것이 더 크니?
　7 이것은 너희 집이니, 아니면 톰의 집이니?
　8 너는 물을 마실래, 아니면 주스를 마실래?
　9 그 남자와 그 여자 중 누가 너희 선생님이시니?
　10 앵무새와 독수리 중에 어느 것이 더 빨리 나니?
　11 축구와 야구 중 조지는 어느 것을 좋아하니?
　12 그는 모형 비행기를 만들고 있니, 아니면 로봇
　　을 만들고 있니?
　13 그녀의 아이는 남자아이니, 아니면 여자아이니?
　14 자동차와 자전거 중 어느 것이 더 비싸니?
　15 너는 그 펜과 그 연필 중 어느 것을 원하니?

Grammar Jump!

A **1** and　　**2** and　　**3** or
　4 or　　**5** or　　**6** and
　7 or　　**8** or　　**9** Which
　10 or　　**11** or　　**12** Which
　13 or　　**14** and　　**15** or

B **1** Be, or　　　　**2** Go, and
　3 Is, or　　　　**4** Which, or
　5 Are, or　　　　**6** Have, or
　7 Practice, and　　**8** Do, or
　9 Who, or　　　　**10** Dance, and
　11 Turn, and　　　**12** Run, and
　13 Does, or　　　　**14** Who, or
　15 Go, and

B 1 정직해라, 그렇지 않으면 그 선생님은 슬퍼하실 것이다.

2 일찍 잠자리에 들어라, 그러면 내일 일찍 일어날 것이다.

3 이것은 튤립이니, 아니면 백합이니?

4 그 멜론과 그 수박 중 어느 것이 더 무겁니?

5 너는 영어를 공부하고 있니, 아니면 축구를 하고 있니?

6 지금 아침 식사를 해라, 그러지 않으면 너는 나중에 배고플 것이다.

7 열심히 연습해라, 그러면 너는 그 경기를 이길 것이다.

8 너는 차를 마실래, 아니면 커피를 마실래?

9 빅토리아와 크리스탈 중 누가 더 예쁘니?

10 그와 함께 춤을 춰라, 그러면 너는 신이 날 것이다.

11 오른쪽으로 돌아라, 그러면 너는 그 식당을 찾을 것이다.

12 뛰어라, 그러면 너는 그 기차를 잡을 것이다.

13 너희 숙모는 서울에 사시니, 아니면 수원에 사시니?

14 너와 수지 중에 누가 노래를 더 잘하니?

15 루나의 생일 파티에 가라, 그러면 그녀가 기뻐할 것이다.

Grammar Fly!

158~159쪽

A **1** and **2** or **3** or
4 and **5** or **6** or
7 Which **8** or **9** and
10 or **11** or **12** or
13 Which **14** and **15** or

B **1** Go straight, and you'll see the park.

2 Put on your raincoat, or you'll get wet.

3 Is he your brother or your cousin?

4 Which tree is older, this one or that one?

5 Go to the mountain, and you'll feel better.

6 Practice hard, or you'll lose the game.

7 Are these pants yours or Paul's?

8 Who swims better, you or your sister?

9 Be quiet, or my dad will wake up.

10 Pull the door, and it'll open.

A 1 이 약을 먹어라, 그러면 너는 기분이 나아질 것이다.

2 이 가방은 네 것이니, 아니면 네 여동생의 것이니?

3 너는 숟가락과 포크 중에 어느 것이 필요하니?

4 네 친구들을 도와줘라, 그러면 그들이 너를 좋아할 것이다.

5 그들은 너희 부모님이시니, 아니면 캐시의 부모님이시니?

6 너는 학교에 버스를 타고 가니, 아니면 걸어서 가니?

7 이것과 저것 중에 어느 탑이 더 높니?

8 휴식을 취해라, 그러지 않으면 너는 곧 피곤해질 것이다.

9 서점에 가라, 그러면 너는 브라운 씨를 만날 수 있다.

10 에이미는 회색 공을 골랐니, 아니면 보라색 공을 골랐니?

11 그 TV와 그 컴퓨터 중 어느 것이 더 비싸니?

12 이를 닦아라, 그러지 않으면 너는 충치가 생길 것이다.

13 그녀는 지금 치마와 바지 중에 어느 것을 입고 있니?

14 네 방을 청소해라, 그러면 너희 엄마가 기뻐하실 것이다.

15 그것이 유령이었니, 아니면 동물이었니?

REVIEW 06

160~162쪽

1 ② **2** ③ **3** ④
4 ③ **5** ④ **6** ①
7 ① **8** ③ **9** ②
10 ④ **11** because **12** Which
13 because **14** or
15 Which, or **16** Take, and

17 Study hard, and you will be smart.

18 Which runs faster, a dog or a cheetah? / Which runs faster, a cheetah or a dog?

19 Be careful, or you'll drop your glass.

20 Does he drink coffee or tea?

REVIEW 해설

1 첫 번째 문장은 '~와[과]'라는 의미가 되어야 하므로 and가 알맞고, 두 번째 문장은 '그러나, 하지만'의 뜻으로 but이 알맞다.
- 나는 야구 방망이들과 야구 장갑들을 가지고 있다.
- 그는 배가 고프지만 행복하다.

2 첫 번째 문장은 'A 또는 B'라는 선택의 의미가 되어야 하므로 or가 알맞고, 두 번째 문장은 '~이기 때문에'라는 이유를 나타내야 하므로 because가 알맞다.
- 그녀는 일요일에 수영하러 가거나 피아노를 친다.
- 톰이 친절하기 때문에 우리는 그를 좋아한다.

3 '~해라, 그러면 …할 것이다.'는 「명령문, and ….」를 쓴다.
❶ 지금 가서 그 버스를 타라.
❷ 지금 가라, 그러지 않으면 너는 그 버스를 탈 수 있다.
❸ 지금 가라, 그러나 너는 그 버스를 탈 수 있다.
❹ 지금 가라, 그러면 너는 그 버스를 탈 수 있다.

4 '~해라, 그러지 않으면 …할 것이다.'는 「명령문, or ….」를 쓴다.
❶ 너는 이를 닦지만, 너는 충치가 생길 것이다.
❷ 이를 닦아라, 그러면 너는 충치가 생길 것이다.
❸ 이를 닦아라, 그러지 않으면 너는 충치가 생길 것이다.
❹ 네가 충치가 있기 때문에 이를 닦아라.

5 ❶, ❷, ❸에서는 'A 또는 B'라는 의미이므로 or가 알맞고, ❹에서는 앞 문장과 뒷 문장이 서로 반대되는 의미이므로 but이 알맞다.
❶ 이 가방은 네 것이니, 아니면 존의 것이니?
❷ 토니 또는 빌이 너를 기다릴 것이다.
❸ 너는 가을과 겨울 중에 어느 계절을 좋아하니?
❹ 어제는 비가 왔지만, 오늘은 화창하다.

6 ❶에서는 서로 반대되는 내용이 앞뒤로 연결되어 있으므로 but이, ❷, ❹는 '~와[과]', '그리고'라는 의미가 되어야 하므로 and가 알맞다. ❸은 '~해라, 그러면 …할 것이다.'라는 의미이므로 명령문 뒤에 and를 쓰는 것이 맞다.
❶ 파블로는 영어를 말할 수 있지만, 한국어는 말할 수 없다.
❷ 나는 개와 고양이를 좋아한다.
❸ 왼쪽으로 돌아라, 그러면 공원이 보일 것이다.
❹ 데이비드는 덩치가 크고 힘이 세다.

7 '~와[과]', '그리고'는 and, '~해라, 그러면 …할 것이다.'는 「명령문, and ….」이므로 빈칸에 공통으로 들어갈 말은 and가 알맞다.
- 켈리와 나는 친구이다.
- 빵을 조금 먹어라, 그러면 배가 고프지 않을 것이다.

8 첫 번째는 '~해라, 그러지 않으면 …할 것이다.'라는 의미이므로 「명령문, or ….」이다. 두 번째는 'A와 B 중 어느 것을 ~하니?'라는 의미로 상대방에게 선택을 묻는 의문문이다. 따라서 빈칸에 공통으로 들어갈 말은 or이다.

- 지금 일어나라, 그러지 않으면 너는 늦을 것이다.
- 이것과 저것 중에 어느 사과가 더 크니?

9 '~와[과]', '그리고'라는 뜻으로 단어와 단어, 구와 구, 문장과 문장을 동등하게 연결할 때는 and를 쓴다.
❶ 나는 우유를 좋아해서 많이 마신다.
❷ She is American, and she is my friend. 그녀는 미국인이고, 내 친구이다.
❸ 비가 오기 때문에 우리는 지금 집에 있다.
❹ 수학이 어려워서 나는 좋아하지 않는다.

10 '또는', '~이나'라는 뜻으로 둘 중 하나를 선택하게 할 땐 or를 써서 말을 연결한다..
❶ 이것은 연못이니, 아니면 호수니?
❷ 이 신발은 네 것이니, 아니면 그녀의 것이니?
❸ 너는 축구를 하니, 아니면 농구를 하니?
❹ Which do you want, this or that? 너는 이것과 저것 중에 어느 것을 원하니?.

11 '~하기[이기] 때문에, ~해서[여서/니까]'라는 뜻으로, 어떤 일의 원인 또는 이유를 나타낼 때는 접속사 because를 쓴다.

12 '어느 것'을 선택할지 묻는 말은 which이다.

13 두 문장 모두 '~하기[이기] 때문에, ~해서[여서/니까]'라는 뜻이 되어야 하므로 빈칸에 공통으로 들어갈 말은 because가 알맞다.
- 케빈은 아파서 오늘 외출할 수 없다.
- 더워서 우리는 창문을 열었다.

14 두 문장 모두 상대방에게 둘 또는 그 이상에서 하나를 선택하도록 묻는 의문문이므로 선택할 대상들은 모두 or로 연결한다.
- 저것은 오리니, 아니면 거위니?
- 파란색과 검은색 중 어느 가방이 네 것이니?

15 '어느 것'이란 의미로 which를 쓰고, 선택해야 할 대상은 or로 연결한다.

16 '~해라, 그러면 …할 것이다.'는 「명령문, and ….」를 쓴다.

17 '~해라, 그러면 …할 것이다.'라는 뜻의 「명령문, and ….」 문장은 and 뒤에 명령문으로 지시하는 행동을 하면 따라올 결과가 온다.
- 열심히 공부해라, 그러면 너는 영리해질 것이다.

18 'A와 B 중 어느 것이 ~하니?'는 「Which ~, A or B?」로 쓴다. → 개와 치타 중에 어느 것이 더 빨리 달리니? / 치타와 개 중에 어느 것이 더 빨리 달리니?

19 '~해라, 그러지 않으면 …할 것이다.'는 「명령문, or ….」이므로 but을 or로 고쳐 쓴다.

20 'A니, 아니면 B니?'는 「의문사 없는 의문문, A or B?」이므로, and를 or로 고쳐 쓴다.

07 부가 의문문

01 부가 의문문의 의미와 형태

Grammar Walk! 167쪽

A 1 This cake is very sweet, isn't it?
2 You were a musician, weren't you?
3 Carol and I are tall, aren't we?
4 The man wasn't old, was he?
5 You were not classmates, were you?

B 1 b.　2 d.　3 e.　4 a.
5 c.

해설 **A** 1 이 케이크는 매우 달아, 그렇지 않니?
2 너는 음악가였어, 그렇지 않니?
3 캐롤과 나는 키가 커, 그렇지 않니?
4 그 남자는 늙지 않았어, 그렇지?
5 너희는 같은 반 친구가 아니었어, 그렇지?

B 1 너는 배고파, 그렇지 않니?
2 에이미는 어제 아팠어, 그렇지 않니?
3 그 강아지는 한 살이야, 그렇지 않니?
4 그들은 피아니스트가 아니야, 그렇지?
5 너는 화나지 않았어, 그렇지?

Grammar Walk! 169쪽

A 1 Jane didn't brush her hair, did she?
2 Peter dances very well, doesn't he?
3 Horses don't eat fish, do they?
4 You called me last night, didn't you?
5 You go to school at eight, don't you?

B 1 b.　2 d.　3 a.　4 c.
5 e.

해설 **A** 1 제인은 머리를 빗지 않았어, 그렇지?
2 피터는 춤을 매우 잘 춰, 그렇지 않니?
3 말은 물고기를 먹지 않아, 그렇지?

4 너는 지난밤에 나에게 전화를 걸었어, 그렇지 않니?
5 너는 8시에 학교에 가, 그렇지 않니?

B 1 너는 매일 조깅하러 가, 그렇지 않니?
2 그녀는 안경을 써, 그렇지 않니?
3 그 펭귄은 따뜻한 물을 좋아하지 않았어, 그렇지?
4 제니퍼는 바이올린을 켰어, 그렇지 않니?
5 아빠는 요리를 잘하시지 못해, 그렇지?

Grammar Run! 170~171쪽

A 1 aren't　2 isn't　3 are
4 is　5 were　6 wasn't
7 weren't　8 was　9 doesn't
10 don't　11 does　12 didn't
13 do　14 did　15 doesn't

B 1 ❷　2 ❷　3 ❷　4 ❶
5 ❶　6 ❶　7 ❷　8 ❶
9 ❷　10 ❶　11 ❷　12 ❶
13 ❷　14 ❷　15 ❶

해설 **A** 1 너는 톰보다 키가 커, 그렇지 않니?
2 필은 축구 선수야, 그렇지 않니?
3 팀과 조는 미국 출신이 아니야, 그렇지?
4 이 영화는 슬프지 않아, 그렇지?
5 그들은 피곤하지 않았어, 그렇지?
6 그 여배우는 아름다웠어, 그렇지 않니?
7 그들은 소방관이었어, 그렇지 않니?
8 브레드 씨는 작년에 뚱뚱하지 않았어, 그렇지?
9 그의 이모는 음악을 가르치셔, 그렇지 않니?
10 너는 매일 줄넘기를 해, 그렇지 않니?
11 마크는 커피를 마시지 않아, 그렇지?
12 그 아이들은 손을 씻었어, 그렇지 않니?
13 너는 방과 후에 배구를 하지 않아, 그렇지?
14 너는 그 셔츠를 사지 않았어, 그렇지?
15 너희 고양이는 네 침대 위에서 잠을 자, 그렇지 않니?

B 1 오늘은 날씨가 화창해, 그렇지 않니?
2 너는 그때 집에 있었어, 그렇지 않니?
3 사라는 그 공을 치지 않았어, 그렇지?
4 존은 야구를 해, 그렇지 않니?

5 너는 그 신발을 원하지 않았어, 그렇지?

6 그 새끼 고양이는 네 것이 아니야, 그렇지?

7 수와 조는 프랑스 어를 배우지 않아, 그렇지?

8 그의 엄마가 그 문을 고치셨어, 그렇지 않니?

9 개는 눈을 좋아해, 그렇지 않니?

10 네 배낭은 무겁지 않았어, 그렇지?

11 지난밤에 달이 밝았어, 그렇지 않니?

12 너는 숙제를 하지 않았어, 그렇지?

13 그녀는 빨간색 신발을 샀어, 그렇지 않니?

14 그 병은 비어 있었어, 그렇지 않니?

15 저 여자아이는 사랑스럽지 않아, 그렇지?

B 1 너와 나는 같은 학년이야, 그렇지 않니?

2 캐나다는 유럽에 있지 않아, 그렇지?

3 그들은 10시에 잠자리에 들어, 그렇지 않니?

4 에밀리는 그의 주소를 몰라, 그렇지?

5 단것은 우리 몸에 좋지 않아, 그렇지?

6 그 남자들은 키가 크고 잘생겼어, 그렇지 않니?

7 수학은 어렵지 않았어, 그렇지?

8 해리는 그 질문들에 대답을 했어, 그렇지 않니?

9 그녀는 새 포크가 필요해, 그렇지 않니?

10 그 나무는 잘 자라, 그렇지 않니?

11 너는 배고프지 않아, 그렇지?

12 어제는 딥지 않았어, 그렇지?

13 너는 네 우산을 가져오지 않았어, 그렇지?

14 그 축구 경기는 매우 흥미진진했어, 그렇지 않니?

15 그들은 수박을 팔지 않아, 그렇지?

Grammar Jump!

172~173쪽

A
1 isn't	2 are	3 didn't
4 does	5 is	6 don't
7 doesn't	8 weren't	9 did
10 aren't	11 do	12 were
13 wasn't	14 was	15 didn't

B
1 we	2 it	3 they
4 she	5 they	6 they
7 it	8 didn't	9 doesn't
10 doesn't	11 aren't	12 wasn't
13 didn't	14 was	15 don't

해설 A 1 메리는 앤디의 누나야, 그렇지 않니?

2 저 바지는 미나의 것이 아니야, 그렇지?

3 너는 6시에 집에 왔어, 그렇지 않니?

4 폴은 차를 운전하지 않아, 그렇지?

5 너희 삼촌은 과학자가 아니셔, 그렇지?

6 그들은 일요일마다 농구를 연습해, 그렇지 않니?

7 네 여동생은 항상 아침 식사를 해, 그렇지 않니?

8 그 남자아이들은 운동장에 있었어, 그렇지 않니?

9 너희 오빠는 내 컵을 떨어뜨리지 않았어, 그렇지?

10 너는 열세 살이야, 그렇지 않니?

11 우리는 치즈를 가지고 있지 않아, 그렇지?

12 그 오렌지들은 맛있지 않았어, 그렇지?

13 저 칼은 날카로웠어, 그렇지 않니?

14 그녀는 그때 화가 나지 않았어, 그렇지?

15 그는 그 달리기 경주에서 가장 빨리 달렸어, 그렇지 않니?

Grammar Fly!

174~175쪽

A
1 doesn't	2 don't	3 isn't
4 didn't	5 wasn't	6 doesn't
7 weren't	8 were	9 does
10 didn't	11 doesn't	12 aren't
13 did	14 isn't	15 do

B
1 did I	2 isn't it
3 does she	4 wasn't it
5 were they	6 doesn't she
7 do you	8 don't they
9 was it	10 did he
11 were they	12 didn't they
13 aren't we	14 doesn't he
15 are you	

해설 A 1 그녀는 토요일마다 피아노를 쳐, 그렇지 않니?

2 그들은 부산에 살아, 그렇지 않니?

3 오늘은 10월 3일이야, 그렇지 않니?

4 그들은 그 야구 경기를 봤어, 그렇지 않니?

5 톰은 작년에 열두 살이었어, 그렇지 않니?

6 캐시는 자전거를 한 대 가지고 있어, 그렇지 않니?

7 너는 반에서 키가 가장 컸어, 그렇지 않니?

8 그들은 오늘 아침에 집에 있지 않았어, 그렇지?

9 그녀는 영어를 말하지 않아, 그렇지?

10 지미는 거짓말을 했어, 그렇지 않니?

11 그는 항상 계단을 뛰어 올라가, 그렇지 않니?

12 그 그림들은 멋져, 그렇지 않니?

13 그 남자아이들은 어제 자전거를 타지 않았어, 그렇지?

14 그 곰이 우리 아빠보다 커, 그렇지 않니?

15 너는 국수를 좋아하지 않아, 그렇지?

B 1 나는 지난밤에 TV를 보지 않았어, 그렇지?

2 저 꽃은 튤립이야, 그렇지 않니?

3 켈리는 자기 곰 인형을 좋아하지 않아, 그렇지?

4 어제는 네 생일이었어, 그렇지 않니?

5 그 남자아이들은 부지런하지 않았어, 그렇지?

6 너희 어머니는 자주 쿠키를 구우셔, 그렇지 않니?

7 너는 차에 설탕을 넣지 않아, 그렇지?

8 헨젤과 그레텔은 자주 캠핑하러 가, 그렇지 않니?

9 어제는 일요일이 아니었어, 그렇지?

10 우리 아버지는 바다에서 다이빙을 하지 않으셨어, 그렇지?

11 이 질문들은 어렵지 않았어, 그렇지?

12 우리 조부모님들은 춤을 잘 추셨어, 그렇지 않니?

13 우리는 키가 크고 힘이 세, 그렇지 않니?

14 제이크는 영어 노래를 잘 불러, 그렇지 않니?

15 너는 수학을 잘하지 않아, 그렇지?

Lesson 02 여러 가지 부가 의문문

Grammar Walk!
177쪽

A 1 You can make cake quickly, can't you?

2 John can drive a bus, can't he?

3 They can't read English, can they?

4 You will wait for me there, won't you?

5 Emily won't buy the red shirt, will she?

6 Tom can swim, can't he?

7 You can't fly, can you?

8 Mina will be a scientist, won't she?

9 They won't fight again, will they?

10 Maria can carry this box, can't she?

11 She can't move the chair, can she?

12 He will help Rachel tonight, won't he?

해설 A 1 너는 케이크를 빨리 만들 수 있어, 그렇지 않니?

2 존은 버스를 운전할 수 있어, 그렇지 않니?

3 그들은 영어를 읽지 못해, 그렇지?

4 너는 거기에서 나를 기다릴 거야, 그렇지 않니?

5 에밀리는 그 빨간색 셔츠를 사지 않을 거야, 그렇지?

6 톰은 수영을 할 수 있어, 그렇지 않니?

7 너는 날 수 없어, 그렇지?

8 미나는 과학자가 될 거야, 그렇지 않니?

9 그들은 다시 싸우지 않을 거야, 그렇지?

10 마리아는 이 상자를 나를 수 있어, 그렇지 않니?

11 그녀는 의자를 옮길 수 없어, 그렇지?

12 그는 오늘 밤에 레이철을 도와줄 거야, 그렇지 않니?

Grammar Walk!
179쪽

A 1 Do your homework now, will you?

2 Let's take a walk after dinner, shall we?

3 Put on your raincoat, will you?

4 Let's meet at the bus stop, shall we?

5 Don't tell a lie, will you?

B 1 a.   2 b.   3 a.   4 b.
5 a.

해설 A 1 지금 숙제를 해라, 알았지?

2 저녁 식사 후에 산책을 하자, 그럴래?

3 네 우비를 입어라, 알았지?

4 버스 정류장에서 만나자, 그럴래?

5 거짓말을 하지 마라, 알았지?

B 1 물을 많이 마셔라, - 알았지?

2 자전거를 타자, - 그럴래?

3 네 여동생에게 친절하게 대해라, - 알았지?

4 이 피자를 먹지 말자, - 그럴래?

5 수업 중에 껌을 씹지 마라, - 알았지?

Grammar Run!

180~181쪽

A
1 can't	2 won't	3 will
4 shall	5 can	6 will
7 will	8 shall	9 can
10 won't	11 will	12 shall
13 can't	14 shall	15 will

B
1 ❶	2 ❶	3 ❷	4 ❷
5 ❶	6 ❶	7 ❶	8 ❶
9 ❷	10 ❷	11 ❷	12 ❶
13 ❷	14 ❷	15 ❶	

해설 **A**
1 너는 영어를 말할 수 있어, 그렇지 않니?
2 수지는 컴퓨터 게임을 할 거야, 그렇지 않니?
3 불을 켜라, 알았지?
4 케이크를 조금 먹자, 그럴래?
5 폴은 체스를 둘 수 없어, 그렇지?
6 그들은 하이킹하러 가지 않을 거야, 그렇지?
7 잔디 위에 앉지 마라, 알았지?
8 그 벽을 함께 페인트칠하자, 그럴래?
9 얼룩말은 산을 올라가지 못해, 그렇지?
10 앤더슨 씨는 그 책을 살 거야, 그렇지 않니?
11 게으름 피우지 마라, 알았지?
12 그 버스를 타자, 그럴래?
13 그 고양이는 그 공을 잡을 수 있어, 그렇지 않니?
14 TV를 보지 말자, 그럴래?
15 그 농부들은 자기 소들을 세지 않을 거야, 그렇지?

B
1 할머니는 이메일을 보내실 수 있어, 그렇지 않니?
2 그 책을 주의 깊게 읽어라, 알았지?
3 오른쪽으로 돌자, 그럴래?
4 공을 던지지 마라, 알았지?
5 너와 벤은 늦게 잠자리에 들지 않을 거야, 그렇지?
6 그녀는 피아노를 치지 못해, 그렇지?
7 그 상자를 열지 마라, 알았지?
8 내일 떠나지 말자, 그럴래?
9 마이클은 스케이트를 탈 수 있어, 그렇지 않니?
10 그들은 내일 사과를 딸 거야, 그렇지 않니?
11 종이를 말아라, 알았지?
12 손을 들지 마라, 알았지?
13 그 돼지를 잡자, 그럴래?
14 너는 자동차를 운전을 할 수 있어, 그렇지 않니?
15 에디는 시소를 타지 않을 거야, 그렇지?

Grammar Jump!

182~183쪽

A
1 can't	2 will	3 shall
4 won't	5 can	6 will
7 will	8 shall	9 can't
10 won't	11 shall	12 will
13 will	14 can	15 will

B
1 they	2 you	3 can
4 we	5 can't	6 you
7 will	8 shall	9 can't
10 won't	11 will	12 he
13 we	14 will	15 won't

해설 **A**
1 너는 탁구를 칠 수 있어, 그렇지 않니?
2 그 음식점 앞에서 기다려라, 알았지?
3 샌드위치를 조금 만들자, 그럴래?
4 그 학생들은 목이 마를 거야, 그렇지 않니?
5 그 남자아이는 여행 가방을 들어 올리지 못해, 그렇지?
6 이 당근들을 튀기지 마라, 알았지?
7 그녀는 파티에 오지 않을 거야, 그렇지?
8 서두르지 말자, 그럴래?
9 존은 높이 점프할 수 있어, 그렇지 않니?
10 그는 우산을 가져올 거야, 그렇지 않니?
11 눈사람을 만들자, 그럴래?
12 TV를 꺼라, 알았지?
13 유나는 그 분홍색 티셔츠를 사지 않을 거야, 그렇지?
14 네 남동생은 젓가락을 사용하지 못해, 그렇지?
15 그 병을 흔들지 마라, 알았지?

B
1 톰과 앤디는 곧 쇼핑하러 갈 거야, 그렇지 않니?
2 그 동전을 찾아라, 알았지?
3 오리는 날지 못해, 그렇지?
4 3시에 만나자, 그럴래?
5 너는 영어로 편지를 쓸 수 있어, 그렇지 않니?
6 다리를 떨지 마라, 알았지?
7 너는 네 모자를 쓰지 않을 거야, 그렇지?
8 양파를 사지 말자, 그럴래?
9 닉은 그 바위를 들어 올릴 수 있어, 그렇지 않니?

10 그들이 그 고양이들을 돌볼 거야, 그렇지 않니?

11 저녁 식사 전에 숙제를 해라, 알았지?

12 너희 아버지는 카레라이스를 요리할 수 있으셔, 그렇지 않니?

13 박물관에 가자, 그럴래?

14 그 문을 닫지 마라, 알았지?

15 앨리스는 공원에서 달릴 거야, 그렇지 않니?

5 데이브는 오늘 오후에 수영하러 가지 않을 거야, 그렇지?

6 그녀는 영어를 가르칠 수 있어, 그렇지 않니?

7 오늘 세차하지 마라, 알았지?

8 점심 식사를 하자, 그럴래?

9 그는 잠자기 전에 이를 닦을 거야, 그렇지 않니?

10 애니는 춤을 잘 출 수 있어, 그렇지 않니?

11 저 달걀들의 수를 세라, 알았지?

12 그 아기들은 오렌지를 먹을 수 있어, 그렇지 않니?

13 그 침대를 옮기자, 그럴래?

14 지금 손을 들지 마라, 알았지?

15 그녀는 그 질문에 대답하지 않을 거야, 그렇지?

Grammar Fly!
184~185쪽

A
1 will	2 can't	3 won't
4 shall	5 can you	6 will
7 you	8 we	9 she
10 can't	11 will	12 will you
13 can	14 will he	15 shall we

B
1 can she	2 won't you	3 will you
4 shall we	5 will he	6 can't she
7 will you	8 shall we	9 won't he
10 can't she	11 will you	
12 can't they		
13 shall we	14 will you	15 will she

해설 **A** 1 아침 식사 전에 머리를 빗어라, 알았지?

2 그들은 모래성을 쌓을 수 있어, 그렇지 않니?

3 로라는 내 편지에 답장을 할 거야, 그렇지 않니?

4 파이를 굽자, 그럴래?

5 너는 그 상어에게 먹이를 주지 못해, 그렇지?

6 케빈은 서점에 가지 않을 거야, 그렇지?

7 밤에 피아노를 치지 마라, 알았지?

8 빗속에서 산책하지 말자, 그럴래?

9 우리 어머니가 내 목도리를 짜 주실 거야, 그렇지 않니?

10 그녀는 말을 탈 수 있어, 그렇지 않니?

11 네 여동생에게 친절하게 대해라, 알았지?

12 그 노부인을 도와 드려라, 알았지?

13 너는 김치를 만들지 못해, 그렇지?

14 그는 그 바지를 입지 않을 거야, 그렇지?

15 저 상자를 열자, 그럴래?

B 1 연재는 첼로를 켤 수 없어, 그렇지?

2 너는 새 CD를 살 거야, 그렇지 않니?

3 네 남동생을 돌봐라, 알았지?

4 수학을 함께 공부하자, 그럴래?

REVIEW · 07
186~188쪽

1 ②	2 ③	3 ④
4 ③	5 ②	6 ①
7 ①	8 ③	9 ④
10 ②	11 can't you	12 will he
13 can she	14 will you	15 will

16 can't

17 Emily was at home, wasn't she?

18 You didn't tell a lie, did you?

19 Minho can jump over the bar, can't he?

20 Write your name, will you?

REVIEW 해설

1 be동사의 부가 의문문은 앞 문장이 긍정(are)일 경우, be동사의 부정형(aren't)을 쓰고, 앞 문장이 부정(isn't)일 경우 be동사의 긍정형(is)을 쓴다.
- 너는 학생이야, 그렇지 않니?
- 토니는 키가 크지 않아, 그렇지?

2 일반동사의 부가 의문문은 앞 문장이 긍정이면서 3인칭 단수 현재 시제(goes)일 경우 doesn't를 쓰고, 앞 문장이 과거 시제의 부정(didn't)일 경우 did를 쓴다.
- 그녀는 자주 수영하러 가, 그렇지 않니?
- 그들은 파티에 가지 않았어, 그렇지?

3 조동사 can이 있는 부가 의문문은 앞 문장이 긍정이면 「can't+대명사 주어?」로 쓴다. 앞 문장의 주어가 3인칭 단수이며 남성(Charlie)이므로 부가 의문문의 주어는 he가 알맞다.
- 찰리는 자전거를 탈 수 있어, 그렇지 않니?

4 명령문의 부가 의문문은 앞 문장이 긍정이든 부정이든 항상 will you?를 쓴다.
- 책을 펴라, 알았지?

5 ❷는 앞 문장이 조동사 will의 긍정형이므로 부가 의문문의 동사는 will의 부정형인 won't가 알맞다.
- ❶ 저 여자아이가 네 여동생이야, 그렇지 않니?
- ❷ Jane will win the game, won't she? 제인이 그 경기를 이길 거야, 그렇지 않니?
- ❸ 제이크는 앨리스를 좋아해, 그렇지 않니?
- ❹ 그들은 스케이트를 탈 수 있어, 그렇지 않니?

6 Let's로 시작하는 제안문의 부가 의문문은 항상 shall we?를 쓴다.
- ❶ Let's meet at the park, shall we? 공원에서 만나자, 그럴래?
- ❷ 축구를 하지 말자, 그럴래?
- ❸ 수업 중에 조용히 해라, 알았지?
- ❹ 일어나지 마라, 알았지?

7 조동사 will이 있는 부가 의문문은 앞 문장이 부정(won't)이면 긍정형(will)을 쓰고, 명령문의 부가 의문문은 항상 will you?를 쓰므로 빈칸에 공통으로 들어갈 알맞은 말은 will이다.
- 켈리는 체육관에 가지 않을 거야, 그렇지?
- 하늘을 봐라, 알았지?

8 첫 번째 문장은 앞 문장의 주어가 We이므로 부가 의문문의 주어로 we가 알맞고, 두 번째 문장은 Let's로 시작하는 제안문이므로 부가 의문문은 shall we?가 알맞다.
- 우리는 버스로 거기에 갈 수 있어, 그렇지 않니?
- 저녁 식사를 하자, 그럴래?

9 ❶ You are sleepy, aren't you? 너 졸리지, 그렇지 않니?: be동사의 부가 의문문은 앞 문장이 긍정(are)일 경우, be동사의 부정형(aren't)을 쓴다.
- ❷ John wasn't late, was he? 존은 늦지 않았어, 그렇지?: be동사의 부가 의문문은 앞 문장이 과거 시제의 부정형일(wasn't)일 경우, be동사 과거 시제의 긍정형(was)을 쓴다.
- ❸ The woman wrote the letter, didn't she? 그 여자는 편지를 썼어, 그렇지 않니?: 일반동사의 부가 의문문은 앞 문장이 긍정이고 과거 시제(wrote)일 경우, 「didn't+대명사 주어?」를 쓴다.
- ❹ 그들은 브라운 씨를 찾아갔어, 그렇지 않니?

10 앞 문장에 조동사가 쓰인 경우 앞 문장이 긍정이면 부가 의문문은 「조동사 부정형(can't/won't)+대명사 주어?」, 부정이면 「조동사 긍정형(can/will)+대명사 주어?」를 사용한다.

- ❶ Ann can run faster than you, can't she? 앤은 너보다 빨리 달릴 수 있어, 그렇지 않니?
- ❷ 너는 수영을 못해, 그렇지?
- ❸ Mike will learn Korean, won't he? 마이크는 한국어를 배울 거야, 그렇지 않니?
- ❹ They won't come tomorrow, will they? 그들은 내일 오지 않을 거야, 그렇지?

11 앞 문장에서 주어가 you이고, 조동사 can이 있으므로 부가 의문문은 can의 부정형인 can't와 you를 사용해서 can't you?가 알맞다.

12 앞 문장에서 주어가 3인칭 단수 남성(Tommy)이고 조동사 will not이 있으므로 부가 의문문은 he를 주어로 하고, will을 써서 will he?가 알맞다.

13 조동사 can이 있는 부가 의문문은 앞 문장의 주어가 she이고 부정(can't)인 경우 can she?로 한다.
- 그녀는 영어로 편지를 쓰지 못해, 그렇지?

14 앞 문장이 명령문이므로 부가 의문문은 will you?를 쓴다.
- 차에 우유를 조금 넣어라, 알았지?

15 부가 의문문의 동사가 조동사의 부정형(won't)이므로 앞 문장에는 조동사의 긍정형(will)이 알맞다.
- 제니는 파티에서 피아노를 칠 거야, 그렇지 않니?

16 부가 의문문의 동사가 조동사의 긍정형(can)이므로 앞 문장에는 조동사의 부정형(can't)이 알맞다.
- 너는 자동차를 운전하지 못해, 그렇지?

17 be동사의 부가 의문문은 앞 문장이 과거 시제의 긍정형(was)인 경우, 「be동사 과거형+not+주어(대명사)?」를 쓴다. 이때 「be동사 과거형+not」은 항상 줄여 쓴다.

18 일반동사의 부가 의문문은 앞 문장이 과거 시제의 부정형(didn't)인 경우, 「did+주어(대명사)?」로 쓴다.

19 조동사 can이 있는 앞 문장이 긍정이면 부가 의문문은 「can't+주어(대명사)?」로 쓴다. 주어가 3인칭 단수(Minho)이며 남성이므로 대명사 주어는 he를 쓴다.
- 민호는 그 봉을 뛰어넘을 수 있어, 그렇지 않니?

20 명령문의 부가 의문문은 앞 문장이 긍정이든 부정이든 항상 will you?를 쓴다.
- 네 이름을 써라, 알았지?

Unit 08 여러 가지 동사

Lesson 01 수여동사와 감각동사

Grammar Walk! 193쪽

A 1 Tom (gave) me chocolate.
2 Rebecca (sent) them postcards.
3 Jay (brought) his sister an umbrella.
4 My father sometimes (made) us pizza.
5 Grandpa often (tells) us wonderful stories.
6 She sometimes (writes) Jane a letter.
7 Mr. Park (teaches) us music.
8 My mother (bought) me new sneakers.
9 He (showed) Dan his gloves.
10 Annie (asked) him his e-mail address.
11 I (passed) Sandy a ball.
12 My uncle (read) her fairy tales.

해설 A 1 톰은 나에게 초콜릿을 주었다.
2 리베카는 그들에게 엽서를 보냈다.
3 제이는 자신의 여동생에게 우산을 가져다주었다.
4 우리 아버지는 가끔 우리에게 피자를 만들어 주신다.
5 할아버지는 자주 우리에게 굉장한 이야기들을 들려주신다.
6 그녀는 때때로 제인에게 편지를 쓴다.
7 박 선생님은 우리에게 음악을 가르치신다.
8 우리 어머니는 나에게 새 운동화를 사 주었다.
9 그는 댄에게 자기 장갑을 보여 주었다.
10 애니는 그에게 그의 이메일 주소를 물어보았다.
11 나는 샌디에게 공을 건네주었다.
12 우리 삼촌은 그녀에게 동화를 읽어 주셨다.

Grammar Walk! 195쪽

A 1 John (wrote) a letter to her.
2 Dad (gave) some flowers to Mom.
3 Mom (bought) a watch for me.
4 She (made) a pie for John.
5 They (asked) some questions of me.

B 1 to   2 for   3 of   4 to
5 for

해설 A 1 존은 그녀에게 편지 한 통을 썼다.
2 아빠는 엄마께 꽃 몇 송이를 주셨다.
3 엄마는 나에게 손목시계를 사 주셨다.
4 그녀는 존에게 파이를 만들어 주었다.
5 그들은 나에게 몇 가지 질문을 했다.

B 1 나는 마이크에게 책 몇 권을 보냈다.
2 그녀는 자신의 아들에게 셔츠 한 벌을 사 주었다.
3 그는 그 학생들에게 이름을 물어보았다.
4 브라운 씨는 내게 그 앨범을 보여 주셨다.
5 우리 엄마는 우리에게 케이크를 만들어 주셨다.

Grammar Walk! 197쪽

A 1 This bell (sounds) sweet.
2 I (feel) tired.
3 The milk (smells) bad.
4 This steak (tastes) good.
5 They (look) sleepy.
6 My feet (feel) wet.
7 The apples (taste) sour.
8 Sally (looks) pretty today.
9 The puzzle (looks) easy.
10 The roses (smell) great.
11 The medicine (tastes) bitter.
12 That sofa (looks) comfortable.

해설 A 1 그 종은 맑은 소리가 난다.
2 나는 피곤하다.
3 그 우유는 상한 냄새가 난다.

4 이 스테이크는 맛이 좋다.

5 그들은 졸려 보인다.

6 내 발이 젖은 느낌이 든다.

7 그 사과들은 신맛이 난다.

8 샐리는 오늘 예뻐 보인다.

9 그 퍼즐은 쉬워 보인다.

10 그 장미는 좋은 냄새가 난다.

11 그 약은 쓴맛이 난다.

12 저 소파는 편안해 보인다.

Grammar Run!

198~199쪽

A
1 Amy a gift
2 me the salt
3 her sister a doll
4 me some toys
5 Greg his phone number
6 to us
7 to them
8 to Scott
9 to me
10 for us
11 happy
12 beautiful
13 salty
14 good
15 soft

B
1 ❷	2 ❶	3 ❷	4 ❷
5 ❶	6 ❶	7 ❷	8 ❶
9 ❷	10 ❶	11 ❶	12 ❶
13 ❷	14 ❶	15 ❶	

해설 **A** 1 나는 에이미에게 선물 하나를 주었다.

2 내게 그 소금을 건네주세요.

3 제니는 자신의 여동생에게 인형을 한 개 만들어 주었다.

4 우리 이모는 자주 내게 장난감 몇 개를 사 주신다.

5 그녀는 그레그에게 그의 전화번호를 물어보았다.

6 메그는 우리에게 자신이 좋아하는 노래를 불러 주었다.

7 잭슨 선생님은 그들에게 영어를 가르치신다.

8 그는 어제 스코트에게 엽서 한 통을 썼다.

9 너는 지난주에 내게 그 꽃들을 주었다.

10 우리 어머니는 주말마다 우리에게 치즈 케이크를 만들어 주신다.

11 너희 아버지는 오늘 행복해 보이신다.

12 그의 노래는 그때 아름답게 들렸다.

13 그 수프는 맛이 짰다.

14 그 빵은 좋은 냄새가 난다.

15 그 쿠션은 푹신하게 느껴졌다.

B 1 마이크는 나에게 연을 만들어 주었다.

2 그녀는 우리에게 거짓말을 했다.

3 이 필통을 샐리에게 주어라.

4 그는 존에게 스웨터를 만들어 주었다.

5 톰은 내게 많은 질문을 했다.

6 앨리스는 우리에게 자기 사진들을 보여 주었다.

7 그녀는 그에게 새 컴퓨터를 사 주었다.

8 빌은 나에게 내 자전거를 가져다주었다.

9 류 선생님은 그들에게 수학을 가르치신다.

10 나는 에밀리에게 문자 메시지를 보냈다.

11 네 햄스터는 귀여워 보인다.

12 이 쿠키들은 맛있다.

13 이 물은 따뜻하게 느껴진다.

14 이 피아노는 (소리가) 이상하게 들린다.

15 우리 엄마의 도넛은 좋은 냄새가 난다.

Grammar Jump!

200~201쪽

A
1 켈리에게 그 연필을 주었다

2 우리에게 나무 집을 만들어 주셨다

3 졸려 보인다

4 우리에게 자신의 새 배낭을 보여 주었다

5 그에게 로봇을 사 주셨다

6 푹신한 느낌이다

7 그 남자아이에게 이름을 물었다

8 나에게 내 모자를 가져다주었다

9 냄새가 안 좋다

10 마이크에게 그 공을 건네주었다

11 나에게 자신의 책을 빌려 준다

12 좋게 들린다

13 나에게 이메일을 보냈다

14 자신의 아기에게 동화를 읽어 준다

15 단맛이 난다

B
| 1 to | 2 to | 3 of | 4 for |
| 5 to | 6 for | 7 to | |

C
1 looks tight
2 smells good
3 tastes sour
4 feel tired
5 sounded strange

B 1 맨디는 그 원숭이에게 바나나 몇 개를 주었다.

2 테드는 우리에게 그 잡지를 보여 주었다.

3 우리는 한 여자아이에게 길을 물었다.

4 나는 자주 우리 어머니에게 장미 몇 송이를 사 드린다.

5 지미는 그들에게 그 소식을 말해 주었다.

6 우리 여동생은 나에게 샌드위치를 만들어 주었다.

7 그들은 어제 그녀에게 엽서를 보냈다.

10 그 여자아이는 그에게 그의 주소를 물었다.

11 그의 삼촌은 바빠 보이신다.

12 우리는 화가 났다.

13 이 쿠키들은 좋은 냄새가 난다.

14 이 수박은 맛이 달콤하다.

15 이 피아노는 아름다운 소리가 난다.

Grammar Fly!
202~203쪽

A 1 him the story 2 them his toys

3 Johnny a letter 4 her this box

5 me a cat 6 to Emily

7 for me 8 for you

9 to Jenny 10 of him

11 busy 12 angry

13 good 14 sweet

15 beautiful

B 1 Julia e-mail

2 us math

3 me her diary

4 the cat some milk

5 me the sugar

6 a snowman for me

7 the newspaper to Anne

8 my name of her

9 look sad

10 sounds wonderful

11 tastes bitter

12 feel good

A 1 나는 그에게 그 이야기를 말해 주었다.

2 토미는 그들에게 자기 장난감들을 보여 주었다.

3 나는 조니에게 편지 한 통을 썼다.

4 우리 오빠는 그녀에게 이 상자를 보냈다.

5 그들은 내게 고양이 한 마리를 가져다주었다.

6 너는 에밀리에게 그 사진들을 주었다.

7 우리 어머니는 내게 새 신발을 사 주셨다.

8 그녀가 네게 저 치마를 구해 주었다.

9 브라운 선생님은 제니에게 수학을 가르치셨다.

REVIEW ~ 08
204~206쪽

1 ② 2 ④ 3 ④

4 ③ 5 ③ 6 ②

7 ③ 8 ① 9 ④

10 ① 11 her the book

12 a toy for me 13 to me 14 of me

15 looks pretty 16 feel happy

17 My mom brought me an umbrella.

18 This pie smells good.

19 Kevin sent some postcards to me.

20 This apple tastes sour.

REVIEW 해설

1 수여동사(show)는 「수여동사+간접목적어(~에게)+직접 목적어(~을/를)」의 순서로 쓰는데 간접목적어(~에게)가 인칭대명사인 경우 목적격을 쓰므로 us가 알맞다.
• 베이커 씨는 우리에게 자기 앨범을 보여 주었다.

2 '~해 보이다'라는 뜻의 감각동사(look) 뒤에는 형용사(happy)가 와서 주어(She)의 상태를 설명해 준다.
• 그녀는 오늘 행복해 보인다.

3 수여동사 give 뒤에 직접 목적어(this book)가 먼저 올 경우 그 뒤에 전치사 to와 간접 목적어(me)를 차례로 쓴다.
• 찰리는 내게 이 책을 주었다.

4 수여동사 make 뒤에서 직접목적어와 간접목적어의 자리를 바꿔 쓸 때 간접목적어 앞에 전치사 for를 쓴다.
• 우리 아빠는 우리에게 피자를 만들어 주셨다.

5 감각동사 뒤에는 형용사가 오므로 부사인 softly(부드럽게) 대신 형용사인 soft(부드러운, 푹신한)가 알맞다.
❶ 그 꽃은 좋은 냄새가 난다.
❷ 이 음식은 맛이 훌륭하다.
❸ Her pillow feels soft. 그녀의 베개는 푹신한 느낌이다.

❹ 그의 목소리가 피곤하게 들린다.

6 수여동사는 「수여동사+간접목적어+직접목적어」 또는 「수여동사+직접목적어+전치사+간접목적어」의 순서로 쓴다.
❶ 톰은 그녀에게 크리스마스 카드를 보냈다.
❷ John gave some water to me. / John gave me some water. 존은 나에게 물을 조금 주었다.
❸ 그들은 우리에게 그것을 말해 주었다.
❹ 그는 나에게 셔츠 한 벌을 사 주었다.

7 수여동사 ask 바로 뒤에 직접목적어가 올 경우 간접목적어 앞에는 전치사 of를 쓴다.
• 그 학생들은 그에게 질문을 몇 가지 했다.

8 수여동사 send는 직접목적어와 간접목적어의 자리를 바꿔 쓸 때 간접목적어 앞에 전치사 to를 쓴다.
• 그는 미나에게 이메일을 보냈다.

9 수여동사 뒤에는 간접목적어(누구에게)와 직접목적어(무엇을)가 차례대로 오거나 간접목적어와 직접 목적어의 자리를 바꿔 쓸 수도 있다. 이때 간접목적어 앞에 전치사를 붙이는데 수여동사에 따라 전치사가 달라진다.
❶ I gave the chocolate to Tom. 나는 톰에게 그 초콜릿을 주었다.
❷ They show me your photos. 그들은 내게 네 사진들을 보여 주었다.
❸ She bought a book for him. 그녀는 그에게 책 한 권을 사 주었다.
❹ 우리 이모는 내게 인형을 하나 만들어 주셨다.

10 feel, look, sound, smell, taste와 같은 감각동사는 뒤에 형용사를 쓴다.
❶ 우리는 슬프게 느껴진다.
❷ The skirt looks short. 그 치마는 짧아 보인다.
❸ The piano sounds strange. 그 피아노는 소리가 이상하게 들린다.
❹ This fruit smells bad. 이 과일은 나쁜 냄새가 난다.

11 수여동사(pass) 뒤에는 간접목적어(누구에게)와 직접목적어(무엇을)를 차례대로 쓴다.

12 수여동사 buy 바로 뒤에 직접목적어가 올 경우 간접목적어 앞에 전치사 for가 온다.

13 수여동사 tell은 직접목적어와 간접목적어의 자리를 바꿔 쓸 때 간접목적어 앞에 전치사 to를 쓴다.
• 존은 내게 그녀의 생일을 말해 주었다.

14 수여동사 ask 바로 뒤에 직접 목적어가 올 경우 간접목적어 앞에 전치사 of를 쓴다.
• 그녀는 내게 내 이름을 물었다.

15 '~하게 보이다'는 look을 쓰고 그 뒤에 형용사(pretty)를 써서 주어의 상태를 설명해 준다. 주어(Alice)가 3인칭 단수 현재 시제이므로 look 뒤에 -s를 붙인다.

16 '~한 느낌이 들다'는 feel이고, 감각동사(feel) 뒤에는 형용사(happy)를 쓴다.

17 수여동사 bring은 「수여동사+간접목적어+직접목적어」의 순서로 쓴다.

18 감각동사(smell)는 뒤에 형용사를 쓴다.

19 수여동사 send는 직접목적어와 간접목적어의 자리를 바꿔 쓸 때 간접목적어 앞에 전치사 to를 쓴다.
• 케빈은 나에게 엽서 몇 장을 보냈다.

20 감각동사(taste)는 뒤에 부사인 sourly(맛이 시게) 대신 형용사 sour(맛이 신)를 쓴다.
• 이 사과는 신맛이 난다.

Grammar, ZAP!

VOCABULARY
단어장

기본**4**

01	**bark** ⑧ 짖다	The dog was barking loudly. 그 개는 큰 소리로 짖고 있었다.
02	**cross** ⑧ 건너다, 횡단하다	You were crossing the street. 너는 길을 건너고 있었다.
03	**sandcastle** ⑲ 모래성	The children were building a sandcastle. 그 아이들은 모래성을 쌓고 있었다.
04	**shoulder** ⑲ 어깨	A butterfly was sitting on my shoulder. 나비 한 마리가 내 어깨 위에 앉아 있었다.
05	**blanket** ⑲ 담요	I was carrying a big blanket. 나는 커다란 담요를 나르고 있었다.
06	**hold** ⑧ 잡고 있다[들고 있다]	Mina was not holding flowers. 미나는 꽃을 들고 있지 않았다.
07	**wave** ⑧ 흔들다	The singer was waving his hands. 그 가수는 손을 흔들고 있었다.
08	**camel** ⑲ 낙타	The men were riding camels. 그 남자들은 낙타를 타고 있었다.
09	**knock** ⑧ 노크하다, 두드리다	He didn't knock on the door. 그는 문을 두드리지 않았다.
10	**march** ⑧ 행진하다	They were marching on the street. 그들은 거리에서 행진하고 있었다.
11	**fairy tale** 동화	Annie was reading a fairy tale. 애니는 동화를 읽고 있었다.
12	**swing** ⑲ 그네	His uncle was pushing the swing. 그의 삼촌은 그네를 밀고 계셨다.
13	**shake** ⑧ 흔들다	The boys were shaking their arms. 그 남자아이들은 팔을 흔들고 있었다.
14	**chat** ⑧ 수다 떨다, 담소를 나누다	The girls didn't chat together. 그 여자아이들은 함께 수다를 떨지 않았다.
15	**cut down** 베다, 쓰러뜨리다	He didn't cut down the tree. 그는 나무를 베지 않았다.

01	**look for** ~을 찾다	Was Natalie looking for her dog? 내털리는 자기 개를 찾고 있었니?
02	**seal** 영 물개	Was the seal swimming? 그 물개는 헤엄을 치고 있었니?
03	**take care of** ~을 돌보다	Was he taking care of his sister? 그는 자신의 여동생을 돌보고 있었니?
04	**push** 동 밀다	What was she pushing? 그녀는 무엇을 밀고 있었니?
05	**grass** 명 잔디	Were the boys lying on the grass? 그 남자아이들은 잔디 위에 누워 있었니?
06	**pick** 동 따다, 줍다	Was the farmer picking apples? 그 농부는 사과를 따고 있었니?
07	**excited** 형 흥분한	Because they were excited. 그것들은 흥분했기 때문이다.
08	**peel** 동 껍질을 벗기다	Was Annie peeling the oranges? 애니는 그 오렌지들 껍질을 벗기고 있었니?
09	**clap** 동 박수를 치다	Why was Emily clapping? 에밀리는 왜 박수를 치고 있었니?
10	**move** 동 움직이다, 옮기다	What were you moving? 너는 무엇을 옮기고 있었니?
11	**nest** 명 둥지	They were making their nest. 그들은 자신들의 둥지를 만들고 있었다.
12	**travel** 동 여행하다	Did her grandpa travel in China? 그녀의 할아버지는 중국에서 여행을 다니셨니?
13	**gorilla** 명 고릴라	Did they touch the gorilla? 그들은 그 고릴라를 만졌니?
14	**mirror** 명 거울	Did the fashion model look in the mirror? 그 패션 모델은 거울을 봤니?
15	**closet** 명 옷장	Did your sisters clean the closet yesterday? 네 여동생들은 어제 옷장을 청소했니?

〰️ 다음 영어에 알맞은 우리말 뜻을 빈칸에 쓰세요.

01 bark _____

02 cross _____

03 sandcastle _____

04 shoulder _____

05 blanket _____

06 hold _____

07 wave _____

08 camel _____

09 knock _____

10 march _____

11 fairy tale _____

12 swing _____

13 shake _____

14 chat _____

15 cut down _____

〰 다음 우리말 뜻에 알맞은 영어를 빈칸에 쓰세요.

01   ~을 찾다

02   물개

03   ~을 돌보다

04   밀다

05   잔디

06   따다, 줍다

07   흥분한

08   껍질을 벗기다

09   박수를 치다

10   움직이다, 옮기다

11   둥지

12   여행하다

13   고릴라

14   거울

15   옷장

01	**cloudy** 혱 (날씨가) 흐린	It will be cloudy this weekend. 이번 주말은 흐릴 것이다.
02	**be late for** ~에 늦다	They will be late for school. 그들은 학교에 늦을 것이다.
03	**weather** 혱 날씨	The weather will not be nice today. 오늘은 날씨가 좋지 않을 것이다.
04	**outside** 튄 밖에, 밖으로	The children will not play outside today. 그 아이들은 오늘 밖에서 놀지 않을 것이다.
05	**present** 혱 선물	You will get some presents today. 너는 오늘 선물 몇 개를 받을 것이다.
06	**free** 혱 다른 계획이 없는, 한가한	My father won't be free tomorrow. 우리 아버지는 내일 한가하지 않으실 것이다.
07	**invite** 동 초대하다	Jack will invite Bob to the party. 잭은 파티에 밥을 초대할 것이다.
08	**family** 혱 가족	My family will go hiking next week. 우리 가족은 다음 주에 하이킹하러 갈 것이다.
09	**arrive** 동 도착하다	The train will arrive at four o'clock. 그 기차는 4시 정각에 도착할 것이다.
10	**dessert** 혱 디저트, 후식	They won't eat chocolate for dessert. 그들은 디저트로 초콜릿을 먹지 않을 것이다.
11	**put on** 입다	He won't put on the coat today. 그는 오늘 그 외투를 입지 않을 것이다.
12	**bring** 동 가져오다	They will bring some food for the party. 그들은 파티를 위한 음식을 조금 가져올 것이다.
13	**stay** 동 머무르다	Jack will stay in New York next month. 잭은 다음 달에 뉴욕에 머무를 것이다.
14	**finish** 동 끝내다	She will finish her homework soon. 그녀는 곧 숙제를 끝마칠 것이다.
15	**grader** 혱 ~학년생	You will be a fourth grader next year. 너는 내년에 4학년이 될 것이다.

01	**school bag** 책가방	Will Jamie buy a new school bag? 제이미가 새 책가방을 살까?
02	**spring** 몡 봄	Will David travel in Paris this spring? 데이비드는 이번 봄에 파리를 여행할 거니?
03	**kick** 통 차다	James will kick the ball. 제임스가 공을 찰 것이다.
04	**summer** 몡 여름	Where will you travel this summer? 너는 이번 여름에 어디를 여행할 거니?
05	**month** 몡 월, 달	Will she learn yoga next month? 그녀는 다음 달에 요가를 배울 거니?
06	**postcard** 몡 그림엽서, 엽서	When will Tom write a postcard? 톰은 언제 엽서를 쓸 거니?
07	**get on** ~에 타다	Will you get on the boat? 너는 그 보트를 탈 거니?
08	**end** 통 끝내다, 끝나다	Will the game end before seven? 그 경기가 7시 전에 끝날까?
09	**flower pot** 화분	Who will carry the flower pot? 누가 그 화분을 나를 거니?
10	**cell phone** 휴대 전화	Will you buy a cell phone? 너는 휴대 전화를 살 거니?
11	**vest** 몡 조끼	Who will knit the vest? 누가 그 조끼를 뜰 거니?
12	**island** 몡 섬	How will you visit the island? 너희들은 어떻게 그 섬을 찾아갈 거니?
13	**ship** 몡 배, 선박	We will visit the island by ship. 우리는 배로 그 섬을 찾아갈 것이다.
14	**match** 몡 경기, 시합	The team will have a soccer match. 그 팀은 축구 경기를 할 것이다.
15	**win** 통 이기다	We will win the game. 우리는 그 경기를 이길 것이다.

🐾 다음 영어에 알맞은 우리말 뜻을 빈칸에 쓰세요.

01	cloudy	
02	be late for	
03	weather	
04	outside	
05	present	
06	free	
07	invite	
08	family	
09	arrive	
10	dessert	
11	put on	
12	bring	
13	stay	
14	finish	
15	grader	

〰 다음 우리말 뜻에 알맞은 영어를 빈칸에 쓰세요.

01 책가방

02 봄

03 차다

04 여름

05 월, 달

06 그림엽서, 엽서

07 ~에 타다

08 끝내다, 끝나다

09 화분

10 휴대 전화

11 조끼

12 섬

13 배, 선박

14 경기, 시합

15 이기다

01	**pinwheel** ® 바람개비	The children are going to make pinwheels. 그 아이들은 바람개비를 만들 것이다.
02	**floor** ® 바닥	We are going to clean the floor. 우리는 바닥을 청소할 것이다.
03	**take a photo** 사진을 찍다	We are not going to take photos today. 우리는 오늘 사진을 찍지 않을 것이다.
04	**tent** ® 텐트	We are not going to bring the tent. 우리는 그 텐트를 가져오지 않을 것이다.
05	**join** ⑧ 가입하다	Joan is going to join the club. 조앤은 그 동아리에 가입할 것이다.
06	**return** ⑧ 돌려주다	She isn't going to return the book tonight. 그녀는 오늘 밤에 그 책을 돌려주지 않을 것이다.
07	**bean** ® 콩	She isn't going to buy beans this morning. 그녀는 오늘 아침에 콩을 사지 않을 것이다.
08	**soon** ⑨ 곧	The concert is going to start soon. 그 콘서트는 곧 시작할 것이다.
09	**lake** ® 호수	They aren't going to walk to the lake. 그들은 호수까지 걸어가지 않을 것이다.
10	**fall** ® 가을	We aren't going to go to Jeju this fall. 우리는 이번 가을에 제주도에 가지 않을 것이다.
11	**go surfing** 서핑하러 가다	She is not going to go surfing tomorrow. 그녀는 내일 서핑하러 가지 않을 것이다.
12	**borrow** ⑧ 빌리다	He is going to borrow some books today. 그는 오늘 책 몇 권을 빌릴 것이다.
13	**winter** ® 겨울	I am not going to go skating this winter. 나는 이번 겨울에 스케이트 타러 가지 않을 것이다.
14	**sharpener** ® 연필깎이	She is not going to buy a sharpener. 그녀는 연필깎이를 사지 않을 것이다.
15	**park** ⑧ 주차하다	My mother is not going to park there. 우리 어머니는 그곳에 주차하지 않으실 것이다.

01	**evening** 명 저녁	Is she going to go shopping this evening? 그녀는 오늘 저녁에 쇼핑하러 갈 거니?
02	**village** 명 마을	Are you going to visit the village? 너는 그 마을을 방문할 거니?
03	**lily** 명 백합	Are you going to draw the lilies? 너는 그 백합들을 그릴 거니?
04	**theater** 명 극장, 영화관	When is she going to arrive at the theater? 그녀는 언제 영화관에 도착할 거니?
05	**sweep** 동 쓸다	Who is going to sweep the floor today? 누가 오늘 바닥을 쓸 거니?
06	**go on holiday** 휴가를 가다	Are they going to go on holiday next week? 그들은 다음 주에 휴가를 갈 거니?
07	**race** 명 경주	Is your sister going to run in the race? 네 여동생은 그 경주에서 달릴 거니?
08	**again** 부 다시, 한 번 더	Is he going to go skiing again? 그는 다시 스키 타러 갈 거니?
09	**regularly** 부 규칙적으로	Is your father going to exercise regularly? 너희 아버지는 규칙적으로 운동하실 거니?
10	**catch** 동 잡다	Are they going to catch fish tonight? 그들은 오늘 밤에 물고기를 잡을 거니?
11	**rainbow** 명 무지개	She is going to draw a rainbow. 그녀는 무지개를 그릴 것이다.
12	**stage** 명 무대	Are you going to dance on the stage? 너는 무대 위에서 춤을 출 거니?
13	**couch** 명 긴 의자, 소파	Is your uncle going to sleep on the couch? 너희 삼촌은 소파 위에서 주무실 거니?
14	**sell** 동 팔다	Is the farmer going to sell his cows tomorrow? 그 농부는 내일 자기 소들을 팔 거니?
15	**roof** 명 지붕	How is she going to fix the roof? 그녀는 어떻게 그 지붕을 고칠 거니?

다음 영어에 알맞은 우리말 뜻을 빈칸에 쓰세요.

01　pinwheel

02　floor

03　take a photo

04　tent

05　join

06　return

07　bean

08　soon

09　lake

10　fall

11　go surfing

12　borrow

13　winter

14　sharpener

15　park

〰 다음 우리말 뜻에 알맞은 영어를 빈칸에 쓰세요.

01 저녁

02 마을

03 백합

04 극장, 영화관

05 쓸다

06 휴가를 가다

07 경주

08 다시, 한 번 더

09 규칙적으로

10 잡다

11 무지개

12 무대

13 긴 의자, 소파

14 팔다

15 지붕

01	**snail** 명 달팽이	A snail is slower. 달팽이는 더 느리다.
02	**wise** 형 현명한	He is wise. 그는 현명하다.
03	**mug** 명 머그잔	The mug is heavy. 그 머그잔은 무겁다.
04	**jar** 명 병, 단지, 항아리	The jar is heavier. 그 항아리는 더 무겁다.
05	**dark** 형 어두운	The room is dark. 그 방은 어둡다.
06	**cushion** 명 쿠션	The cushion is soft. 그 쿠션은 푹신하다.
07	**soft** 형 부드러운, 푹신한	The pillow is softer. 그 베개는 더 푹신하다.
08	**science** 명 과학	Science is easier. 과학은 더 쉽다.
09	**bright** 형 밝은	The star is bright. 별은 밝다.
10	**eagle** 명 독수리	An eagle flies faster. 독수리는 더 빨리 난다.
11	**quiet** 형 조용한	The classroom is quiet. 교실은 조용하다.
12	**close** 형 가까운	The subway station is close. 그 지하철역은 가깝다.
13	**light** 형 가벼운	The backpack is light. 그 배낭은 가볍다.
14	**stadium** 명 경기장	The stadium was large. 그 경기장은 컸다.
15	**daughter** 명 딸	Her daughter is pretty. 그녀의 딸은 예쁘다.

01	**interesting** 혱 재미있는, 흥미로운	This book is interesting. 이 책은 재미있다.
02	**quickly** 분 빨리, 빠르게	I walk quickly. 나는 빨리 걷는다.
03	**far** 분 멀리 혱 먼	She can jump further than Jack. 그녀는 잭보다 멀리 뛸 수 있다.
04	**famous** 혱 유명한	The actor is famous. 그 남자 배우는 유명하다.
05	**son** 몡 아들	His son is more famous. 그의 아들은 더 유명하다.
06	**useful** 혱 유용한, 쓸모 있는	The bag is useful. 그 가방은 쓸모 있다.
07	**dictionary** 몡 사전	This book is thicker than the dictionary. 이 책은 그 사전보다 두껍다.
08	**candle** 몡 양초	This candle is brighter than the star. 이 양초는 그 별보다 밝다.
09	**thick** 혱 두꺼운	This book is thicker than that diary. 이 책이 저 일기장보다 두껍다.
10	**popular** 혱 인기 있는	The song is popular. 그 노래는 인기가 많다.
11	**bridge** 몡 다리	The bridge is older than the building. 그 다리는 그 건물보다 오래되었다.
12	**bowl** 몡 (우묵한) 그릇	This glass is weaker than the bowl. 이 유리잔은 그 그릇보다 약하다.
13	**important** 혱 중요한	Time is important. 시간은 중요하다.
14	**score** 몡 점수	Bill's score is worse than Tony's. 빌의 점수는 토니의 점수보다 나쁘다.
15	**queen** 몡 여왕	The princess is prettier than the queen. 그 공주가 그 여왕보다 예쁘다.

꧁ 다음 영어에 알맞은 우리말 뜻을 빈칸에 쓰세요.

01 snail

02 wise

03 mug

04 jar

05 dark

06 cushion

07 soft

08 science

09 bright

10 eagle

11 quiet

12 close

13 light

14 stadium

15 daughter

〰 다음 우리말 뜻에 알맞은 영어를 빈칸에 쓰세요.

01 재미있는, 흥미로운 _____

02 빨리, 빠르게 _____

03 멀리, 먼 _____

04 유명한 _____

05 아들 _____

06 유용한, 쓸모 있는 _____

07 사전 _____

08 양초 _____

09 두꺼운 _____

10 인기 있는 _____

11 다리 _____

12 (우묵한) 그릇 _____

13 중요한 _____

14 점수 _____

15 여왕 _____

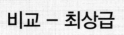
01	**country** 영 나라, 국가	It is the highest mountain in the country. 그것은 그 나라에서 가장 높은 산이다.
02	**castle** 영 성	This castle is the biggest. 이 성이 가장 크다.
03	**pet shop** 애완동물 용품점	That cat is the fattest in the pet shop. 저 고양이는 그 애완동물 용품점에서 가장 뚱뚱하다.
04	**funny** 형 재미있는	Mr. Bean is the funniest man in England. 빈 씨는 영국에서 가장 재미있는 남자이다.
05	**world** 영 세계	Superman is the strongest in the world. 슈퍼맨이 세상에서 힘이 제일 세다.
06	**the South Pole** 남극	The South Pole has the cleanest air. 남극은 가장 깨끗한 공기를 가지고 있다.
07	**great** 형 위대한	He is the greatest soccer player in the world. 그는 세상에서 가장 위대한 축구 선수이다.
08	**cage** 영 우리, 새장	That pig is the fattest in the cage. 저 돼지는 그 우리에서 가장 뚱뚱하다.
09	**hotel** 영 호텔	That room is the largest in this hotel. 저 방이 이 호텔에서 가장 크다.
10	**cartoon** 영 만화 영화	This cartoon is the funniest of them all. 이 만화 영화가 그것들 중에서 가장 재미있다.
11	**in town** 시내에서, 도시에서	This streetlamp is the oldest in town. 이 가로등이 시내에서 가장 오래되었다.
12	**August** 영 8월	August was the hottest month of the year. 8월은 그해에 가장 더운 달이었다.
13	**season** 영 계절	Summer is the hottest of the four seasons. 여름은 사계절 중에서 가장 덥다.
14	**street** 영 길, 거리	It is the busiest street in the village. 그것은 마을에서 가장 붐비는 거리이다.
15	**ostrich** 영 타조	Ostriches run fast. 타조는 빨리 달린다.

01	**holiday** 명 휴일	It was the worst of all the holidays. 그것은 모든 휴일 중에 가장 안 좋은 날이었다.
02	**tower** 명 탑	It is the tallest tower in the world. 그것은 세계에서 가장 높은 탑이다.
03	**watermelon** 명 수박	The watermelon is the biggest of those fruits. 그 수박이 저 과일들 중에서 가장 크다.
04	**last** 형 마지막의	The last question was the most difficult of all. 마지막 문제는 모든 것 중에서 가장 어려웠다.
05	**bad** 형 나쁜	Henry's Steak is the worst restaurant in the city. '헨리네 스테이크'는 그 도시에서 가장 안 좋은 식당이다.
06	**comfortable** 형 편안한	She's sitting on the most comfortable chair. 그녀는 가장 편안한 의자에 앉아 있다.
07	**boring** 형 지루한	That is the most boring of all the movies. 저것은 모든 영화 중에서 가장 지루하다.
08	**history** 명 역사	Tommy likes history the most. 토미는 역사를 가장 좋아한다.
09	**February** 명 2월	February is the shortest month of the year. 2월은 일 년 중에 가장 짧은 달이다.
10	**money** 형 돈	He had the least money of the four. 그는 넷 중에 가장 적은 돈을 가지고 있었다.
11	**dangerous** 형 위험한	Sharks are the most dangerous animals. 상어는 가장 위험한 동물이다.
12	**little** 형 어린, 작은	The little girl danced the worst of the six. 그 어린 여자아이는 여섯 명 중에서 춤을 가장 못 췄다.
13	**peacock** 명 공작	The peacock is the most colorful of all. 그 공작은 모든 것들 중에서 가장 화려하다.
14	**paper plane** 종이비행기	Her paper plane flew the farthest of all. 그녀의 종이비행기가 모든 것들 중에서 가장 멀리 날았다.
15	**baker** 명 제빵사	The baker bakes delicious cookies. 그 제빵사는 맛있는 쿠키를 굽는다.

〰 다음 영어에 알맞은 우리말 뜻을 빈칸에 쓰세요.

01　country　_____

02　castle　_____

03　pet shop　_____

04　funny　_____

05　world　_____

06　the South Pole　_____

07　great　_____

08　cage　_____

09　hotel　_____

10　cartoon　_____

11　in town　_____

12　August　_____

13　season　_____

14　street　_____

15　ostrich　_____

⋘ 다음 우리말 뜻에 알맞은 영어를 빈칸에 쓰세요.

01 휴일 _____

02 탑 _____

03 수박 _____

04 마지막의 _____

05 나쁜 _____

06 편안한 _____

07 지루한 _____

08 역사 _____

09 2월 _____

10 돈 _____

11 위험한 _____

12 어린, 작은 _____

13 공작 _____

14 종이비행기 _____

15 제빵사 _____

01	**polite** 형 예의 바른	Alice is kind and polite. 앨리스는 친절하고 예의 바르다.
02	**help** 동 돕다	Tony or Bill will help me. 토니 또는 빌이 나를 도와줄 것이다.
03	**hungry** 형 배고픈	I didn't have lunch because I wasn't hungry. 나는 배가 고프지 않아서 점심 식사를 하지 않았다.
04	**all day** 하루 종일	He was tired because he walked all day. 그는 하루 종일 걸었기 때문에 피곤했다.
05	**April** 형 4월	It is April, but it snowed this morning. 4월이지만, 오늘 아침에 눈이 내렸다.
06	**thirsty** 형 목이 마른	Mr. Wilson was hungry and thirsty. 윌슨 씨는 배가 고프고 목이 말랐다.
07	**full** 형 배가 부른	I'm full because I ate lots of pizza. 나는 피자를 많이 먹어서 배가 부르다.
08	**rainy** 형 비가 많이 오는	It will be cloudy or rainy tomorrow. 내일은 흐리거나 비가 많이 올 것이다.
09	**seafood** 명 해산물	Amy likes seafood but doesn't like meat. 에이미는 해산물은 좋아하지만 고기는 좋아하지 않는다.
10	**choose** 동 선택하다, 고르다	Choose the red cup or the yellow cup. 빨간색 컵이나 노란색 컵을 골라라.
11	**health** 명 건강	This food is delicious but is bad for your health. 이 음식은 맛있지만 네 건강에 나쁘다.
12	**clever** 형 똑똑한	He is young, but he is clever. 그는 어리지만, 똑똑하다.
13	**lovely** 형 사랑스러운	The green dress is beautiful and lovely. 그 초록색 드레스는 아름답고 사랑스럽다.
14	**slim** 형 날씬한, 호리호리한	He is slim but strong. 그는 날씬하지만 힘이 세다.
15	**pork** 형 돼지고기	John will eat beef or pork. 존은 소고기나 돼지고기를 먹을 것이다.

01	**raincoat** 형 우비	Put on your raincoat, or you'll get wet. 우비를 입어라, 그러지 않으면 젖을 것이다.
02	**miss** 동 놓치다	Go now, and you will not miss the school bus. 지금 가라, 그러면 너는 스쿨버스를 놓치지 않을 것이다.
03	**get lost** 길을 잃다	Follow me, or you will get lost. 나를 따라와라, 그러지 않으면 너는 길을 잃을 것이다.
04	**turn** 동 돌다	Turn left, and you'll find the building. 왼쪽으로 돌아라, 그러면 너는 그 건물을 찾을 것이다.
05	**healthy** 형 건강한	Go jogging every day, and you'll be healthy. 매일 조깅하러 가라, 그러면 너는 건강해질 것이다.
06	**volleyball** 형 배구	Are they playing volleyball or baseball? 그들은 배구를 하는 중이니 아니면 야구를 하는 중이니?
07	**grocery store** 식료품점	Turn left, and you'll see the grocery store. 왼쪽으로 돌아라, 그러면 식료품점이 보일 것이다.
08	**honest** 형 정직한	Be honest, or the teacher will be sad. 정직해라, 그러지 않으면 그 선생님은 슬퍼하실 것이다.
09	**on foot** 걸어서, 도보로	Do you go to school by bus or on foot? 너는 학교에 버스로 가니 아니면 걸어서 가니?
10	**purple** 형 보라색의	Did Amy choose the grey ball or the purple ball? 에이미는 회색 공을 골랐니 아니면 보라색 공을 골랐니?
11	**bad tooth** 충치	Brush your teeth, or you'll have bad teeth. 이를 닦아라, 그러지 않으면 너는 충치가 생길 것이다.
12	**ghost** 형 유령, 귀신	Was it a ghost or an animal? 그것이 유령이었니 아니면 동물이었니?
13	**straight** 부 똑바로	Go straight, and you'll see the park. 곧장 가라, 그러면 공원이 보일 것이다.
14	**lose** 동 (게임 등에) 지다	Practice hard, or you'll lose the game. 열심히 연습해라, 그러지 않으면 너는 그 게임에 질 것이다.
15	**pull** 동 당기다	Pull the door, and it'll open. 문을 당겨라, 그러면 그 문이 열릴 것이다.

Unit

🔊 다음 영어에 알맞은 우리말 뜻을 빈칸에 쓰세요.

01	polite	_____
02	help	_____
03	hungry	_____
04	all day	_____
05	April	_____
06	thirsty	_____
07	full	_____
08	rainy	_____
09	seafood	_____
10	choose	_____
11	health	_____
12	clever	_____
13	lovely	_____
14	slim	_____
15	pork	_____

다음 우리말 뜻에 알맞은 영어를 빈칸에 쓰세요.

01   우비

02   놓치다

03   길을 잃다

04   돌다

05   건강한

06   배구

07   식료품점

08   정직한

09   걸어서, 도보로

10   보라색의

11   충치

12   유령, 귀신

13   똑바로

14   (게임 등에) 지다

15   당기다

01	**musician** 형 음악가	You were a musician, weren't you? 너는 음악가였어, 그렇지 않니?
02	**sick** 형 아픈	Amy was sick yesterday, wasn't she? 에이미는 어제 아팠어, 그렇지 않니?
03	**glasses** 명 안경	She wears glasses, doesn't she? 그녀는 안경을 써, 그렇지 않니?
04	**empty** 형 빈, 비어 있는	The bottle was empty, wasn't it? 그 병은 비어 있었어, 그렇지 않니?
05	**scientist** 명 과학자	Your uncle isn't a scientist, is he? 너희 삼촌은 과학자가 아니셔, 그렇지?
06	**drop** 동 떨어뜨리다	Your brother didn't drop my cup, did he? 너희 오빠는 내 컵을 떨어뜨리지 않았어, 그렇지?
07	**sharp** 형 날카로운	That knife was sharp, wasn't it? 저 칼은 날카로웠어, 그렇지 않니?
08	**same** 형 같은	You and I are in the same grade, aren't we? 너와 나는 같은 학년이야, 그렇지 않니?
09	**address** 명 주소	Emily doesn't know his address, does she? 에밀리는 그의 주소를 몰라, 그렇지?
10	**answer** 동 대답하다	Harry answered the questions, didn't he? 해리는 그 질문들에 대답을 했어, 그렇지 않니?
11	**fork** 명 포크	She needs a new fork, doesn't she? 그녀는 새 포크가 필요해, 그렇지 않니?
12	**grow** 동 자라다	The tree grows well, doesn't it? 그 나무는 잘 자라, 그렇지 않니?
13	**October** 명 10월	Today is October the 3rd, isn't it? 오늘은 10월 3일이야, 그렇지 않니?
14	**wonderful** 형 멋진, 훌륭한	The paintings are wonderful, aren't they? 그 그림들은 멋져, 그렇지 않니?
15	**noodles** 명 국수	You don't like noodles, do you? 너는 국수를 좋아하지 않아, 그렇지?

01	**wait for** ~를 기다리다	You will wait for me there, won't you? 너는 거기에서 나를 기다릴 거야, 그렇지 않니?
02	**fight** 동 싸우다	They won't fight again, will they? 그들은 다시 싸우지 않을 거야, 그렇지?
03	**carry** 동 나르다, 운반하다	Maria can carry this box, can't she? 마리아는 이 상자를 나를 수 있어, 그렇지 않니?
04	**chew** 동 씹다	Don't chew gum in class, will you? 수업 중에 껌을 씹지 마라, 알았지?
05	**zebra** 명 얼룩말	Zebras can't climb mountains, can they? 얼룩말은 산을 올라가지 못해, 그렇지?
06	**count** 동 (수를) 세다	Count those eggs, will you? 저 달걀들의 수를 세라, 알았지?
07	**roll** 동 말다	Roll the paper, will you? 종이를 말아라, 알았지?
08	**seesaw** 명 시소	Eddy won't play on the seesaw, will he? 에디는 시소를 타지 않을 거야, 그렇지?
09	**suitcase** 명 여행 가방	The boy can't lift the suitcase, can he? 그 남자아이는 그 여행 가방을 들어 올리지 못해, 그렇지?
10	**fry** 동 튀기다	Don't fry these carrots, will you? 이 당근들을 튀기지 마라, 알았지?
11	**hurry** 동 서두르다, 급히 하다	Let's not hurry, shall we? 서두르지 말자, 그럴래?
12	**pink** 형 분홍색의	Yuna won't buy the pink T-shirt, will she? 유나는 그 분홍색 티셔츠를 사지 않을 거야, 그렇지?
13	**leg** 명 다리	Don't shake your legs, will you? 다리를 떨지 마라, 알았지?
14	**reply** 동 답장을 하다	Laura will reply to my letter, won't she? 로라는 내 편지에 답장을 할 거야, 그렇지 않니?
15	**shark** 명 상어	You can't feed the shark, can you? 너는 그 상어에게 먹이를 주지 못해, 그렇지?

🔖 다음 영어에 알맞은 우리말 뜻을 빈칸에 쓰세요.

01 musician _____

02 sick _____

03 glasses _____

04 empty _____

05 scientist _____

06 drop _____

07 sharp _____

08 same _____

09 address _____

10 answer _____

11 fork _____

12 grow _____

13 October _____

14 wonderful _____

15 noodles _____

다음 우리말 뜻에 알맞은 영어를 빈칸에 쓰세요.

01 ~를 기다리다

02 싸우다

03 나르다, 운반하다

04 씹다

05 얼룩말

06 (수를) 세다

07 말다

08 시소

09 여행 가방

10 튀기다

11 서두르다, 급히 하다

12 분홍색의

13 다리

14 답장을 하다

15 상어

01	**give** ⑧ 주다	I gave Tom a book. 나는 톰에게 책을 한 권 주었다.
02	**send** ⑧ 보내다	Jenny sent me a letter. 제니는 나에게 편지 한 통을 보냈다.
03	**show** ⑧ 보여 주다	John showed me his photos. 존은 나에게 자기 사진들을 보여 주었다.
04	**ask** ⑧ 물어보다	She asked me some questions. 그녀는 나에게 몇 가지 질문을 했다.
05	**pass** ⑧ 건네주다	I passed Sandy a ball. 나는 샌디에게 공을 건네주었다.
06	**sound** ⑧ ~하게 들리다	The music sounds exciting. 그 음악은 신 나게 들린다.
07	**smell** ⑧ ~한 냄새가 나다	The milk smells bad. 그 우유는 상한 냄새가 난다.
08	**taste** ⑧ ~한 맛이 나다	The candy tastes sweet. 그 사탕은 단맛이 난다.
09	**feel** ⑧ ~한 느낌이 들다	My feet feel wet. 내 발이 젖은 느낌이 든다.
10	**sour** ⑲ (맛이) 신, 시큼한	The apples taste sour. 그 사과들은 신맛이 난다.
11	**bitter** ⑲ (맛이) 쓴	The medicine tastes bitter. 그 약은 쓴맛이 난다.
12	**gift** ⑲ 선물	I gave Amy a gift. 나는 에이미에게 선물 하나를 주었다.
13	**lend** ⑧ 빌려 주다	Jisung often lends me his books. 지성이는 종종 나에게 자기 책을 빌려 준다.
14	**voice** ⑲ 목소리	Your voice sounds good. 네 목소리는 좋게 들린다.
15	**tight** ⑲ (옷이 몸에) 딱 붙는	The shirt looks tight. 그 셔츠는 꽉 끼어 보인다.

다음 영어에 알맞은 우리말 뜻을 빈칸에 쓰세요.

01   give　＿＿＿＿＿＿＿＿＿＿＿＿＿＿＿＿

02   send　＿＿＿＿＿＿＿＿＿＿＿＿＿＿＿＿

03   show　＿＿＿＿＿＿＿＿＿＿＿＿＿＿＿＿

04   ask　＿＿＿＿＿＿＿＿＿＿＿＿＿＿＿＿

05   pass　＿＿＿＿＿＿＿＿＿＿＿＿＿＿＿＿

06   sound　＿＿＿＿＿＿＿＿＿＿＿＿＿＿＿＿

07   smell　＿＿＿＿＿＿＿＿＿＿＿＿＿＿＿＿

08   taste　＿＿＿＿＿＿＿＿＿＿＿＿＿＿＿＿

09   feel　＿＿＿＿＿＿＿＿＿＿＿＿＿＿＿＿

10   sour　＿＿＿＿＿＿＿＿＿＿＿＿＿＿＿＿

11   bitter　＿＿＿＿＿＿＿＿＿＿＿＿＿＿＿＿

12   gift　＿＿＿＿＿＿＿＿＿＿＿＿＿＿＿＿

13   lend　＿＿＿＿＿＿＿＿＿＿＿＿＿＿＿＿

14   voice　＿＿＿＿＿＿＿＿＿＿＿＿＿＿＿＿

15   tight　＿＿＿＿＿＿＿＿＿＿＿＿＿＿＿＿

Answers

Unit 01 과거 진행 시제

Quiz 01
1 짖다
2 건너다, 횡단하다
3 모래성
4 어깨
5 담요
6 잡고 있다[들고 있다]
7 흔들다
8 낙타
9 노크하다, 두드리다
10 행진하다
11 동화
12 그네
13 흔들다
14 수다 떨다, 담소를 나누다
15 베다, 쓰러뜨리다

Quiz 02
1 look for
2 seal
3 take care of
4 push
5 grass
6 pick
7 excited
8 peel
9 clap
10 move
11 nest
12 travel
13 gorilla
14 mirror
15 closet

Unit 02 미래 시제 will

Quiz 01
1 (날씨가) 흐린
2 ~에 늦다
3 날씨
4 밖에, 밖으로
5 선물
6 다른 계획이 없는, 한가한
7 초대하다
8 가족
9 도착하다
10 디저트, 후식
11 입다
12 가져오다
13 머무르다
14 끝내다
15 ~학년생

Quiz 02
1 school bag
2 spring
3 kick
4 summer
5 month
6 postcard
7 get on
8 end
9 flower pot
10 cell phone
11 vest
12 island
13 ship
14 match
15 win

Unit 03 미래 시제 be going to

Quiz 01
1 바람개비
2 바닥
3 사진을 찍다
4 텐트
5 가입하다
6 돌려주다
7 콩
8 곧
9 호수
10 가을
11 서핑하러 가다
12 빌리다
13 겨울
14 연필깎이
15 주차하다

Quiz 02
1 evening
2 village
3 lily
4 theater
5 sweep
6 go on holiday
7 race
8 again
9 regularly
10 catch
11 rainbow
12 stage
13 couch
14 sell
15 roof

Unit 04 비교 – 비교급

Quiz 01
1 달팽이
2 현명한
3 머그잔
4 병, 단지, 항아리
5 어두운
6 쿠션
7 부드러운, 푹신한
8 과학
9 밝은
10 독수리
11 조용한
12 가까운
13 가벼운
14 경기장
15 딸

Quiz 02
1 interesting
2 quickly
3 far
4 famous
5 son
6 useful
7 dictionary
8 candle
9 thick
10 popular
11 bridge
12 bowl
13 important
14 score
15 queen

05 비교 – 최상급

Quiz 01

1 나라, 국가
2 성
3 애완동물 용품점
4 재미있는
5 세계
6 남극
7 위대한
8 우리, 새장
9 호텔
10 만화 영화
11 시내에서, 도시에서
12 8월
13 계절
14 길, 거리
15 타조

Quiz 02

1 holiday
2 tower
3 watermelon
4 last
5 bad
6 comfortable
7 boring
8 history
9 February
10 money
11 dangerous
12 little
13 peacock
14 paper plane
15 baker

06 접속사

Quiz 01

1 예의 바른
2 돕다
3 배고픈
4 하루 종일
5 4월
6 목이 마른
7 배가 부른
8 비가 많이 오는
9 해산물
10 선택하다, 고르다
11 건강
12 똑똑한
13 사랑스러운
14 날씬한, 호리호리한
15 돼지고기

Quiz 02

1 raincoat
2 miss
3 get lost
4 turn
5 healthy
6 volleyball
7 grocery store
8 honest
9 on foot
10 purple
11 bad tooth
12 ghost
13 straight
14 lose
15 pull

07 부가 의문문

Quiz 01

1 음악가
2 아픈
3 안경
4 빈, 비어 있는
5 과학자
6 떨어뜨리다
7 날카로운
8 같은
9 주소
10 대답하다
11 포크
12 자라다
13 10월
14 멋진, 훌륭한
15 국수

Quiz 02

1 wait for
2 fight
3 carry
4 chew
5 zebra
6 count
7 roll
8 seesaw
9 suitcase
10 fry
11 hurry
12 pink
13 leg
14 reply
15 shark

08 여러 가지 동사

Quiz 01

1 주다
2 보내다
3 보여 주다
4 물어보다
5 건네주다
6 ~하게 들리다
7 ~한 냄새가 나다
8 ~한 맛이 나다
9 ~한 느낌이 들다
10 (맛이) 신, 시큼한
11 (맛이) 쓴
12 선물
13 빌려 주다
14 목소리
15 (옷이 몸에) 딱 붙는

MEMO

MEMO